Géographie
de la population

Chez le même Éditeur

Dans la même collection

Initiation aux pratiques statistiques en géographie, par le Groupe Chadule *(2ᵉ édition).*

Les ruraux français, par R. Chapuis, collaboration Th. Brossard.

La population de la France, par D. Noin.

Hors collection

Atlas des parisiens, par D. Noin et al.

Le Secrétariat de la collection est assuré par Gérard Dacier

Géographie de la population

Daniel Noin

Professeur à l'Université de Paris I

Illustration graphique et cartographique

par Anne Le Fur

*Deuxième édition
revue et corrigée*

MASSON
Paris Milan Barcelone Mexico
1988

© *Masson, Paris, 1979, 1987*

ISBN : 2-225-81181-4

MASSON S.A.	120, boulevard Saint-Germain, 75280 Paris Cedex 06
MASSON ITALIA EDITORI S.p.A.	Via Statuto 2, 20121 Milano
MASSON S.A.	Balmes 151, 08008 Barcelona
MASSON EDITORES	Dakota 383, Colonia Napoles, 03810 Mexico DF

Table des matières

Avant-propos

La géographie de la population a connu un développement rapide depuis une génération. Abondance des données fournies par les statisticiens ? Élargissement de la curiosité des géographes ? Intérêt suscité par la croissance démographique des villes ou des pays du Tiers Monde ? Des raisons variées peuvent être invoquées pour expliquer cet essor. Toujours est-il que la géographie de la population est devenue aujourd'hui le sujet d'études principal d'une partie des géographes tandis que la plupart des autres s'y intéressent à l'occasion de recherches faites sur d'autres thèmes. Il faut ajouter que de nombreux démographes et sociologues ont étudié des populations avec une problématique et des méthodes qui se confondent, au moins en partie, avec celles des géographes. De ce fait, ce qui a été publié dans le domaine de la géographie de la population est extrêmement abondant. On ne peut manquer cependant d'être frappé par le caractère monographique de la plupart des études qui ne retiennent qu'un des aspects de la géographie de la population et restreignent leur champ d'investigation à un espace plus ou moins réduit ; celles qui ont abordé l'ensemble des facettes d'une population dans le cadre urbain, régional ou national sont elles-mêmes peu nombreuses ; bien sûr, telle ou telle de ces études ponctuelles apporte un éclairage neuf sur un problème, un nouveau procédé d'investigation ou encore une autre manière de traiter les données recueillies, mais il faut bien reconnaître qu'en dépit de leur grand nombre, elles n'ont pas fait beaucoup progresser l'étude géographique de la population faute d'avoir été prolongées par des recherches comparatives ou théoriques. Les études à caractère général sont rares et traitent souvent la population mondiale selon une optique essentiellement descriptive.

Ce livre est quelque peu différent dans la mesure où il vise à constituer un guide des principales méthodes utilisées pour l'analyse géographique des populations et à présenter une réflexion sur certaines distributions spatiales ; on ne saurait évidemment le faire sans fournir des informations sur l'extension spatiale de certains phénomènes mais celles-ci ont été réduites à l'essentiel dans la plupart des chapitres. Diverses échelles ont été utilisées selon les besoins de l'analyse même si l'échelle mondiale a été généralement privilégiée.

Bien sûr, c'est un plan thématique qui a été adopté. La première partie indique brièvement le contenu, l'évolution et les sources de la géographie de la population. La distribution spatiale de la population constitue la matière de la deuxième partie : ce thème est familier aux géographes mais il a été négligé depuis une génération comme s'il n'y avait plus rien à dire sur lui ; il mérite d'être réexaminé. La troisième partie se propose de montrer la diversité des populations, et dont la diversité démographique, sur laquelle on a coutume d'insister, n'est que l'une des composantes. La mobilité spatiale de la population forme le sujet de la quatrième partie : thème également familier aux géographes, abondamment traité depuis vingt ans, mais sur lequel les aspects généraux sont malheureusement peu nombreux. Les problèmes relatifs à la croissance démographique sont abordés dans la dernière partie.

Bibliographie concernant la géographie de la population

Une bibliographie a été publiée mais elle est largement dépassée aujourd'hui car elle s'arrête à 1961 : ZELINSKY (W.), *A bibliographic guide to Population Geography,* Chicago, Univ, of Chicago, 1962, 2588 réf.

Pour les titres plus récents, il faut consulter les ouvrages généraux concernant la géographie de la population – ils fournissent tous de nombreuses références –ou les bibliographies générales utilisées par les géographes. La *Bibliographie Géographique Internationale* et *Geo Abstracts* permettent de saisir la quasi totalité des titres intéressants. Pour certains thèmes proches de la démographie, il peut néanmoins être utile de consulter *Population Index.*

Une liste d'ouvrages et d'articles figure à la fin de chacun des chapitres : le lecteur pourra y trouver des développements ou des illustrations sur les thèmes étudiés. Certaines études anciennes ont été rappelées quand elles sont importantes mais l'accent a été mis sur les publications géographiques des dernières années.

L'étude géographique de la population

Première partie

L'évolution de la géographie de la population

Pour être une des plus jeunes branches de la géographie, l'étude de la population n'est pas la moins vigoureuse et, si elle s'est développée tardivement, elle a en revanche poussé très vite depuis la Deuxième Guerre mondiale. Ses rameaux se sont multipliés et son allure a changé peu à peu comme l'ensemble de la discipline.

Son essor tardif ne saurait être invoqué pour alléguer qu'elle n'intéressait pas les géographes auparavant : l'analyse des densités de population a largement alimenté leur réflexion depuis l'apparition de la géographie moderne au XIXe siècle et, bien avant cela, l'existence de populations diverses a longtemps excité leur curiosité. En ne retenant que les grands traits de son évolution, on peut distinguer trois grandes périodes :

Avant le XIXe siècle

La première de ces périodes est fort longue puisqu'elle couvre au moins une vingtaine de siècles. L'étude de la population, très fragmentaire, est alors liée à la découverte progressive du monde et son orientation pourrait être qualifiée d'ethnologique.

Pendant l'Antiquité et le Moyen Âge, les indications recueillies à l'occasion des voyages maritimes ou terrestres sont forcément très incomplètes et manquent de cohérence. Ce sont les particularités « culturelles » des populations qui intriguent et sont le plus souvent notées : activités, mœurs, habitations, costumes, aliments. Les chiffres sont rares et souvent fantaisistes.

A partir de la fin du XVe siècle, les informations recueillies commencent à devenir plus nombreuses, les chiffres sont plus crédibles et l'investigation se fait plus méthodique. Les descriptions ne sont plus seulement une accumulation de détails : on voit apparaître quelques observations plus générales sur les populations. Pendant le XVIIe et surtout le XVIIIe siècles, les premières réflexions sur les rapports existant entre le milieu et la société – par exemple chez le géographe anglais Carpenter et le philosophe français Montesquieu – préparent la naissance de la géographie humaine moderne.

Le XIXe et la première moitié du XXe siècles

Pendant la seconde période, qui couvre le XIXe et la première moitié du XXe siècles, l'étude de la population se développe car elle s'appuie désormais sur une information numérique plus abondante et plus sûre, grâce aux recensements entrepris dans les nations les plus avancées ; elle devient un thème d'études favori chez la plupart des géographes préoccupés par les faits humains ; elle est particulièrement importante dans les deux pays qui ont joué le plus grand rôle dans l'élaboration de la géographie moderne, l'Allemagne et la France.

En Allemagne, plusieurs géographes ont contribué à développer l'étude géographique de la population mais les plus importants d'entre eux, à ce point de vue, ont été F. Ratzel et A. Hettner. C'est Ratzel qui a introduit dans la géographie l'élément humain négligé par la plupart des géographes de l'époque, surtout préoccupés par les faits physiques ; dans ses ouvrages, la distribution de la population et son explication occupent une place essentielle [1]. Quant à Hettner, il a considéré la géographie de la population comme une des principales subdivisions de la discipline car, selon lui, la population exerce une forte action sur tous les autres éléments du milieu [2]. Ces deux chercheurs ont eu une influence profonde sur l'école allemande de géographie et en particulier sur ceux qui ont été par la suite les promoteurs de la géographie sociale.

En France, c'est surtout E. Levasseur qui a été le pionnier des études géographiques sur la population : historien de formation, il s'est tourné très tôt vers la géographie, l'économie, la démographie et la statistique ; il a publié des études intéressantes et s'est notamment attaché à analyser les relations entre la densité et les divers éléments du milieu [3]. P. Vidal de la Blache, le fondateur de la géographie scientifique en France, a consacré une partie de son œuvre à la population et celle-ci occupe une large place dans son principal ouvrage [4] ; pour lui, le point de départ de l'étude géographique, c'est l'analyse de l'inégale distribution des hommes sur la terre ; à la différence de Levasseur, il a eu de nombreux successeurs car il a fortement marqué l'enseignement universitaire de langue française : parmi eux, il faut au moins citer M. Sorre [5].

Par opposition à la période précédente, l'orientation des études géographiques consacrées à la population pourrait être qualifiée d'écologique : le rôle du milieu physique sur l'homme constitue la toile de fond de la plupart des analyses mais au déterminisme du XIXe siècle pour lequel le milieu joue un rôle fondamental, sous l'influence de Ratzel et de Ritter, succède au XXe siècle le possibilisme de Vidal de la Blache pour lequel les hommes disposent d'une bonne marge de liberté vis-à-vis de la nature.

---

1. Ratzel (F.), *Anthropogeographie...*, Stuttgart, J. Engelhorn, 2 vol., 1882, 1891, 506 p. et 781 p.
2. Hettner (A.), *Allgemeine geographie des Menshen*, , Stuttgart, W. Kohlhammer, rééd. 1947.
3. Levasseur (E.), *La population française*, Paris, Rousseau, 1889, 3 vol., – «,La répartition de la race humaine sur le globe terrestre », *Bull. Inst. Intern. Statist.*, Paris, 1909, p. 48-63.
4. Vidal de La Blache (P.), *Principes de géographie humaine*, Paris, A. Colin, 1922, 327 p. – voir également « La répartition des hommes sur le globe », *Ann. Géogr.*, Paris, 1918, p. 92-101 et 174-187.
5. Sorre (M.), *L'Homme sur la Terre*, Paris, Hachette, 1961, 365 p. – *Les migrations des Peuples : essai sur la mobilité géographique*, Paris, Flammarion, 1955, 267 p.

En dépit de ces progrès, la place de la géographie de la population reste modeste au sein de la discipline : entre 1910 et 1950, les *Annales de Géographie* n'ont publié que 22 articles pouvant être rapportés à ce sujet, soit guère plus de 2 % des titres publiés ; aux États-Unis, 11 thèses ont été consacrées à la population jusqu'en 1946, soit environ 3 % des doctorats soutenus à cette date en géographie. Dans les traités fournissant un aperçu général sur la discipline, l'étude de la population n'apparaît même pas toujours.

A partir de 1950

Le début des années 50 marque un tournant dans le développement de la géographie de la population. Le premier ouvrage de géographie générale consacré uniquement à la population paraît en 1951 [6]. C'est à partir de 1956 que la *Bibliographie Géographique internationale* (Paris) consacre une rubrique spéciale à cette branche de la géographie. C'est aussi vers cette date qu'elle fait son apparition dans l'enseignement universitaire de plusieurs pays. La part des recherches consacrées à la population augmente très nettement en l'espace de quelques années, jusqu'à représenter 10 % environ des titres de géographie générale dans certaines bibliographies géographiques ; de 1962 à 1972, la proportion des articles sur la population passe de 5 à 12 % environ dans les grands périodiques de géographie aux États-Unis. Dans les congrès internationaux de géographie, le nombre des communications portant sur la population va aussi en augmentant rapidement. Bref, le changement par rapport à la période antérieure est très net. Le nombre très élevé des études s'explique sans doute, pour une part importante, par l'abondance de l'information mise à la disposition des géographes par les services de statistique de la plupart des pays et par la facilité relative de son exploitation.

Les recherches sont particulièrement actives dans les pays d'Europe, en Amérique du nord et en U.R.S.S., mais des travaux assez nombreux sont effectués également dans diverses parties du Tiers Monde. Citer des auteurs est difficile tant ils sont nombreux. Parmi ceux qui ont le plus contribué à fournir des études un peu générales, signalons néanmoins le Français P. George, l'Anglais J. Clarke, l'Allemand K. Witthauer, le Polonais A. Jagielski, le Russe V. Pokchishevski, le Canadien L. Kosiński et les Américains G. Trewartha et W. Zelinsky.

Le contenu des travaux a évolué assez vite en l'espace d'une génération. Ce sont les études sur l'exode rural, l'urbanisation, les migrations et la ségrégation ethnique ou sociale qui ont le plus attiré les géographes, mais ces préoccupations sont loin d'avoir été exclusives ; ce qui se rapporte à la répartition de la population dans l'espace, aux caractères démographiques ou aux catégories socio-profession-nelles a également été bien étudié ; l'intérêt pour tel ou tel thème varie d'ailleurs selon les pays. De toute façon, l'aspect le plus frappant est sans nul doute la *multiplicité des thèmes de recherche.* Avec le temps, on voit apparaître un plus grand souci de précision et un désir de plus en plus marqué de quantifier les

---

6. George (P.), *Introduction à l'étude géographique de la population du monde,* Paris, P.U.F. (I.N.E.D.), 1951, 284 p.

phénomènes étudiés. La formalisation des résultats reste encore exceptionnelle mais on peut noter cependant un certain intérêt porté aux recherches théoriques, du moins dans les pays de langue anglaise qui ont été les premiers à promouvoir la nouvelle géographie.

Le vieux débat sur les rapports du milieu physique et de la société semble clos et on ne l'a guère vu renaître dans les années 70 en dépit de l'intérêt porté aux problèmes écologiques. En fait, les géographes de cette période ont été avant tout préoccupés par des problèmes économiques, démographiques ou sociaux dans leurs recherches sur les populations. En dépit du foisonnement des études, l'orientation dominante de cette dernière période, par opposition aux précédentes, pourrait plutôt être qualifiée de sociologique. Le champ de la géographie de la population tend même, de plus en plus, à recouper celui de la géographie sociale.

Lectures

Études sur l'évolution de la géographie de la population

Très rares ont été les recherches historiques sur cette branche de la géographie. Quelques indications dans :

JAMES (P.), The geographic study of population, in James (O.) et Jones (C.), (ed.), *American Geography : inventory and prospects,* Syracuse N.Y. Syracuse Univ. Press, 1954, p. 106-122.

KOSIŃSKI (L.), The roots of population geography *in:* J. Clarke (ed.), *Geography and population, approaches and applications,* Oxford, Pergamon, 1984, p. 11-24.

NOIN (D.), Le développement de la géographie de la population en France, *Esp. Popul. Soc.,* 1984 (2), pp. 17-23.

TREWARTHA (G.), A. case for population geography, *Ann. Ass. Amer. Geogr.,* Washington, 1953, 43, p. 71-97.

On trouvera des indications dans les ouvrages généraux portant sur l'histoire de la géographie, spécialement dans :

BUTTIMER (A.), *Society and milieu in the french geographic tradition,* Chicago, Rand Mc Nally, 1971, 226 p.

CLAVAL (P.), *Essai sur l'évolution de la géographie humaine,* Paris, les Belles Lettres, 2e ed. 1976, 201 p.

DICKINSON (R.), *The makers of modern geography,* Londres, Routledge, 1969, XVI-305 p.

FREEMAN (T.), *A hundred years of geography,* Londres, Duckworth, 1961, 335 p.

Ouvrages généraux sur la géographie de la population

a) Ouvrages publiés au cours des vingt dernières années

BÄHR (J.), *Bevolkerungs Geographie...,* Stuttgart, Ulmer, 1983, 427 p.

BROEK (J.) et WEBB (J.), *A geography of mankind,* New York, McGraw-Hill, 1968, 527 p.

CASAS-TORRES (J.M.), *Población, desarrollo y calidad de vida,* Madrid, ed. Rialp, 1982, 491 p.

CLARKE (J.), *Population Geography,* Oxford, Pergamon, 1965, 2ᵉ ed. 1972, 175 p.

GEORGE (P.), *Géographie de la population,* Paris, P.U.F. (coll. Que Sais-je), 1965, 125 p.
  – *Population et peuplement,* Paris, P.U.F. (Coll. Sup.), 1969, 212 p.

HORNBY (W.) et JONES (.), *An introduction to population geography,* Cambridge : C.U.P., 1980, 168 p.

JONES (H.), *A population geography,* London, Harper & Row, 1981, 330 p.

LERAT (S.), *La population du monde,* Montreuil, Bréal, 1978, 2ᵉ ed., 1986, 190 p.

ORTOLANI (M.), *Geografia della Popolazione,* Milan, F. Vallardi, 1975, 228 p.

PITIÉ (J.), *Géographie de la population mondiale,* Paris, Sirey 1973, 143 p.

PUYOL (R.), *Población y espacio, problemas demograficas mundiales,* Madrid, ed. Cincel., 1982, 136 p.

TREWARTHA (G.), *A geography of population :* world patterns, New York, J. Wiley 1969, 186 p.

WILSON (M.), *Population Geography,* Melbourne, Nelson, 1968, 170 p.

WITTHAUER (K.), *Verteilung und Dynamik der Erdbevölkerung,* Gotha, H. Haack, 1969, 555 p.

WOODS (R.), *Population analysis in geography,* London, Longman, 1979, 278 p. – *Theoretical population geography,* London, Longman, 1982, 220 p.

ZELINSKY (W.), *A prologue to population geography,* Englewood Cliffs N.J., Prentice-Hall 1966, 150 p.

b) Recueil de textes

DEMKO (G.), ROSE (H.) et SCHNELL (A.), *Population geography : a reader,* New York, McGraw-Hill, 1970, 526 p.

c) Périodique spécialisé

Espace, populations, sociétés, Lille (depuis 1983).

2

Le contenu de la géographie de la population

Depuis le tournant des années 50, bon nombre d'auteurs ont exprimé leur point de vue sur la définition, les limites et le contenu de la géographie de la population dans des articles ou dans les premières pages d'ouvrages consacrés à cette question. Si on note certaines convergences dans les définitions, il faut bien constater qu'il n'existe aucun consensus. On peut même dire que les géographes ont eu quelque difficulté à préciser l'objet de la géographie de la population, ce qui ne saurait surprendre puisqu'ils ont eu du mal, par ailleurs, à spécifier l'objet de la géographie face aux autres sciences humaines.

La géographie de la population est-elle l'étude des populations habitant la planète ? L'étude des masses humaines ? L'étude des rapports entre la population et le milieu ? L'étude spatialisée des données démographiques fournies par les statisticiens ? L'étude des populations observées à travers l'espace qu'elles aménagent ? Une introduction à la géographie humaine ? Un aspect de la géographie sociale ? On pourrait sans mal poursuivre cette liste car les définitions rencontrées sont nombreuses et variées.

Les approches les plus fréquentes

Il suffira de préciser ici les deux orientations les plus courantes.

Chez quelques auteurs, l'accent est mis sur les *rapports entre la population et ce qui l'entoure.* A la différence de ce qui était envisagé au XIX\ :superscript:`e` siècle, l'action de l'homme sur le milieu est plus souvent considérée que celle du milieu sur l'homme. Pour P. George, à qui l'on doit le premier exposé épistémologique sur la géographie de la population, c'est « l'examen des rapports entre le comportement des collectivités humaines et le milieu géographique » qui constitue l'objet de l'étude mais, comme le milieu est lui-même, pour une large part, créé par les hommes, « il s'agit d'analyser les rapports réciproques et un façonnement bilatéral permanent de la part des groupes de population et de leurs œuvres » (1950, p. 291-300). On retrouve la même idée chez J. Clarke : « Les géographes spécialistes de la population s'efforcent de démêler les relations complexes entre l'environnement physique et humain d'une part et la population de l'autre ; l'explication et l'analyse de ces inter-relations sont la vraie substance de la géographie de la population » (1965, p. 2). Même conception encore, explicite ou implicite, dans diverses recherches des vingt-cinq dernières années, particulièrement dans celles qui ont trait aux populations du Tiers Monde. Cette façon d'envisager l'étude aurait pu déboucher sur l'analyse systémique des faits de population mais celle-ci n'a guère été pratiquée, jusqu'à présent, par les géographes.

Chez la plupart des auteurs, c'est une autre conception qui prévaut : l'accent est mis sur l'étude des différenciations spatiales ou, plus précisément, sur la *spatialisation des données statistiques relatives à la population.* Pour W. Zelinsky par exemple, le géographe qui s'occupe de la population traite « des aspects spatiaux de la population au sein de l'espace considéré globalement » (1966, p. 5) ; il doit successivement décrire la localisation des effectifs et des caractéristiques de la population, expliquer les distributions constatées, étudier les relations entre celles-ci et les distributions d'autres phénomènes. Pour M. Wilson, la préoccupation essentielle des démo-géographes est « de déterminer et d'expliquer la diversité spatiale par un ensemble de caractères physiques, sociaux et économiques possédés par les êtres humains » (1968, p. 3). On pourrait aisément fournir d'autres citations relevant du même esprit. L'analyse du contenu des ouvrages ou des articles relatifs à la population, chez la plupart des auteurs des années 50 à 70, confirme le caractère dominant de cette orientation. Les variations spatiales de la distribution des hommes, de leurs caractères démographiques, de leurs activités et de leur mobilité sont analysées à des échelles très diverses, depuis celle d'une ville ou d'un canton rural jusqu'à celle du monde entier. Bien sûr, cet accent mis sur les différenciations spatiales trouve son expression la plus achevée dans les atlas nationaux, régionaux ou urbains dans lesquels les faits de population tiennent habituellement une très large place.

Cette orientation de recherche a eu incontestablement des côtés positifs dans la mesure où elle a fait apparaître un grand nombre de différences ou de nuances qui étaient ignorées mais, en contrepartie, elle a eu plusieurs conséquences fâcheuses qui doivent être signalées : 1) La première conséquence a été la priorité accordée, comme dans toute la géographie classique, au particulier sur le général et aux différences sur les régularités ; elle a entraîné la prédominance de la description et de l'analyse qualitative ; elle explique l'absence ou l'insuffisance des recherches sur les structures spatiales puisque celles-ci n'étaient pas mises en évidence ; elle a amené une certaine méfiance à l'égard des essais de schématisation ou de modélisation. 2) La seconde conséquence a été de donner des limites très floues à la géographie de la population dans la mesure où les différences spatiales peuvent être étudiées pour infinité de caractères dans une population donnée ; de ce fait, les interférences avec les autres sciences humaines ont été fréquentes dans les travaux géographiques. 3) La troisième conséquence a été le caractère encyclopédique pris par les recherches puisque l'étude des différences existant entre plusieurs populations est sans fin ; la liste des thèmes abordés par les géographes est très longue : il suffit pour s'en rendre compte de consulter celles qui sont proposées par G. Trewartha (1953) ou par W. Zelinsky (1966) ; elles comportent plusieurs dizaines de rubriques dont certaines peuvent d'ailleurs être subdivisées ; encore ne sont-elles pas exhaustives car la lecture des travaux effectués dans divers pays permet d'en ajouter quelques autres. L'extrême diversité des thèmes qui doivent être traités quand cette orientation est adoptée a conduit les géographes à chercher des limites matérielles à leurs analyses à défaut d'avoir choisi des limites raisonnées : en général, ils ne travaillent que sur les données recueillies par les services de statistique. J. Pitié note par exemple, que « les limites de la géographie de la population ne sont autres que celle qu'imposent les recensements » (1973, p. 3). Cette façon de voir a entraîné une autre conséquence : elle a amené beaucoup de géographes à tirer leur champ de recherche en direction de l'analyse démographique ou sociologique.

Une science sociale

Au total, un recentrage de la géographie de la population est nécessaire, une redéfinition s'impose si on veut éviter les inconvénients de l'approche qui vient d'être rappelée et tenir compte des orientations nouvelles de la géographie.

Il convient tout d'abord de préciser que la géographie de la population ne saurait être une discipline autonome comme plusieurs géographes l'ont souhaité. Elle ne se distingue de la géographie en général que par le choix du thème d'observation tout comme la géographie urbaine, la géographie commerciale ou la géographie du sous-développement se distinguent par la priorité accordée à l'observation d'autres phénomènes. Comme le notent les auteurs d'un recueil de textes consacré à cette branche de la géographie, « l'étude de la population est, et doit continuer d'être, un élément de la géographie humaine et de la géographie régionale mais, mieux encore, un domaine de recherche à caractère formel et systématique s'intéressant plus spécialement à l'homme à l'intérieur de la discipline... L'homme n'est pas seulement un des nombreux phénomènes qui se trouvent par hasard dans un espace et que l'on considère dans un large ensemble de caractères physiques, économiques et culturels, il devient le centre de l'étude » (G. Demko..., 1970, p. 4).

Ceci admis, il va de soi que le contenu de la géographie de la population ne diffère pas de celui de la géographie considérée globalement. Puisque celle-ci est de plus en plus tenue pour *une science sociale,* pour une étude des sociétés humaines considérées à travers l'espace qu'elles organisent et aménagent, il en est de même pour les diverses recherches thématiques incluses dans la discipline quel que soit le phénomène observé en priorité. *La géographie de la population vise à décrire et à comprendre la société par l'étude des rapports entre la population et l'espace :* distribution dans l'espace, mouvements dans l'espace et différenciation dans l'espace. Pour arriver à cet objectif, il ne faut négliger aucune des voies possibles : l'analyse écologique a son utilité tout comme l'analyse cartographique, l'analyse quantitative, l'analyse démographique, l'analyse historique, ou l'analyse socio-politique car elles sont complémentaires. L'essentiel est d'ailleurs moins dans le choix d'une orientation que dans le caractère scientifique de celle-ci. Ce qui importe avant tout, c'est l'utilisation de *procédures rigoureuses* et la *recherche des régularités* dans les configurations spatiales observées : *c'est seulement ainsi que des schémas ou des théories peuvent être élaborés pour faciliter la compréhension d'une réalité complexe* et, éventuellement, pour pouvoir agir sur elle.

La géographie de la population s'intéresse en premier lieu à l'inégale occupation de la terre par les sociétés humaines, aux modalités de cette occupation, aux changements observables dans ce domaine et aux processus qui ont engendré les distributions constatées. Par voie de conséquence, elle s'intéresse à l'évolution numérique des sociétés humaines et aux facteurs qui permettent d'en rendre compte mais avec le souci d'expliquer d'abord les distributions spatiales observées. La géographie de la population s'intéresse aussi aux activités des hommes, dans la mesure où celles-ci constituent la base économique des sociétés humaines et éclairent bien des aspects de l'occupation de l'espace et de l'organisation des sociétés. Bien sûr, elle se préoccupe aussi de la structure interne de ces sociétés en groupes de taille et de nature variées, mais surtout dans la mesure où cette structuration est observable du fait de sa projection dans l'espace. La géographie de la population s'intéresse enfin à un autre aspect essentiel : la mobilité spatiale des groupes humains, qu'il s'agisse de la mobilité habituelle liée aux activités productives ou non-productives ou bien de la mobilité exceptionnelle. Ici encore, les phénomènes sont étudiés moins pour eux-mêmes que comme révélateurs des structures sociales.

Le champ d'investigation est donc vaste. S'il n'entraîne pas, ainsi défini, d'empiètements sur les disciplines voisines, il donne en revanche à la géographie de la population *une place étendue à l'intérieur de la géographie.* J. Pailhé observe que « beaucoup de thèmes d'études appartenant à la géographie humaine peuvent être annexés dans l'étude de la population » (1972, p. 60) et G. Trewartha considère que « les effectifs, les densités et les caractéristiques de la population fournissent l'arrière-plan essentiel de toute la géographie » ou que « la population est le point de référence à partir duquel tous les autres éléments sont observés et acquièrent leur signification » (1953, p. 83). Même si ces prises de position peuvent être discutées, il faut bien reconnaître que *la population constitue l'élément fondamental de toute étude géographique ou de toute étude d'aménagement portant sur un espace quelconque.* Parmi les approches thématiques menant à la connaissance des organisations spatiales, la géographie de la population est assurément l'une des plus importantes. On ne saurait être surpris, dans ces conditions, de trouver un tableau de la répartition spatiale des hommes en tête de la plupart des traités de géographie humaine, aussi bien chez les maîtres du passé comme P. Vidal de la Blanche [1], que chez les promoteurs de la nouvelle géographie comme P. Claval [2].

---

1. Vidal de la Blache (P.), 1922, *op. cit.*.
2. Claval P., *Éléments de Géographie humaine,* Paris, M. Th. Génin 1974, 412 p., fig.

Lectures

ACKERMAN (E.), Geography and demography, in HAUSER (PH.) et DUCAN (O.), *The study of population,* Chicago, Univ. Pr., 1959, p. 717-727.

CLARKE (J.) (ed.) *Geography and population, approaches and applications,* Oxford, Pergamon, 1984, 245 p. (en particulier textes de J. Clarke et R. Woods).

(La) démogéographie en question. *Esp. Pop. Soc.,* 1984 (2) (n° spécial sur le thème).

GEORGE (P.), Géographie de la population et démographie, *Popul.,* Paris, 1950, n° 2, p. 291-300.

JAMES (P.), The geographic study of population, in JAMES (P.) et JONES (C.), (ed.), *American Geography : inventory and prospect,* Syracuse N.Y., Syracuse Univ. Pr., 1954, p. 106-122.

HOOSON (D.), The distribution of population as the essential geographical expression, *Canad. Geogr.,* Montréal, 1960, n° 17, p. 10-20.

NOIN (D.), Le champ d'études de la géographie de la population, *Esp. Popul. Soc.,* 1984 (2), pp. 65-70.

PAILHÉ (J.), Sur l'objet de la géographie de la population, *Espace Géogr.,* Paris, 1972, 1, p. 54-62.

PAILHÉ (J.), La géographie de la population : une analyse démosociogéographique, *Esp. Popul. Soc.,* 1984 (2), pp. 71-75.

TREWARTHA (G.), A case for population geography, *Ann. Assoc. Amer. Geogr.,* Washington, 1953, 43 (2), p. 71-97.

WEBB (J.), Population Geography, in COOKE R. et JOHNSON J. (ed.), *Trends in Geography : an introductory survey,* Oxford, Pergamon, 1969, p. 90-101.

WRIGLEY (E.), Geography and Population in R. CHORLEY et P. HAGGET (ed.), *Frontiers in Geographical Teaching,* London, 1965, p. 62-79.

3

Les sources de l'étude géographique de la population

Avant de commencer l'étude d'une population, les géographes doivent au préalable rassembler un grand nombre d'informations sur sa distribution spatiale, sa structure, son évolution ou sa mobilité.

Ils en trouvent la plus grande partie dans les recensements de population qui constituent de façon incontestable la source la plus riche et la plus utile pour eux. Du reste, dès la fin du XIXe siècle, ils ont appris à en tirer certains renseignements et à les visualiser sous forme de cartes ; au cours du XXe siècle, ils y ont eu recours de plus en plus souvent et cette utilisation est même devenue tellement systématique qu'une confusion a eu tendance à s'établir entre le contenu de la géographie de la population et celui des recensements. En fait, il existe d'autres sources, moins sûres, moins faciles à exploiter, parfois négligées mais qui n'en sont pas moins intéressantes.

Les recensements démographiques

Le recensement comme source d'informations géographiques

Pour les géographes, les recensements constituent une source d'informations remarquable à bien des points de vue et que rien ne peut vraiment suppléer.

Ils sont en effet les seuls à fournir une information spatiale détaillée sur la population. Pour un certain nombre de données, l'analyse peut même être poussée très loin : jusqu'au niveau de l'unité d'habitat à la campagne, souvent jusqu'au niveau du quartier ou de l'îlot dans le cas d'une ville. Les recensements constituent la seule source statistique atteignant une telle précision spatiale. De ce fait, ils permettent l'établissement de cartes très détaillées.

Autre avantage : les informations fournies sont nombreuses. Les opérations faites dans les pays ayant un appareil statistique de bonne ou d'assez bonne qualité portent sur une douzaine de points selon les recommandations des Nations

Unies : population totale, sexe, âge, ménage, statut matrimonial, descendance, nationalité, lieu de naissance, lieu de résidence, activité, lieu de travail et niveau d'instruction. Dans certains pays, l'investigation est poussée plus loin encore : elle peut porter sur les langues parlées, la religion, le logement, la fécondité, les déplacements de travail, les revenus ou d'autres caractéristiques. Signalons cependant que dans certains pays, on envisage, par souci d'économie, de réduire au minimum les informations collectées lors des recensements et de les remplacer par des sondages.

Autre avantage encore : les données concernant la population comptent habituellement parmi les plus satisfaisantes de toutes celles que recueillent les services de statistique. En dépit de leur diversité, elles sont beaucoup plus sûres que les données économiques car elles sont plus faciles à collecter et parce que la population, dans la plupart des pays du moins, ne redoute plus leur incidence fiscale.

Dernier avantage enfin : les recensements permettent aux géographes d'étudier l'évolution dans le temps de certaines distributions spatiales. Passons sur les comptages, très difficiles à utiliser, de l'Égypte pharaonique, de la Grèce classique, de la République romaine ou de la Chine ancienne. Passons également sur les comptages datant du Moyen Âge ou de la période moderne en Europe, encore que ceux-ci aient été utilisés dans de très bons travaux de géographie historique. Ne retenons que la période contemporaine : pour les états les plus évolués, on dispose d'une longue série de chiffres pour la plupart des circonscriptions ; on considère le plus souvent que la collecte d'informations sur la population effectuée en Suède en 1750 marque un tournant et constitue le premier recensement ; des opérations similaires ont été entreprises en 1769 pour la Norvège et le Danemark, en 1790 pour les États-Unis, en 1801 pour la France et l'Angleterre, dans le courant du XIXe siècle pour tous les états de l'Europe. Mieux encore : dans de nombreux pays, les recensements sont devenus périodiques ; sans doute cette périodicité est-elle plus ou moins régulière et varie-t-elle d'un pays à l'autre, il n'empêche qu'elle a tendance à s'améliorer dans l'ensemble du monde ; c'est du moins l'évolution souhaitée par les Nations Unies qui s'efforcent d'obtenir des états membres des opérations décennales et, si possible, synchrones ; les années recommandées sont celles se terminant par 0 ou 1.

Les limites des recensements pour l'étude géographique

Si les recensements constituent une source presque inépuisable d'informations pour les géographes – et pas seulement pour les spécialistes de la population – leur utilisation rencontre un certain nombre de limites qu'il est nécessaire de connaître :

1) Notons tout d'abord que la population de certains pays n'a pas encore été recensée ou même dénombrée : c'est notamment le cas de l'Éthiopie, de l'Afghanistan et de divers territoires de la péninsule arabique ; les pays pour lesquels on ne dispose que de simples évaluations ne représentent plus, il est vrai, qu'une petite partie de la population mondiale – 1 % environ – en raison des progrès importants réalisés depuis une génération dans ce domaine ; en 1960, c'était encore le cas pour 1/3 environ des habitants de la planète.

Il est plus gênant de constater que les informations sont largement périmées pour un certain nombre de pays, une trentaine au moins, car des raisons variées, financières ou politiques, ont empêché depuis assez longtemps la réalisation d'un recensement. En Afrique, les habitants de la Guinée et du Zaïre n'ont pas été recensés depuis leur indépendance ; au Liban, il n'y a pas eu de recensement depuis 1932 afin de ne pas ébranler l'équilibre des pouvoirs prévu par la constitution entre les communautés chrétienne et musulmane ! Sans doute peut-on faire des évaluations pour le présent, mais à condition d'avoir des données démographiques suffisamment sûres, ce qui est loin d'être toujours le cas. On ne dispose donc, pour certains pays, que d'estimations incertaines car la vitesse de croissance démographique n'est pas bien connue. Même si la mise à jour de l'effectif global est faite sur des bases relativement sûres, le problème de la répartition spatiale de la population reste entier ; lors de l'établissement de cartes, des erreurs importantes risquent évidemment d'être faites.

2) D'une façon générale, il convient de noter que le nombre et la valeur des informations sur la population varient considérablement selon les pays en fonction de leur niveau de développement et de l'attitude des habitants vis-à-vis de l'administration chargée du recensement.

Dans les pays développés, la valeur des données est bonne. Lors du recensement de 1960 aux États-Unis, l'erreur aurait été de – 1,7 % sur l'effectif total. En France, pour le recensement de 1962, elle aurait été de – 1,3 % (1,7 % d'omissions et 0,4 % de doubles comptes). La marge d'erreur est donc relativement faible, du moins pour l'effectif total de la population ; elle se fait presque toujours dans le sens de la sous-estimation bien que des déformations se produisent parfois, localement, en sens contraire [1]. Pour d'autres données, les résultats sont probablement plus éloignés de la réalité.

Dans les pays en voie de développement, les informations recueillies sont moins nombreuses et surtout moins sûres. Diverses raisons expliquent cette moindre qualité. Les agents recenseurs, dont le niveau de formation laisse souvent à désirer et dont la rétribution est souvent modeste, ne font pas toujours bien leur travail qui est lourd puisqu'ils doivent eux-mêmes recueillir les informations dans la plupart des familles. Il faut ajouter que la population est parfois difficile à joindre dans les campagnes en raison du manque de pistes ou de cartes détaillées ou, dans certains cas, en raison de la mobilité des habitants. Il faut enfin signaler que la population ne perçoit pas toujours l'utilité du recensement, que des tabous interdisent parfois de faire référence à certains événements de la vie ou de décompter enfants et épouses ou encore que certaines croyances incitent à répondre des chiffres considérés comme bénéfiques. Il en résulte des marges d'erreurs beaucoup plus élevées que dans les pays développés, même pour la simple énumération de la population. La sous-estimation aurait été de 5,4 % au Chili en 1960 et de 5,8 % au Vénézuela en 1961. Au Maroc, elle a sans doute été de 3,5-4 % en 1960, de 9 % en 1952 et de 15 % en 1926. Dans d'autres pays, les informations recueillies sont plus mauvaises encore, notamment en Afrique tropicale.

---

1. Bienfait (J.), La population de Lyon à travers un quart de siècle de recensements douteux (1911-1936), *Rev. Geogr. Lyon,* 1968, 43 (1-2), p. 63-94 et 95-132.

3) Un autre problème se présente pour le géographe dès lors que l'étude porte sur plusieurs pays : le manque de comparabilité des informations en raison des différences de définition ou de contenu de certaines notions.

Parmi les difficultés touchant aux définitions figure celle du lieu de résidence : la limite entre les milieux rural et urbain est fort malaisée à préciser et elle varie d'un pays à l'autre. Pour les différences de contenu, les difficultés concernent plutôt les informations sur la population active : en raison des disparités qui existent dans les niveaux de développement ou les systèmes socio-politiques, tout ce qui regarde l'emploi, le chômage, les catégories socio-professionnelles ou les catégories d'activité économique doit être manié avec précaution dans le cas de comparaisons entre pays ; les mêmes concepts recouvrent des réalités profondément différentes selon qu'il s'agit des États-Unis, de la Grèce ou du Burkina-Faso.

4) Reste enfin un autre problème à signaler : les informations des recensements ne répondent pas à toutes les interrogations des géographes dont la problématique diffère évidemment de celle des statisticiens.

Ainsi, de nombreuses informations qui intéressent les géographes, comme celles ayant trait à la mobilité dans l'espace, ne figurent pas ou ne figurent que partiellement dans les recensements.

Enfin, il arrive assez fréquemment que les divisions administratives pour lesquelles les données démographiques sont publiées ne conviennent pas aux géographes désireux d'obtenir le maximum de finesse possible dans le découpage spatial.

Les autres sources d'information

Pour l'étude géographique d'une population, il faut donc faire appel à d'autres sources d'information. Celles-ci sont nombreuses et variables d'un pays à l'autre : on ne retiendra donc que les plus courantes d'entre elles.

1) Pour l'étude des caractères démographiques, deux sources – l'état civil et les enquêtes par sondage – complètent utilement les recensements mais elles doivent être utilisées avec précaution, car elles conduisent surtout à faire des études de structure et d'évolution ; il est cependant possible d'en tirer certaines informations spatiales.

L'état civil rend possible l'analyse des variations dans l'espace de la natalité, de la mortalité ou de l'accroissement naturel. Il convient toutefois de bien connaître la valeur des données recueillies : si l'enregistrement des naissances et des décès est exhaustif ou proche de l'exhaustivité dans la plupart des pays développés, il est incomplet en Amérique latine et souvent inutilisable, en raison de ses lacunes, dans nombre de pays d'Afrique ou d'Asie.

Les enquêtes démographiques par sondage permettent, quand elles ont été bien menées, de recueillir des informations intéressantes sur les populations, notamment pour l'analyse de leur fécondité : beaucoup d'enquêtes ont été entreprises sur ce thème depuis les années 60 dans les pays du Tiers Monde. Pour le géographe toutefois, elles sont souvent difficiles à utiliser parce qu'elles fournissent une information très réduite au plan spatial : les « strates géographiques » retenues sont habituellement très peu nombreuses et parfois limitées à une simple distinction entre villes et campagnes.

2) Pour l'étude de la répartition de la population dans l'espace, plusieurs sources sont également utilisables :

Si la population du territoire étudié n'a pas encore été recensée ou l'a été depuis trop longtemps pour que les données soient encore valables, il est presque toujours possible de collecter les informations numériques pour pallier cette lacune : nombreux ont été les africanistes confrontés à ce problème avant ou après la Deuxième Guerre mondiale. Certaines administrations comme l'Intérieur, l'Éducation ou la Santé, ont été amenées à procéder à des dénombrements avec l'aide des autorités locales ; les chiffres ainsi recueillis présentent assurément de nombreux défauts mais ils sont parfois utilisables. Pour une étude détaillée, la photographie aérienne peut être employée à condition que son échelle soit convenable : avec des clichés au $1/10\,000^e$ ou $1/20\,000^e$, l'habitat est suffisamment perceptible pour que des évaluations de la population soient tentées et pour que sa répartition spatiale soit analysée ; ce moyen a été utilisé par divers chercheurs en Afrique.

Si la population de l'espace étudié est recensée ou simplement dénombrée, ce laborieux travail préalable est inutile : une fois les informations collectées, il est possible de passer à l'établissement de cartes, à l'analyse statistique et à la recherche de facteurs rendant compte des distributions observées. A ce stade, il est souvent indispensable de rechercher de nouvelles informations statistiques ou de nouveaux documents cartographiques pour étudier les corrélations avec divers éléments du milieu. Pour l'étude de la population rurale, les cartes touchant à la géomorphologie, à la pédologie et surtout à l'utilisation du sol sont les plus intéressantes pour une analyse à grande échelle, tandis que les cartes climatiques et hypsométriques sont les plus utiles pour une étude à petite échelle ; la recherche de corrélations statistiques offre la possibilité de faire une étude plus précise que celle de simples corrélations visuelles mais les deux démarches ne s'excluent nullement, d'autant que tous les éléments du milieu ne peuvent être quantifiés. L'étude de la population urbaine pose habituellement moins de problèmes, car il est en général facile d'obtenir des informations sur les diverses activités secondaires ou tertiaires expliquant la localisation des concentrations de population.

3) L'étude de la mobilité spatiale requiert des sources d'information très nombreuses en raison de la très grande diversité des formes de migration. Les recensements, même quand ils sont globalement de bonne qualité, ne fournissent qu'un petit nombre de renseignements sur le sujet ; encore s'agit-il souvent de données sujettes à caution ou difficiles à exploiter, car insuffisamment détaillées au plan spatial ; les informations précisant bien les lieux de provenance et de destination sont difficiles à obtenir des services de statistique en raison de leur extrême diversité.

Pendant longtemps, les données chiffrées sur les migrations internationales ont été les seules disponibles. La qualité des informations sur le passage des frontières, qui n'a jamais été bonne dans la plupart des pays, a tendance à se dégrader en raison de la facilité avec laquelle on franchit aujourd'hui certaines limites territoriales. En revanche, les entrées de travailleurs sont de mieux en mieux connues car de plus en plus contrôlées ; sur les étrangers résidant dans un pays quelconque, les sources d'information sont assez nombreuses, mais il est indispensable de les recouper car, selon les cas, elles sous-estiment ou surestiment les effectifs.

Les migrations intérieures à caractère définitif ne sont généralement pas enregistrées à l'exception des pays où les changements de résidence sont soumis à déclaration. Quand ils ne sont pas consignés, c'est-à-dire dans la plupart des cas, il est cependant possible de les connaître par l'exploitation de certains fichiers – par exemple ceux de la Sécurité sociale, des Caisses de retraite ou des inscriptions sur les listes électorales – mais ceux-ci sont de valeur inégale et ils concernent, de toute façon, des sous-populations qui ne correspondent pas toujours bien à l'ensemble étudié ; il est important de bien évaluer les distorsions introduites éventuellement par l'exploitation de ces sources.

Quant aux déplacements de faible durée, liés au travail ou aux loisirs, ce sont les moins bien connus de tous les mouvements car ils ne sont jamais enregistrés ; seules les migrations alternantes font parfois l'objet d'une ou deux questions dans certains recensements ; les migrations de fin de semaine ou de vacances ne sont connues que par des enquêtes ; l'information spatiale sur ces mouvements est donc pauvre. Aussi les géographes doivent-ils faire preuve de perspicacité et d'imagination pour obtenir des renseignements pouvant, indirectement, permettre une analyse correcte des déplacements dans l'espace. F. Cribier n'a-t-elle pas utilisé, pour avoir une évaluation de la population de vacanciers installés en été dans les stations littorales françaises, la consommation de farine pour laquelle des données chiffrées étaient disponibles [2] ?

L'inventaire des sources s'avère donc beaucoup plus long pour ce thème d'études que pour n'importe quel autre. De toute façon, cette collecte d'informations chiffrées ne permet de saisir qu'une partie d'une réalité très complexe : elle doit toujours être complétée par des enquêtes précisant la diversité, les modalités et les motivations des déplacements.

---

2. Cribier (F.), Variations de consommation de farine et migration touristique d'été en France, *Bull. Assoc. Geogr. Franç.*, Paris, 1961, 301-302, p. 170-185, cartes.

Lectures

Principales sources statistiques

Dans la plupart des pays, les informations statistiques tirées des recensements, dénombrements ou enquêtes démographiques sont publiées par les services de statistique ou peuvent être obtenues facilement auprès d'eux. Ces informations sont particulièrement abondantes dans les pays d'Europe et d'Amérique du Nord.

Pour l'ensemble du monde, la documentation la plus complète est celle fournie par la Division de la Population des Nations Unies, New York : *Annuaire(s) Démographique(s)* et *Population and Vital Data Report(s)*.

Des tableaux pratiques sont publiés annuellement par le Population Reference Bureau (Washington) : *World Population Data Sheet(s)*.

Sur les sources statistiques et les problèmes posés par leur utilisation, les développements les plus complets se trouvent dans les ouvrages de démographie et spécialement dans : SHRYOCK (H.) et SIEGEL (J.), *The methods and materials of demography*, U.S. Department of Commerce, 1971, 2ᵉ éd. 1973, 2 vol. 888 p. (notamment vol. 1, p. 1).

Sur le géographe face au recensement dans les pays développés : ROBERTSON (I.), The census and research: ideals and realities, *Trans. Inst. Brit. Geogr.*, 1969, 4 p. 173-187, 4 fig.

Sur les difficultés rencontrées par les géographes dans le Tiers Monde pour l'étude de la population, on trouve de nombreux développements dans les études des africanistes. Voir notamment : BOUQUET (CH.), Les incertitudes de la démographie africaine : l'exemple du Tchad, *Cah. Outre-Mer*, Bordeaux, 1971, 24 (96), p. 410-429, 6 fig.

La distribution spatiale
de la population

Deuxième partie

4

Les méthodes d'analyse
de la distribution spatiale

La première tâche du géographe qui entreprend l'étude d'une population est l'examen approfondi de sa distribution spatiale. Ce n'est peut-être pas le thème essentiel de toute la géographie et l'essence même de son champ de recherche comme l'affirme D. Hooson avec exagération, mais c'est assurément un thème fondamental pour la géographie de la population. Une telle étude suppose la collecte d'informations sur la répartition dans l'espace de la population envisagée, leur cartographie, leur analyse, l'examen des relations avec les autres aspects du milieu, enfin l'étude des changements qui se produisent dans le temps. Pour cette première étape de la recherche, les hommes ne sont considérés qu'en fonction de leur nombre, indépendamment de leurs caractéristiques et de tout ce qui les différencie.

La collecte des informations pose habituellement peu de problèmes, sauf pour un petit nombre de pays. La mise en évidence de la distribution spatiale est déjà plus délicate : elle suppose la maîtrise de diverses techniques cartographiques et statistiques.

Les méthodes cartographiques

Les méthodes cartographiques sont nombreuses car l'étude de la répartition de la population a été le principal terrain d'apprentissage de la cartographie thématique depuis près d'un siècle et demi.

Les cartes par plages de valeur

Très curieusement, les premières cartes établies pour représenter la population ont utilisé un concept abstrait : la *densité,* c'est-à-dire le rapport entre la population totale P et la surface S (d = P/S, exprimée le plus souvent aujourd'hui en habitants par km²). Dès 1833, une carte pour l'ensemble du monde a été établie par un anglais, G. Scrope, et une série de cartes portant sur l'Irlande a été élaborée en 1837 par un autre anglais, H. Harness, dans le cadre d'une étude préparatoire à l'établissement des chemins de fer dans l'île et pour laquelle il était nécessaire de bien connaître la répartition spatiale des habitants.

Il n'est pas nécessaire d'insister sur ce concept qui est simple, pratique et bien connu. Rappelons seulement qu'il faut l'utiliser à bon escient sans lui donner un contenu qu'il est incapable d'avoir ; le dénominateur a en effet une signification variable d'une circonscription à l'autre en raison de l'hétérogénéité de l'espace ; le numérateur prête également à discussion, au moins à l'échelle internationale, quand on compare des populations dont les niveaux de vie, de besoins et de culture sont extrêmement différents ; il faut donc considérer la densité comme un simple élément descriptif de la présence humaine ; en aucun cas, le concept ne peut permettre d'apprécier le sous-peuplement ou le surpeuplement d'un espace. Même si, au lieu de la densité brute, on considère la densité rurale (population rurale/surface) ou la densité agricole (population vivant de l'agriculture/surface) ou la densité agricole spécifique (population vivant de l'agriculture/surface cultivée ou surface agricole utile) ou tout autre formule plus élaborée rapportant la population à un espace utilisé de façon plus ou moins intensive. Par ailleurs, il est indispensable d'utiliser le concept de densité pour de petites circonscriptions ou, mieux, pour de petits espaces plus ou moins homogènes ; par exemple, dans le cas de la France, une carte des densités par commune ou par canton autorise de fructueuses observations alors qu'une carte par département ou par région a un intérêt beaucoup plus limité ; il faut donc éviter d'utiliser ce concept pour des territoires étendus.

La notion de densité conduit à établir une carte dite choroplèthe c'est-à-dire par plages de valeur avec, dans la plupart des cas, un fond extrêmement réduit de limites administratives ; les plages peuvent être couvertes de hachures, de pointillés, de trames photo, ou de couleurs mais, dans tous les cas, il est essentiel d'avoir une bonne échelle de valeurs, suffisamment contrastée, allant des densités faibles aux densités fortes (fig. 1). Pour une bonne lisibilité, les classes ne doivent pas être trop nombreuses. Le choix de ces classes est important : aucune solution n'étant idéale pour diviser une série statistique, il est indispensable de préciser celle qui a été retenue après l'avoir choisie en connaissance de cause ; les résultats peuvent en effet différer sérieusement selon le choix effectué, comme le montrent les cartes établies par G. Dickinson pour un groupe de comtés du Kansas (fig. 2).

Les cartes de densité ont été souvent critiquées. On a même eu tendance à les abandonner dans les années 50 et 60, au profit des cartes par points, mais elles sont à nouveau utilisées : elles fournissent en effet d'utiles points de repère numériques et aujourd'hui elles peuvent avantageusement être établies par ordinateur.

Fig. 1 – *Carte de la densité de la population pour une partie de la France septentrionale.*
Les teintes sombres correspondent ici à des densités
dépassant 100, 200, 500 et 1 000 habitants par km².
(D'après une carte en couleurs de la densité par commune en 1975,
IGN-INSEE, *La population française,* 1980.)

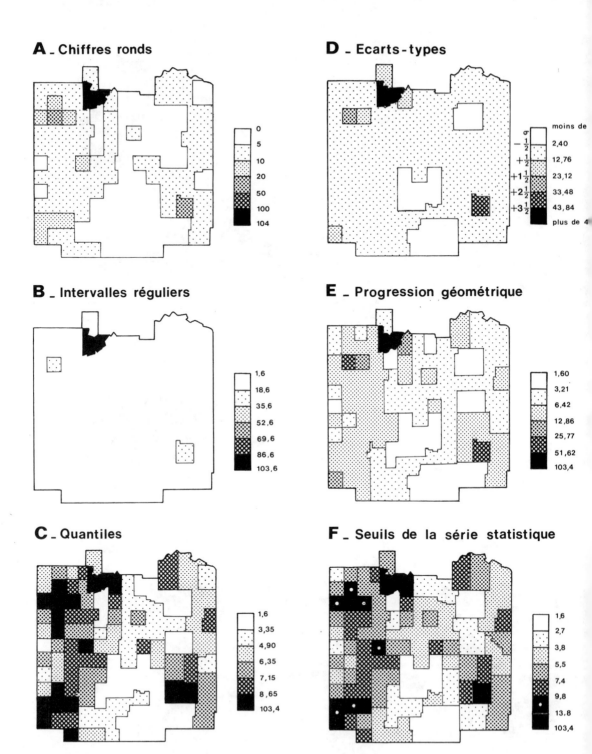

Fig. 2 – *Cartes de densité de la population pour un groupe de comtés situé dans le centre du Kansas avec diverses méthodes de division de la série statistique.*
(D'après G. Dickinson, *Statistical mapping...*, 1973, London, E. Arnold).

Les cartes par points

Les cartes par points, en dépit de leur apparence plus concrète ont été élaborées beaucoup plus tard que les précédentes : la méthode en a été établie par le Suédois S. de Geer, en 1917, dans le cadre d'un travail sur la population de la Suède, mais elle ne s'est vraiment répandue qu'après la Deuxième Guerre mondiale.

Le principe en est simple : la population est représentée par des points dont chacun, symbolisant un certain nombre d'habitants, est placé de façon aussi précise que possible sur le lieu correspondant. Les points peuvent avoir tous la même valeur ou avoir des valeurs différentes ; dans le premier cas il convient de choisir avec soin la valeur du point et sa dimension en se livrant à quelques essais sur les lieux de forte densité pour essayer de concilier au mieux précision et lisibilité ; dans le second cas, il est plus facile de placer les points, mais l'impression de densité pour les lieux où les hommes sont les plus nombreux, est quelque peu atténuée.

Ce mode de représentation, qui offre de nombreux avantages, est largement utilisé et on en trouve de nombreux exemples dans les travaux géographiques des quinze dernières années (fig. 3). Il permet de traduire avec précision la distribution de la population mais, bien sûr, à condition que les données soient très détaillées et que les lieux recensés puissent être retrouvés sur la carte ; à la limite, il est possible d'obtenir une estimation de la population, pour telle ou telle partie de l'espace cartographié, par comptage des points sur la carte. Il permet de représenter certains éléments explicatifs tels que le milieu physique ou l'utilisation économique de l'espace, surtout si l'impression est en couleurs. Il autorise une lecture à plusieurs échelles : au niveau de l'ensemble ou à celui du détail. Signalons encore qu'il permet une représentation des populations nomades : celles-ci peuvent être indiquées pour deux moments de l'année tandis que des pointillés ou des tiretés figurent les principaux mouvements. En revanche, ce mode de représentation présente certains inconvénients : les cartes par points ne permettent pas de faire des comparaisons rigoureuses dans le temps ou dans l'espace ; et surtout elles ne permettent pas de bien représenter les fortes concentrations d'habitants : en général, seule la population rurale est figurée par des points tandis que la population urbaine doit être symbolisée par des taches sombres, des cercles ou des signes figurant des volumes ; des tests ont montré que le lecteur avait tendance, de ce fait, à sous-estimer la population des villes surtout lorsque des sphères ou des cubes sont utilisés comme figurés.

Les points peuvent représenter non seulement des effectifs de population mais aussi d'autres caractéristiques : en faisant varier la forme ou la couleur des symboles, on peut fournir une représentation de la population sur la base de l'ethnie, de la religion, de l'activité rurale ou de tout autre élément de différenciation. Ce procédé a été souvent utilisé en Afrique.

Si la carte par points n'indique pas la densité avec précision, elle la suggère de façon souvent remarquable. Les cartes de densité par carrés qui ont été établies dans divers territoires du Tiers Monde où les limites administratives étaient incertaines ou mal connues sont d'ailleurs dérivées de la carte par points. Un carroyage est alors superposé à la carte par points et la densité de chaque carré

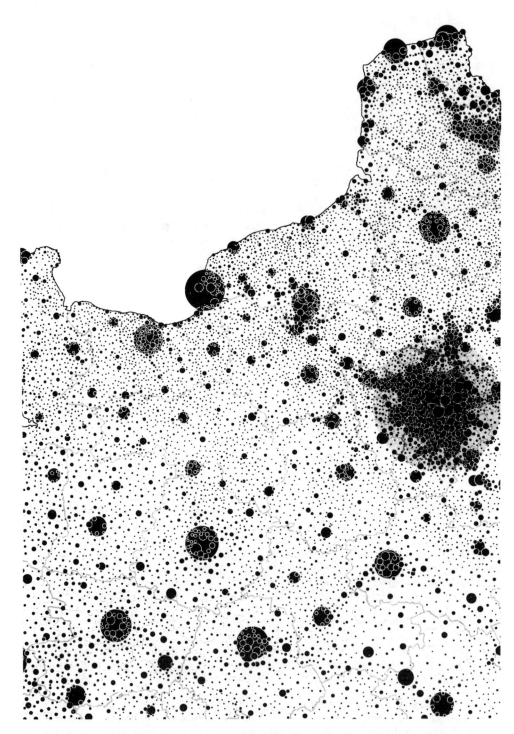

Fig. 3 – Carte par points de la population pour une partie de la France septentrionale.
A comparer avec la carte des densités pour le même espace *(fig. 1).*
(D'après une carte en couleurs de la taille démographique des communes en 1975,
IGN-INSEE, *La population française,* 1980.)

est calculée par addition des points et pondération par les valeurs observées dans les cases les plus proches, de façon à éliminer dans une certaine mesure les inégalités de représentation auxquelles expose une trame géométrique.

Les cartes par points de la population peuvent désormais être établies par ordinateur mais la préparation du travail est très longue, car elle nécessite l'introduction dans la mémoire d'informations très détaillées sur la population et la localisation des diverses circonscriptions de base.

Les autres types de cartes

La représentation de la distribution spatiale de la population a donné lieu à d'autres recherches : il existe d'autres procédés cartographiques, beaucoup moins employés mais ne manquant pas d'intérêt cependant.

Les cartes par isolignes dites « isoplèthes » consistent à relier par une courbe les densités de même valeur. Le principe en est simple et la première application en est déjà ancienne (elle est due au Danois N. Ravn en 1857 dans une étude sur la population du Danemark), mais la procédure d'établissement en est plus complexe que pour les types de carte déjà examinés : les chiffres de densité sont placés au centre de chaque circonscription ou, mieux, au centre de gravité de la population si l'occupation de l'espace est très hétérogène ; les valeurs retenues pour les isolignes sont obtenues par interpolation. Les cartes peuvent aujourd'hui être plus rapidement obtenues par des procédés automatiques, si bien qu'elles commencent à se répandre dans les études géographiques consacrées à la population (fig. 4). Le procédé peut sembler discutable dans la mesure où il donne l'impression que les variations spatiales de l'occupation humaine sont continues alors que – les cartes par points le montrent – les discontinuités sont fréquentes, mais il offre malgré tout un avantage important : il fournit des images simplifiées de la distribution de la population dans l'espace ; par là, il en rend l'analyse plus facile et il ouvre le champ aux études comparatives.

Les *cartes de relief statistique* figurant les densités par des « reliefs » plus ou moins élevés, vus en perspective cavalière, seraient très longues à établir à la main : toutes celles qui ont été publiées ont été fabriquées à l'aide d'un ordinateur. Elles ont surtout une valeur pédagogique : d'emblée elles fournissent une vue globale de la distribution des habitants et elles font très bien prendre conscience des contrastes. Une variante plus simple consiste à cartographier la densité des diverses unités géographiques par des prismes (fig. 5).

Les *cartes par anamorphose* ou cartogrammes ont aussi un intérêt pédagogique. Avec ce procédé, les populations des circonscriptions ou territoires étudiés sont représentées par des surfaces proportionnelles aux effectifs. Pour faciliter leur établissement, on choisit généralement des formes simples, mais on peut également adopter des dessins plus complexes qui déforment un peu moins la configuration des territoires (fig. 6 et 7). Ces cartes, qui sont souvent spectaculaires, sensibilisent le lecteur aux fortes concentrations de population, mais elles ne sont pas faciles à lire car les lieux représentés n'ont pas la forme et la localisation auxquelles le lecteur est habitué ; il faut donc un nom ou un numéro pour les identifier.

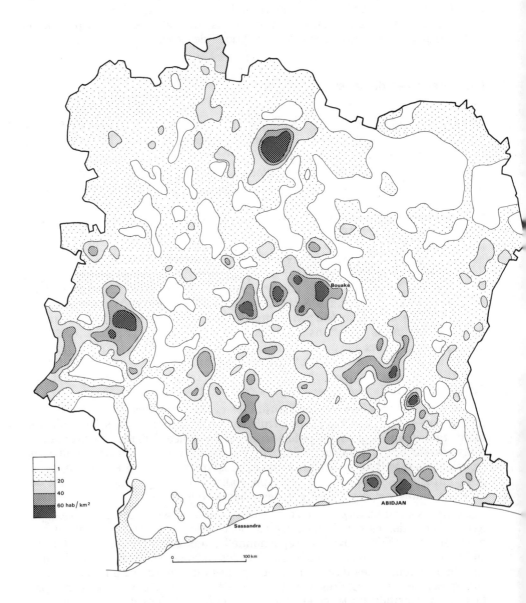

Fig. 4 – Carte de densité de la population rurale, par isolignes, pour la Côte d'Ivoire.
(D'après une carte de l'*Atlas de la Côte d'Ivoire*, pl. B1a).

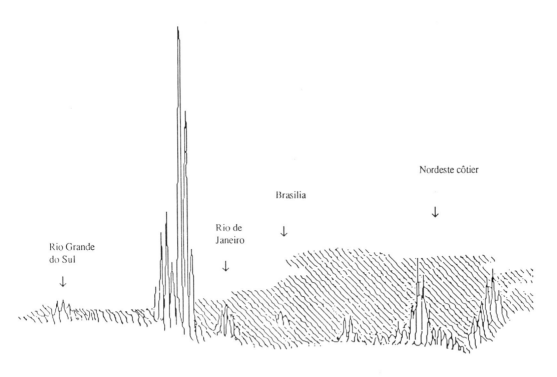

São Paulo

Nordeste côtier
↓

Brasilia
↓

Rio de
Janeiro
↓

Rio Grande
do Sul
↓

Fig. 5 – Deux cartes de la densité du Brésil au début des années 80
par le procédé des reliefs statistiques et des prismes.
La figure supérieure correspond au nombre d'habitants par km².
La figure inférieure correspond à la densité rurale.
(Source : H. Théry, *Brésil, un atlas chorématique,* 1986).

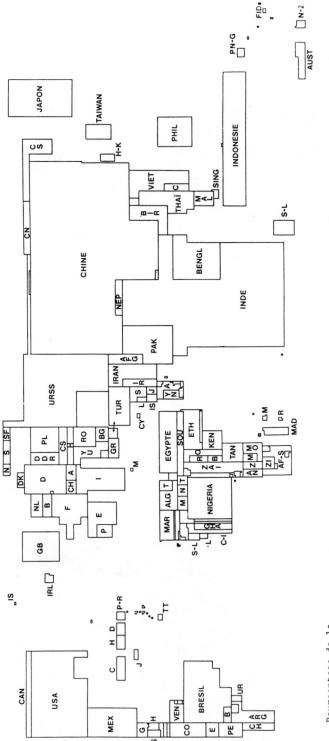

Fig. 6 – Carte par anamorphose de la population des divers pays du monde.
(Source : *Espace Popul. Soc.* 1985, 3).

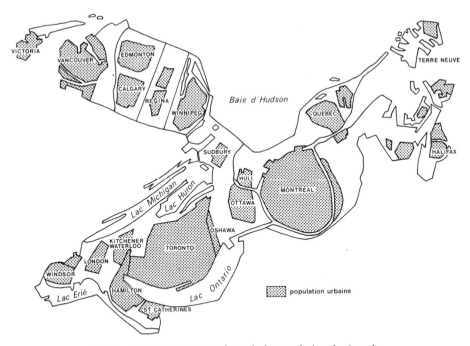

Fig. 7 – Carte par anamorphose de la population du Canada.
(Source : L. Skoda et J. Robertson, *Isodemographie map of Canada*, 1972, Ottawa, Information Canada).

• Au total, les modes de représentation cartographique sont nombreux mais, on l'a constaté, aucun n'est idéal : chacun d'eux offre des avantages et des inconvénients avec, toutefois, un bilan plus favorable pour les trois premiers d'entre eux, en ce qui concerne l'analyse de la distribution. Le choix dépend avant tout du but à atteindre. Selon les cas, le géographe sera donc amené à sélectionner un type particulier de représentation ou au contraire à en retenir deux dans la mesure où des informations complémentaires peuvent ainsi être espérées. De fait, beaucoup d'études géographiques sur la population présentent à la fois une carte des densités, par plages ou isolignes, et une carte par points.

Les méthodes statistiques

Si les méthodes cartographiques permettent de saisir la répartition spatiale de la population dans la mesure où elles la visualisent, les méthodes statistiques en donnent une vue simplifiée et abstraite, plus difficile à interpréter mais plus rigoureuse. Il n'est pas justifié d'opposer les secondes, qui paraissent relever de la nouvelle géographie, aux premières qui, elles, relèveraient de la géographie classique ; les méthodes statistiques appliquées à la distribution de la population dans l'espace sont plus anciennement utilisées qu'on l'imagine souvent ; plusieurs d'entre elles l'ont été dès la fin du XIXe siècle ; par ailleurs, elles ne dispensent pas de l'établissement des cartes et de l'analyse de celles-ci, elles prolongent le travail cartographique et parfois elles le suscitent. En définitive, les deux séries de méthodes sont liées et elles doivent être utilisées conjointement ou successivement.

Ces méthodes ne sont pas particulières aux géographes de la population – car ce sont celles de l'analyse spatiale – mais elles ont été assez fréquemment employées par eux.

La mesure des valeurs centrales

La mesure des valeurs centrales des distributions remonte au siècle dernier : dès 1872, l'américain J. Hilgard a ainsi analysé le déplacement général vers l'Ouest du peuplement à l'intérieur du territoire des États-Unis mais c'est le géographe russe E. Sviatlovsky qui a développé les mesures dites « centrographiques » dans les années 20 (E. Sviatlovsky et W. Eels, 1937).

Comme pour les distributions linéaires, il y a en fait plusieurs valeurs centrales pour les distributions dans l'espace dont les principales sont le point moyen, le point médian et le centre médian.

1) *Le point moyen* est l'équivalent de la moyenne pour une distribution linéaire. On l'appelle aussi le centre de gravité, le centroïde ou le point d'équilibre. Ses coordonnées $\bar{x}$ et $\bar{y}$ sont faciles à calculer :

$$\bar{x} = \frac{1}{n} \sum_{i=1}^{n} x_i \qquad \bar{y} = \frac{1}{n} \sum_{i=1}^{n} y_i$$

x_i et y_i sont les coordonnées du point i et n est le nombre de points de la distribution. Si les points – ou plus souvent, les circonscriptions – sont en grand nombre, le calcul se fait avantageusement à l'ordinateur.

Le point moyen est particulièrement intéressant pour l'étude des évolutions dans le temps. Pour les États-Unis par exemple, il s'est déplacé peu à peu en direction de l'ouest-sud-ouest jusque 1950 puis carrément vers le sud-ouest depuis lors ; en 1790, il était au voisinage de Baltimore, donc encore proche de la côte atlantique où arrivaient les immigrants européens ; en 1870, il était près de Cincinnati dans la vallée de l'Ohio ; aujourd'hui, situé dans le Missouri, il est passé à l'ouest du Mississippi ; la vitesse et le sens du déplacement, qui peuvent être calculés de dix en dix ans, constituent un moyen d'analyse utile pour résumer la distribution complexe et changeante du peuplement. En Irlande, le point moyen de la population était situé en 1841 près du centre de gravité du territoire car les habitants, presque tous ruraux encore, étaient assez régulièrement distribués ; avec le développement économique de la façade orientale et particulièrement du nord-est autour de Belfast, le point moyen s'est déplacé de façon presque continue de 54 km en 125 ans (fig. 8). Ce genre d'analyse peut naturellement être effectué

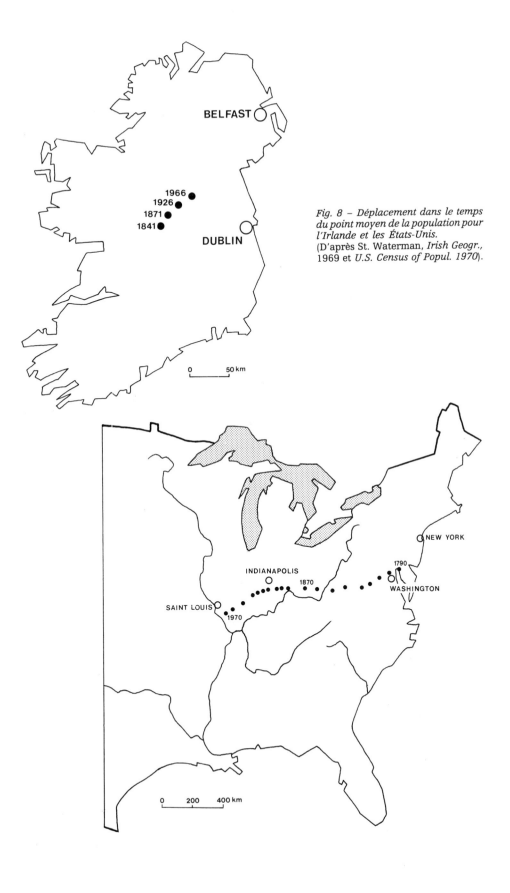

Fig. 8 – *Déplacement dans le temps du point moyen de la population pour l'Irlande et les États-Unis.*
(D'après St. Waterman, *Irish Geogr.*, 1969 et *U.S. Census of Popul. 1970*).

à plusieurs échelles, ce qui en accroît l'intérêt : une analyse centrographique de la population du Québec a été faite pour la période 1951-1971 pour l'ensemble de la province et pour ses diverses régions administratives ; si le déplacement du point moyen se fait le long du Saint-Laurent, en direction de Montréal, pour le Québec entier, il n'en est pas de même dans les diverses régions (D. Louder, M. Bisson et P. La Rochelle, 1974).

2) *Le point médian* est l'équivalent de la médiane d'une distribution linéaire : il est obtenu par l'intersection de deux lignes médianes dont chacune divise la population en deux parties égales. Des diverses valeurs centrales, le point médian est celle dont le calcul est le plus facile ; le calcul peut se faire en utilisant la carte par points ou une carte administrative sur laquelle les effectifs de population sont portés ou mieux, de façon précise, à l'aide d'un ordinateur. Le point médian a un inconvénient : il se déplace si on fait subir une rotation aux axes ; conventionnellement, on utilise donc les méridiens et les parallèles.

Le point médian est un indicateur utile pour comparer les distributions de plusieurs phénomènes à un moment donné : par exemple la population, la population active et le revenu.

La mesure de la dispersion ou de la concentration

Tout comme pour les distributions linéaires, le calcul des valeurs centrales doit être complété par celui de la dispersion ou de la concentration.
1) Il existe plusieurs mesures de la dispersion d'une distribution dans l'espace mais celle qui s'est imposée est la *distance-type* qui établit le même genre de relation au centre moyen que l'écart-type à la moyenne dans une distribution linéaire : autrement dit, elle mesure la dispersion des distances séparant les habitants du centre moyen.

Dans la pratique, la distance-type σ est mesurée en utilisant les effectifs d'habitants de chaque circonscription p_i en considérant que la population est groupée au centre. La distance-type croît avec l'augmentation de taille d'un territoire ; pour effectuer des comparaisons entre pays, il faut diviser l'indice par la surface. Les comparaisons dans le temps fournissent d'utiles informations. En considérant le même cadre territorial, la distance-type des Juifs en Israël est passée de 45 km en 1948 à 54,2 km en 1967 alors que le centre moyen n'a pratiquement pas bougé ; cette augmentation indique pour cette période une tendance à la dispersion qui s'explique par la mise en valeur du Neguev et la croissance rapide des centres urbains intérieurs. En Irlande, la distance-type a augmenté jusqu'à la partition car le développement du nord-est a entraîné d'importantes migrations mais elle a légèrement diminué ensuite en raison de l'essor que la République irlandaise a connu. Dans la province du Québec, une analyse détaillée montre des évolutions divergentes mais dans la majorité des comtés et des régions, il y a eu concentration de la population pendant la décennie 1961-1971 : celle-ci est liée au mouvement d'urbanisation ; dans certains cas, on note cependant une tendance à la dispersion, notamment en Gaspésie et dans l'Abitibi.

2) Quant au degré de concentration de la population, on le mesure habituellement en utilisant une *courbe de concentration* (courbe de Lorenz). Pour la construire, on classe les circonscriptions par ordre de densité décroissante, puis on totalise surfaces et effectifs par classes de densité ; on porte ensuite les surfaces sur l'axe des y et la population sur l'axe des x en pourcentages cumulés. Il reste alors à analyser la courbe ou, mieux, à comparer diverses courbes pour étudier une évolution dans le temps ou des variations dans l'espace ; plus la concentration est forte, plus la courbe se rapproche des axes x et y ; le caractère symétrique ou asymétrique de la courbe, fournit également des informations. L'étude peut être poursuivie par le calcul de l'indice de concentration de Gini (c) pour lequel la surface comprise entre la courbe et la diagonale est rapportée à la surface du triangle ; plus le rapport s'approche de 1, plus la concentration est marquée. On utilise également un autre indice : la plus longue distance orthogonale de la bissectrice du graphique à la courbe ; rapportée à son maximum, elle donne un indicateur facile à calculer ; dans ce cas aussi, la concentration est d'autant plus forte que la valeur trouvée se rapproche de 1. Pour un bon résultat, en cas de comparaisons dans l'espace, il faut que les circonscription étudiées ne soient pas trop grandes et qu'elles soient de taille plus ou moins équivalente.

Pour la province du Québec, l'analyse des courbes de Lorenz pour la population des municipalités fournit un certain nombre d'informations sur le processus de concentration (P. La Rochelle, D. Louder et J. Raveneau, 1975). En Belgique, l'étude des courbes pour les circonscriptions de langue flamande, montre des différences assez faibles entre les provinces mais très nettes entre les arrondissements, qui sont plus petits et inégalement urbanisés (J. de Rudder, 1976).

La mesure du potentiel de population

Si les indices de concentration ou de dispersion ne constituent pas des outils très élaborés pour l'étude de la distribution spatiale de la population, il n'en est pas de même du potentiel de population, qui est une notion très intéressante et susceptible de résoudre certains problèmes.

La notion de potentiel, dérivée de la physique gravitationnelle, mesure l'interaction entre les individus d'un territoire quand elle est appliquée à la population. Certaines constatations empiriques ont en effet conduit l'américain J. Stewart à formuler une relation entre population et distance analogue à celle, bien connue, de Newton entre les corps célestes (J. Stewart et W. Warntz, 1958). Depuis longtemps, on a observé que l'influence exercée par une ville en un point quelconque de l'espace environnant est directement proportionnelle à sa masse et inversement proportionnelle à la distance qui sépare ce point de la ville : d'une façon plus générale, l'attraction exercée par le lieu j sur le point i est donnée par le quotient M_j/D_{ij} dans lequel M_j désigne la masse (la population) au point j et D_{ij} la distance qui sépare les points i et j. En un point donné i, le potentiel de population (P_i) ou l'influence exercée par les masses de population réparties autour de lui dans les divers lieux j est tout simplement la somme des influences exercées par chacune de ces masses :

$$P_i = \sum_{j=1}^{n} \frac{M_j}{D_{ij}}$$

Il existe donc une valeur du potentiel pour chacun des points d'un espace donné, ou plutôt pour chacune des circonscriptions considérées dans cet espace. Les calculs doivent être effectués à l'aide d'un ordinateur car ils sont longs. A partir des résultats obtenus, il est facile d'obtenir une carte par isolignes en joignant les lieux ayant le même potentiel ou de la faire dessiner par des procédures automatiques. Des cartes ont déjà été établies pour bon nombre de pays. A titre d'exemple, celles concernant la Belgique et la Pologne ont été reproduites parce qu'elles offrent des configurations assez dissemblables et parce qu'elles ont été élaborées selon les méthodes différentes (fig. 9) ; la comparaison de cartes successives pour un même pays est riche d'enseignements.

Un lieu à potentiel élevé subit fortement l'influence des diverses masses réparties autour de lui sur l'ensemble du territoire considéré ; la distance entre ce lieu et l'ensemble des habitants est favorable ; il s'agit donc d'un lieu propice qui peut recevoir ou expédier des marchandises à un coût intéressant ou qui peut fournir des services dans les meilleures conditions ; les entreprises commerciales, les firmes industrielles ou les administrations y trouvent donc de nombreux avantages. On ne sera pas étonné de constater que les valeurs les plus fortes du potentiel se trouvent à Paris dans le cas de la France, à New York et plus généralement dans la mégalopole du nord-est aux États-Unis ; à Bruxelles dans le cas de la Belgique ou le long de l'axe reliant la capitale à Anvers ; à Varsovie à Lódź et en Haute-Silésie dans le cas de la Pologne. A l'inverse, un lieu à faible potentiel est défavorisé : la distance entre ce lieu et l'ensemble des habitants est beaucoup plus grande, les frais de transport sont bien plus élevés ; ce lieu se trouvent plus ou moins marginalisé. Pour la France, les valeurs les plus faibles se trouve situées en Corse et en Bretagne occidentale ; aux États-Unis, elles se localisent dans les montagnes de l'ouest, particulièrement dans le Nevada et l'Idaho ; en Belgique elles sont situées dans le massif ardennais ; en Pologne, elles se trouvent dans le nord-est du pays à proximité de la frontière soviétique.

L'examen du potentiel de population est donc intéressant pour la connaissance de la distribution des habitants comme de l'organisation spatiale du territoire car il fournit une mesure de la quantité potentielle de relations qu'un lieu entretient avec l'ensemble du territoire du seul fait de sa position dans l'espace et de la distribution spatiale des habitants. Des corrélations significatives ont été trouvées entre le potentiel et divers phénomènes économiques et sociaux comme la densité de la population, la densité de la population rurale, la densité de la population rurale non agricole, les loyers ruraux non agricoles, la densité des chemins de fer, les taux de mortalité en milieu rural, etc. D'autres corrélations apparaissent également quand la population est pondérée par le revenu moyen de chaque circonscription. Le potentiel de population constitue donc un indicateur synthétique très utile pour l'étude macrogéographique d'un pays. Il conduit à l'analyse régionale et à l'aménagement de l'espace.

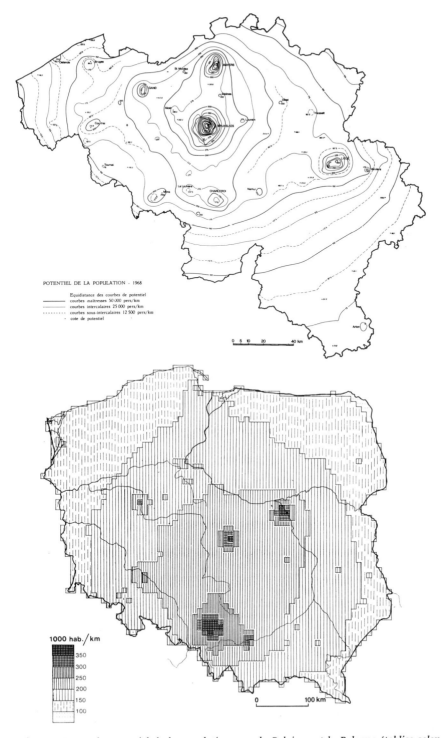

Fig. 9 – Cartes du potentiel de la population pour la Belgique et la Pologne établies selon des méthodes différentes.
(Sources : I. Nadasdi, *Bull. Soc. Belge Et. Géogr.*, 1971, K. Dziewoński, *Geogr. Polonica*, 1975).

Lectures

Sur les méthodes cartographiques

On trouvera de nombreuses indications dans les ouvrages consacrés à l'expression cartographique ou à la sémiologie graphique, spécialement dans celui de :

MONKHOUSE (F.) et WILKINSON (H.), *Maps and diagrams,* London, Methuen, 1963, (ch. 5).

Sur les cartes de population plus spécialement :

WITT (W.), *Bevölkerungskartographie,* Hannover, Jänecke Verl., 1971, VIII-190 p., fig., cartes.

NAG (P.) (éd.), *Census mapping survey,* New Delhi, Concept Publishing Co, 1984, 299 p.

Autres références :

COLE (J.) et KING (C.), *Quantitative geography, techniques and theories in geography,* London, J. Wiley, 1968, notamment p. 192-225.

HAALAND (C.) et HEATH (M.), Mapping of population density, *Demography,* 1974, 11 (2), p. 321-336, graph., carte.

KRENZLIN (A.), Zur Frage der Kartographishen Darstellung von Siedlungsformen, *Berichte zur Deutshen Landeskunde,* Bonn, 1974, 48, p. 81-95, 1 fig.

Sur les méthodes statistiques

Indications dans divers ouvrages de géographie quantitative et de statistique à l'usage des géographes ou dans quelques ouvrages généraux sur la géographie de la population, en particulier celui de J. Clarke, 1965, op. cit.

Articles nombreux

– Articles généraux sur les mesures de distribution de la population :

BIRABEN (J.N.) et DUHOURCAU (F.), La mesure de la population dans l'espace, *Popul.* Paris, 1974, 29 (1), p. 113-137.

DUNCAN (O.D.), The measurement of population distribution, *Popul. Studies,* London, 1957, XI (1), p. 27.

MEDVEDKOV (Y.), Applications of mathematics to population geography, traduit du russe in DEMKO, ROSE et SCHNELL, 1970, op. cit., p. 144-153.

SHRYOCK (H.S.) et SIEGEL (J.J.), *The methods and materials of demography,* U.S. Dep. of Comm., 1971, 2 vol., 888 p. (voir vol. 1, 1re p.).

STEWART (J.) et WARNTZ (W.), Some parameters of the geographical distribution of population, *Geogr. Review,* 1959, 49, p. 270.

– Articles sur la mesure des valeurs centrales, de la concentration ou de la dispersion :

CAPRIO (R.), Centrography and geostatistics, *The Profess. Geogr.,* 1970, 22 (1) 1, p. 15-20, 2 fig.

DE RUDDER (J.), Lorenz curves and concentration indices. A first approach to population densities in the northern part of Belgium based on a small area, *Bull. Soc. Belge. Et. Geogr.,* Louvain, 1976, 45 (2), p. 266-274, carte.

DE SMET (R.), Degré de concentration de la population, *Rev. Belge Geogr.,* 1962, 86, p. 39.

HART (J.), Central tendency in areal distributions, *Econ. Geogr.,* 1954, 30 (1), p. 48-59.

HIRST (M.), Tanzania's population distribution 1948-67 : some macroscopic comments, *Area,* Dorchester, 1971, 3 (1), p. 2-7, fig.

LA ROCHELLE (P.), LOUDER (D.) et RAVENEAU (J.), Description graphique des caractéristiques de l'évolution de la population des municipalités du Québec, 1951-1971, *Cah. Géogr. Québec,* 1975, 46, XIX, p. 147-166.

LOUDER (D.), BISSON (M.) et LA ROCHELLE (P.), Analyse centrographique de la population du Québec de 1951 à 1971, *Cah. Géogr. Québec,* 1974, 45, XVIII, p. 421-444.

STEPHAN (G.), An empirically standardized measure of population concentration, *Geogr. Anal.,* Columbus, 1977, 9 (3), p. 293-296.

SVIATLOVSKY (E.) et EELS (W.), The centrographical method and regional analysis, *Geogr. Review, 1937, 27, p. 240.*

WATERMAN (ST.), Some comments on standard distance : a new application to Irish population studies, *Irish Geography,* 1969, 6 (1), p. 51-62, fig.

– Articles sur le potentiel de la population :

ANDERSON (Th.), Potential models and the spatial distribution of population, *Papers and proc. Reg. Sc. Assoc.,* 1956, p. 175-182.

CRAIG (J.), Population potential and population density, *Area,* London, 1972, 4 (1), p. 10-12 – How arbitrary is population potential ? *Area,* 1974, 6 (1), p. 44-47.

DZIEWONSKI (K.) et autres, The population potential of Poland between 1950 and 1970, *Geogr. Polonica,* Warszawa, 1975, 31, p. 5-28, cartes.

FONTANEL (C.) et PESEUX (Ch.), Potentiel de population et réseau urbain en France, *Espace Géogr.,* Paris, 1976, 5 (4), p. 251-254, fig.

NADASDI (I.), Carte du potentiel de population de la Belgique, *Bull. Soc. Belge Et. Geogr.,* 1971, p. 237-246.

STEWART (J.) et WARNTZ (W.), Physics of population distribution, *Journ. of Region. Sc.,* 1958, p. 99-123.

WARNTZ (W.), A new map of the surface of population potentials for the United states, 1960, *Geogr. Review,* 1964, 54, p. 170.

Les inégalités de la distribution spatiale

Les cartes de distribution de la population à la surface de la Terre offrent des ressemblances avec les cartes ou les photographies de la voûte céleste. E. Levasseur l'avait déjà remarqué il y a près d'un siècle notant que les grandes concentrations humaines apparaissent comme des amas de poussière cosmique qui eux-mêmes se décomposent en une série de masses moindres et de densités diverses tandis que les grandes villes font figure d'étoiles de première grandeur. Certains géographes ou cartographes, notamment ceux qui ont élaboré le bel atlas de l'Ontario, ont d'ailleurs utilisé cette similitude en représentant la population par un semis de points blancs sur un fond bleu nuit.

La carte figurant la distribution à la surface de la Terre des cinq milliards d'hommes qui la peuplent n'est pas moins complexe en tous cas, ni moins irrégulière, que celle du ciel.

Les disparités de la distribution mondiale

Les disparités majeures

Considérée à l'échelle de la planète, la distribution spatiale de la population est extrêmement inégale. Dans les descriptions nombreuses qui en ont été faites depuis un siècle, inégalités, irrégularités, disparités et discontinuités sont les caractéristiques les plus souvent indiquées dans les descriptions. Il suffira d'en rappeler ici les plus importantes.

L'analyse des données statistiques fournit déjà d'utiles précisions. L'Ancien Monde est beaucoup plus peuplé, de loin, que le Nouveau puisqu'il fait vivre à peine les 17/20e de l'humanité : il est vrai que l'Eurasie à elle seule porte trois des quatre plus grands foyers de la population mondiale : celui de l'Extrême-Orient, celui du subcontinent indien et celui de l'Europe occidentale et centrale alors que l'Amérique a un seul foyer, entre les Grands Lacs et la côte atlantique, qui est du reste moins étendu et moins dense que les trois autres. Parmi les continents, c'est l'Asie qui attire l'attention par son poids démographique énorme puisqu'elle porte environ 58 % de la population mondiale contre 10 % pour l'Europe, 14 % pour l'Amérique et 11 % pour l'Afrique ; les deux grands foyers asiatiques ont, il est vrai, des chiffres de population assez impressionnants : plus d'un milliard pour celui d'Asie orientale et plus de 900 millions pour celui d'Asie méridionale. Selon les latitudes, l'inégalité n'est pas moins grande puisque 90 hommes sur 100 vivent dans l'hémisphère nord, particulièrement entre 20 et 40° de latitude (45 %) et entre 40 et 60° de latitude (près de 30 %). A la surface des continents la population est largement massée dans les espaces périphériques : dans les années 50, les 2/3 des hommes vivaient à moins de 500 km des côtes ; elle est aussi massée dans les parties les plus basses : à la même époque, les 4/5 vivaient à moins de 500 mètres d'altitude ; à suivre l'évolution spatiale de la population dans certains pays, il est probable que les proportions ont encore augmenté aujourd'hui. Le degré de concentration de la population à la surface de la planète ne cesse de croître d'une façon générale, encore qu'il soit difficile de l'évaluer pour l'ensemble du monde car les auteurs ayant effectué des calculs

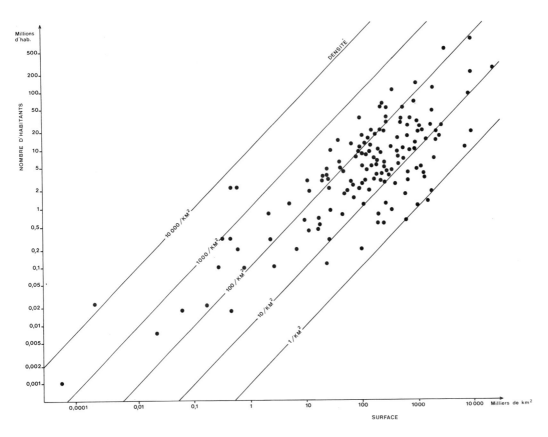

Fig. 10 – Population et superficie des divers territoires du monde en 1975.
(D'après K. Witthauer, *Petermanns Geogr. Mitteil.,* Leipzig, 1976).

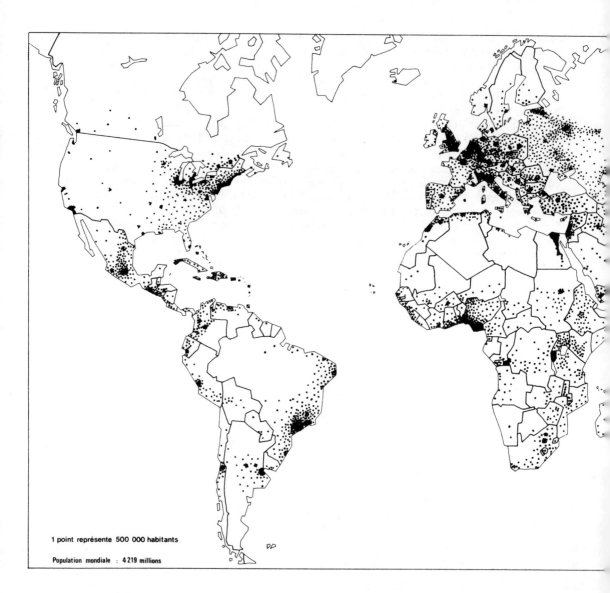

1 point représente 500 000 habitants

Population mondiale : 4 219 millions

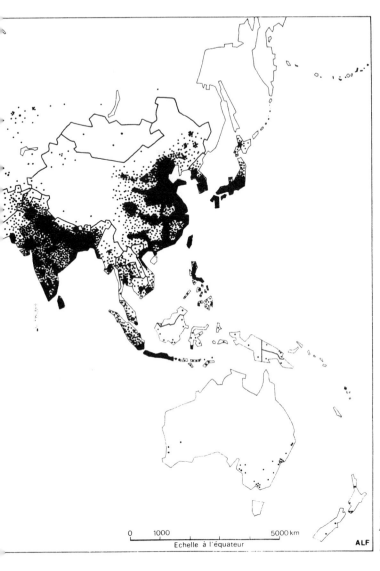

Fig. 11 – Distribution spatiale de la population mondiale en 1978. (Chiffres utilisés : *World Popul. data sheet*).

n'ont pas adopté les mêmes définitions pour les domaines les plus peuplés ; le sens de l'évolution ne fait cependant aucun doute ; en 1913, les 2/3 des hommes étaient concentrés sur 1/7e des terres émergées (P. Vidal de la Blache, *Principes...*, *op. cit.*) ; en 1960, les quatre grands foyers de la population mondiale avaient à eux seuls 62,8 % de l'humanité sur 9,6 % des terres émergées (D. Grigg, 1969) ; à partir de ce calcul, on peut estimer qu'à la même date, les hommes étaient pour les 2/3 concentrés sur 1/10e de la surface des terres ; la concentration est, selon toute vraisemblance, plus forte encore aujourd'hui.

Les inégalités de l'occupation de l'espace par la population apparaissent plus vigoureusement encore à l'examen des densités par pays. Le concept de densité est évidemment critiquable quand on l'applique à un espace étendu mais il fournit malgré tout une mesure approximative de la présence humaine (fig. 10). Certains territoires ont une population très faible compte tenu de leur étendu : on trouve en moyenne 1 à 2 habitants par km² en Australie, en Libye, en Mauritanie, au Botswana ou en Islande ; seulement 0,5 à 1 en Mongolie, en Namibie ou en Guyane française ; au Groënland, la densité est de 0,01 habitant par km² pour l'ensemble du territoire et de 0,06 pour la partie non couverte de glaces ; à l'exception de la Guyane, tous ces espaces faiblement occupés par les hommes subissent des climats arides ou froids. A l'opposé, quelques territoires ont des densités très fortes comprises entre 200 et 500 habitants par km² : c'est le cas pour le Japon, l'Allemagne occidentale, la Grande-Bretagne, la Corée du Sud, les Pays-Bas, la Belgique, Porto-Rico, le Liban, Trinidad, l'Ile Maurice, la Réunion, la Martinique ; pour la Barbade, Malte et les Bermudes, la densité est plus élevée encore : entre 500 et 1 000 habitants par km² ; dans tous ces pays, l'industrie, l'agriculture intensive et le tourisme concourent dans des proportions variées à faire vivre la population. Pour quelques territoires enfin, les densités sont extrêmement fortes ; à Hong-Kong, Singapour, Macao et Berlin-Ouest, elles sont comprises entre 4 000 et 17 000 habitants par km² mais il s'agit de petits territoires entièrement urbanisés et dotés d'importantes activités industrielles et tertiaires.

L'analyse d'une carte par points de la population mondiale apporte des précisions sur l'occupation humaine de l'espace (fig. 11). Elle en fait immédiatement apparaître le caractère très contrasté puisque certaines parties sont complètement vides tandis que d'autres supportent de grosses accumulations humaines.

A cette échelle, il semble facile de distinguer l'*œcumène,* c'est-à-dire l'espace qui se prête à la vie permanente des collectivités humaines des parties de la planète qui sont vides ou habitées de façon très clairsemée ou occupées par des nomades ; le concept, utilisé par les géographes de la Grèce antique (littéralement : « la terre habitée »), a été introduit dans le vocabulaire scientifique par les géographes allemands du siècle dernier ; dans le détail, il est en fait bien difficile de tracer les limites de l'œcumène car celui-ci n'est pas complètement occupé tandis que l'espace situé hors de lui n'est pas complètement vide ; ce dernier n'est pas non plus occupé de façon temporaire par les hommes : des collectivités humaines y vivent, très peu nombreuses, très dispersées mais parfois installées depuis longtemps. Tout au plus peut-on distinguer les espaces très faiblement utilisés des espaces utilisés de façon plus ou moins continue ; les premiers étant vides ou occupés sporadiquement par les hommes, et les seconds étant peuplés de manière plus uniforme ; encore serait-il difficile de préciser les limites qui séparent les deux domaines car, dans la réalité, on passe de l'un à l'autre par une large zone de transition qui, d'ailleurs, se modifie dans le temps en raison des avancées et des reculs du peuplement ; les études faites sur ce sujet sur les marges septentrionales de l'œcumène, au Canada notamment, montrent la difficulté du problème des limites (R. Gajda, 1960 et surtout L.E. Hamelin, 1966 et 1975). Les rares cartes mondiales indiquant les limites de l'œcumène sont assez critiquables ; seules les parties vides de la Terre peuvent être indiquées sans trop de difficultés mais elles ne sont pas tellement étendues ; pour le reste des terres émergées, il serait plus intéressant de définir plusieurs types d'œcumène et d'en préciser la zonation. En attendant, mieux vaut manier ce concept avec beaucoup de prudence.

Les espaces non peuplés ou très faiblement peuplés

L'examen de la carte permet néanmoins de repérer les parties de la Terre qui ne sont pas occupées par les hommes ou qui le sont très faiblement.

Les *pays froids* sont incontestablement les parties les moins peuplées parce que les plus hostiles à la présence humaine. Bien entendu, les grands glaciers continentaux de l'Antarctique et du Groënland sont complètement vides, à l'exception de quelques bases scientifiques installées à grands frais par des pays riches et n'ayant d'ailleurs qu'un très petit nombre d'occupants. Il en est de même pour les îles de l'Arctique. Une large bande située au nord des deux continents américain et eurasiatique est pratiquement vide : les populations, très dispersées, vivaient et vivent encore en partie de pêche et de chasse dans le grand nord canadien et d'élevage des rennes dans le grand nord scandinave ou soviétique mais elles sont plus ou moins à la charge des états et elles abandonnent aujourd'hui leurs activités traditionnelles ; les obstacles climatiques sont ici considérables en raison de la brièveté de la période sans gelées ; quelques bases militaires, minières ou pétrolières sont venues augmenter quelque peu le nombre des habitants mais celui-ci reste extrêmement faible : dans les zones arctiques et subarctiques, on ne trouve même pas 1/5000ᵉ de la population mondiale sur 1/10ᵉ de la superficie des continents.

Les *pays désertiques* ne sont pas aussi difficiles pour l'homme. Certes l'agriculture sous pluie y est impossible et l'élevage lui-même rencontre de sérieuses limites en raison de la maigreur du tapis végétal, mais dès qu'il y a de l'eau – grâce aux sources, aux nappes ou aux cours d'eau allogènes – des cultures variées et intensives sont permises. De vastes étendues désertiques en Asie ou en Afrique ne portent que de petits groupes très épars d'éleveurs nomades mais, en revanche, des populations denses d'agriculteurs subsistent dans les oasis ; le peuplement a donc un aspect ponctuel ou linéaire, selon qu'il est lié à des sources ou des cours d'eau. Ici aussi la recherche des minerais ou du pétrole a entraîné la création de nouveaux centres : ceux-ci sont assez nombreux mais ils n'ont pas beaucoup modifié la distribution spatiale de la population. Au total, les déserts qui représentent un peu moins de 1/8ᵉ des terres émergées font vivre environ 1/70ᵉ de la population mondiale.

Les pays tropicaux humides ne sauraient être globalement placés dans les parties vides ou faiblement occupées de la Terre. On y trouve certes des étendues ayant un peuplement insignifiant en Amazonie, à Bornéo ou en Nouvelle-Guinée mais on rencontre aussi des pays extrêmement peuplés dans les Antilles ou l'archipel indonésien. Le milieu chaud et humide offre un certain nombre d'obstacles à la vie humaine, mais des groupes humains importants peuvent y vivre, à condition d'être suffisamment évolués ou organisés pour triompher des difficultés.

Les massifs montagneux ne peuvent pas non plus être placés en bloc dans les parties vides ou peu occupées du globe. Sur la carte mondiale de la population, seules quelques montagnes élevées et de fort volume sont dans ce cas et encore pas complètement : l'Himalaya, le Tibet, le Tian-Chan, l'Altaï, les Rocheuses et les Andes méridionales. En revanche, certains massifs sont assez peuplés en Europe, en Asie centrale, dans les Andes tropicales et surtout dans les pays méditerranéens.

Les espaces fortement peuplés

Alors que les parties vides ou faiblement occupées de la planète ne font sans doute pas vivre plus de 2 % de l'humanité tout en couvrant à peu près 1/4 des terres émergées, *les quatre grands foyers de population rassemblent plus des 3/5 des hommes sur moins de 1/10ᵉ des terres* :

	Superficie (en % des terres émergées)	Population * (en % de la population mondiale)
Asie orientale	2,7	25,6
Asie méridionale	1,7	18,1
Europe	4,1	14,1
Amérique nord-orientale	1,1	3,7

* (D'après D. Grigg, 1979 – évaluations pour 1978 en tenant compte des taux de croissance observés de 1960 à 1978)

Ces quatre grands foyers fortement humanisés apparaissent très clairement sur une carte du potentiel de la population mondiale, car l'image de la distribution des hommes à la surface de la planète est ainsi très simplifiée (fig. 12).

C'est indiscutablement l'Asie qui attire le plus l'attention en ce qui concerne la répartition de population mondiale avec ses énormes concentrations d'hommes : ce continent porte les deux plus gros foyers de l'humanité, il a les deux nations les plus peuplées du monde et six états ayant plus de 100 millions de personnes, il a une des deux plus grandes agglomérations urbaines de la Terre ; ajoutons qu'il a des densités remarquablement élevées sur de vastes espaces en Chine orientale, en Corée, au Japon, à Taïwan, à Java, dans la plaine indo-gangétique et dans le sud de l'Inde ; il a enfin quelques records de densité en milieu rural (plus de 1 000 habitants par km² dans certains cantons purement ruraux de Java) ou en milieu urbain (plus de 3 000 habitants par hectare dans certains quartiers de Kowloon à Hong-Kong). Une telle accumulation d'hommes en Extrême-Orient ou dans le sud de l'Asie est d'autant plus étonnante qu'à

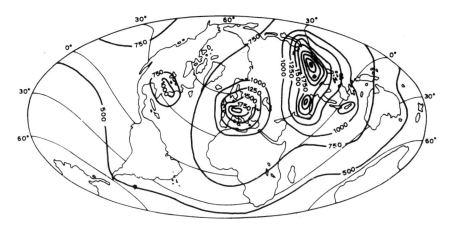

Fig. 12 – *Potentiel de la population mondiale en 1960.*
(D'après W. Warntz, *Macrogeography and income fronts,* 1965.)

l'exception du Japon et des nouveaux pays industriels, cette partie du monde est encore modérément industrialisée et urbanisée ; mais, dans cette Asie qui profite des pluies de mousson, une très vieille civilisation rurale a depuis longtemps favorisé l'accumulation des hommes avant l'expansion démographique et économique contemporaine ; la distribution spatiale de la population, avec ses plaines fortement peuplées et ses reliefs faiblement occupés, reste encore marquée par son passé agricole. Par contraste avec les fortes densités des façades orientale et méridionale, l'intérieur de l'Asie semble peu peuplé : ses noyaux de peuplement sont modestes, dispersés et séparés par des étendues vides.

L'Europe, considérée globalement, constitue un autre grand foyer de la population mondiale, mais très différent des foyers asiatiques : beaucoup plus étendu, fortement urbanisé mais nettement moins dense d'une façon générale. Ici aussi, une vieille civilisation agricole a contribué à la formation des densités, mais le développement agricole a été plus tardif, les campagnes n'ont jamais été très peuplées et à la différence de l'Asie, elles se sont largement vidées depuis plus d'un siècle ; les seules véritables accumulations humaines s'expliquent par le développement d'activités secondaires et tertiaires dans les bassins miniers ou les grandes villes. La partie la plus densément occupée, qui est en même temps la plus industrialisée et la plus urbanisée, se situe au nord-ouest du continent, sur le pourtour de la Mer du Nord : en Angleterre, en Allemagne fédérale et dans les pays du Bénélux ; elle se prolonge vers le sud par la plaine suisse et la plaine du Pô. Dès qu'on s'éloigne de ce foyer où les densités dépassent 200 ou 300 hab./km² sur d'assez grandes surfaces, l'intensité de l'occupation de l'espace baisse nettement, soit que le peuplement pré-industriel ait été moins important, soit que l'industrialisation ait été moins forte, soit enfin que les deux facteurs aient joué successivement. La baisse s'accuse encore dans la partie européenne de l'Union Soviétique où le peuplement rural est peu dense et où les villes sont beaucoup plus espacées.

Les pays du sud de la Méditerranée et du Moyen-Orient constituent une autre aire de vieille civilisation rurale, cependant ils ne forment pas un foyer de population à proprement parler mais un ensemble de noyaux ou d'étendues peuplées d'importance variable, séparés par des vides, et dont la seule forte concentration est la vallée du Nil. Ils ont pourtant une profonde unité due à la sécheresse du climat, à l'importance de l'agriculture irriguée, à la modestie du développement industriel, au pétrole, enfin à la marque profonde donnée par l'Islam. A l'exception des parties les moins sèches, la distribution spatiale de la population est nucléaire ou rubannée.

L'Afrique Noire ne forme pas non plus un foyer de population, bien qu'elle soit peuplée depuis fort longtemps ; mais, pour diverses raisons, la civilisation agricole qui s'y est développée n'a pas atteint le même niveau qu'en Asie ou en Europe. Les densités sont même remarquablement faibles sur de très vastes étendues, puisque souvent elles n'atteignent pas 10 ou 15 hab. par km². D'une façon générale, les pays d'Afrique tropicale sont des pays d'agriculture extensive à longues jachères qui n'ont jamais été beaucoup peuplés au cours de leur histoire et qui, aujourd'hui encore, sont restés fortement ruraux. Les seules concentrations de population, relativement modestes d'ailleurs, ont été engendrées par des noyaux d'agriculture plus intensive, par des bassins miniers et surtout par les centres d'activités tertiaires développés par la colonisation, y compris dans la partie méridionale où un peuplement d'origine européenne s'est ajouté à la population autochtone.

Sur le continent américain, des situations diverses peuvent être observées. Ici aussi, une civilisation agricole ancienne, celle des Indiens, a engendré des foyers de population dense mais ceux-ci sont petits, séparés les uns des autres et limités étroitement par le relief car ils sont localisés sur de hauts plateaux ou dans les montagnes, en Amérique centrale ou dans l'Amérique andine ; des populations européennes sont venues s'y installer, mais les Indiens forment encore l'essentiel du peuplement. Ailleurs en Amérique, les foyers de population sont nés de l'expansion européenne : depuis deux ou trois siècles dans les Antilles, depuis un siècle ou moins dans les grandes plaines des États-Unis, du Canada ou d'Argentine ; ces foyers sont en majorité périphériques et les plus importants d'entre eux sont situés sur la façade atlantique où ont abordé les immigrants blancs ou les esclaves noirs mais l'intérieur n'a pas été délaissé pour autant, surtout en Amérique du Nord où l'occupation de l'espace a été favorisée par la présence de sols fertiles et de grandes voies navigables. Les campagnes sont encore moins peuplées qu'en Europe ; ne font exception à cette règle que les régions où une économie agricole intensive s'est développée depuis longtemps et au premier rang desquelles il faut placer les « îles à sucre ». Les concentrations de population sont dues aux activités minières, industrielles et tertiaires ; le quatrième grand foyer de la population mondiale, qui s'étend entre la côte atlantique du nord-est des États-Unis et les Grands Lacs, s'apparente au foyer européen par son économie et sa distribution spatiale qui sont essentiellement urbaines l'une et l'autre, mais il est beaucoup moins étendu et beaucoup moins peuplé.

L'Australie et la Nouvelle-Zélande offrent des similitudes avec l'Amérique du nord pour l'histoire et la géographie de leur peuplement : origine européenne, faible densité moyenne, forte concentration dans les villes et disposition essentiellement périphérique mais l'immigration, presque uniquement blanche ici, a été plus tardive et moins importante.

Lectures

Sur la distribution géographique de la population, les études sont nombreuses. On trouvera des descriptions de la répartition dans le monde dans plusieurs ouvrages généraux, en particulier ceux de CLARKE (J.), 1965 ; PITIÉ (J.), 1973, et WITTHAUER (K.), 1969, *op. cit.*

Ces études peuvent être complétées par des articles à caractère général :

GRIGG (D.), Degrees of concentration : a note on world population distribution, *Geography,* Sheffield, 1969, 54 (3), p. 325-329.

WITTHAUER (K.), Ungleichmassige Verteilung von 4 milliarden Menshen, *Petermanns Geogr. Mitt.* Leipzig, 1974, 118 (3), p. 227-231 – Bemerkungen zum Flächen-Bevölkerung Diagram 1975, *Petermannns Geogr. Mitt.,* Leipzig, 1976, 120 (1), p. 59-64.

Sur la répartition de la population dans les divers pays ou parties du monde, la bibliographie est considérable. On trouvera des cartes et parfois des notices dans un grand nombre d'atlas. Parmi les études publiées au cours des quinze dernières années, on peut voir :

BERTRAND (J.-R.), *La population de la Galice,* étude géographique, thèse Univ. Caen, 1986, 2 vol.

BRASSEUR (G.), *Présentation d'une carte des densités de population au Mali,* Université de Paris (thèse de 3ᵉ cycle), 1964, 101 p. dact., cartes.

CLARKE (J.), Répartition de la population en Sierra Leone, in *La population de l'Afrique tropicale* (ed. J. Caldwell et ch. Okonjo).

DE SMET (R.), *Cartes de la densité et de la localisation de la population de la province du Katanga* (République du Zaïre), Bruxelles, CEMUBAC, 1971, 3 cartes, notice.

CHATTERJEE (S.), Regional patterns of the density and distribution of population in India, *Geogr. Review of India,* 1962, 24 (2), 28 p.

GAJDA (R.), The canadian ecumene – inhabited and uninhabited areas, *Geogr. Bull.,* 1960, 15, p. 5-18.

GIESE (E.), Wachstum und Verteilung der Bevölkerung in der Sowjet Union, *Geogr. Zeitschrift,* Wiesbaden, 1971, 59 (4), p. 241-276, cartes.

HAMELIN (L. E.), Typologie de l'écoumène canadien, *Mém. Soc. Roy. Canada,* 1966, 1, 4ᵉ S., IV – *Nordicité canadienne,* Montréal, Hurtubise, 1975, 458 p.

KAY (G.), *A social geography of Zambia,* London, Univ. of London Pʳ, 1967, 160 p., cartes.

KOLODNY (E.), *La population des îles de la Grèce* (Essai de géographie insulaire en Méditerranée orientale), Aix-en-Provence, Edisud, 1974, 3 vol., 831 p. + vol. de graph. et cartes.

LARIVIÈRE (J.-P.), *La population du Limousin,* thèse Univ. Clermont-Ferrand, 1975, 2 vol.

NAND (N.), Distribution and spatial arrangement of rural population in East Rajasthan, India, *Ann. Assoc. Amer. Geogr.,* Washington, 1966, p. 205-219, cartes.

NOIN (D.), *La population rurale du Maroc,* Paris, P.U.F., 1970, 280 et 343 p., cartes.

NOIN (D.), *La population de la France,* Paris, Masson, 1986, 203 p., cartes.

PROST-TOURNIER (J. M.), La population de l'Éthiopie, Rev. Geogr. Lyon, 1974, 49, (4), p. 311-342, cartes.

SAUTTER (G.), *De l'Atlantique au fleuve Congo. Une géographie du sous-peuplement,* Paris (E.P.H.E.) et la Haye (Mouton), 1966, 2 vol., 1103 p. cartes.

STONE (R.), Finnish fringe of settlement zones, *Tijdschrift Econ. Soc. Geogr.,* Rotterdam, 1966, 57, p. 222-232.

THUMERELLE (J.-P.), *La population de la région Nord-Pas-de-Calais,* thèse Univ. Rennes, 1982, 4 vol.

6

Les facteurs de la distribution spatiale

Si la description de la répartition spatiale d'une population constitue une tâche assez simple, son explication l'est beaucoup moins et il arrive même qu'elle soit vraiment ardue. Il faut non seulement rendre compte des variations spatiales de la densité dans l'espace étudié, mais expliquer le niveau plus ou moins élevé de cette densité par comparaison avec les espaces voisins. Sur ce thème important de la connaissance géographique, les études ont été nombreuses et quelques-unes d'entre elles ont même été pénétrantes ; on est malheureusement très loin encore de bien comprendre tous les aspects de la répartition spatiale des populations à l'échelle d'un espace un peu vaste et, plus encore, à l'échelle de la planète. Dans ce domaine, il reste beaucoup à chercher et à découvrir.

La diversité des facteurs

De la lecture des analyses faites jusqu'à présent sur le problème des densités, on retire presque toujours la même impression : les facteurs explicatifs sont nombreux et variés. L'étude comparative de toutes ces analyses reste encore à faire ; elle sera difficile parce que les facteurs importants ne sont pas partout les mêmes et parce que la plupart des recherches ont un caractère empirique et qualitatif : de ce fait, le lecteur n'arrive pas toujours à évaluer l'importance de chacun des facteurs et les relations qui les unissent.

Dans le cas du Gabon et du Congo par exemple, le problème essentiel est l'explication du sous-peuplement, car la densité de la population est ici particulièrement faible. Le sous-peuplement est-il dû à des facteurs physiques ou historiques ? La réponse n'est pas simple (G. Sautter, 1968, *op. cit.*). Ce qui est sûr, c'est que le climat n'est pas spécialement responsable du sous-peuplement, ni la forêt, ni l'insalubrité. La traite des esclaves, en dépit de sa gravité, ne donne pas non plus une explication ; et il en est de même pour la colonisation en dépit du travail forcé. Les causes essentielles sont historiques et sociales : le pays situé entre le fleuve Congo et l'Atlantique n'a jamais reçu qu'une faible population et celle-ci, en raison de la faible fécondité des femmes, a connu une véritable stagnation démographique. Un facteur physique a eu un rôle cependant. La masse forestière, quand elle est énorme, constitue un obstacle au peuplement, du moins pour les petits groupes humains ; seules des collectivités importantes et bien organisées peuvent s'y maintenir.

Dans le cas du Maroc, les problèmes essentiels sont au contraire le surpeuplement relatif de certaines régions et les forts contrastes existant dans la distribution spatiale de la population. Les facteurs physiques expliquent une partie de ces oppositions et notamment la diminution des densités quand l'aridité augmente, mais il est vrai que le pays est lui-même très contrasté avec ses hautes montagnes et son éventail de climats. Ce sont des facteurs historiques qui rendent compte des anomalies (D. Noin, 1970) : la surcharge relative des montagnes sèches et des oasis est liée à l'ancienneté de leur occupation agricole, remontant ici à plusieurs millénaires, tandis que le peuplement relativement modéré de la plupart des plaines est dû à leur réoccupation agricole tardive succédant à un long intermède pastoral. Quant au glissement progressif de la population vers les régions atlantiques du nord-ouest, il s'explique par la colonisation et par le caractère extraverti pris par l'économie depuis le début du XXe siècle.

Ces brèves indications montrent que *deux groupes de facteurs doivent particulièrement être étudiés : ceux qui touchent au milieu physique et ceux qui relèvent de l'histoire.* Quant aux relations population-économie, nécessairement très étroites, elles seront examinées plus loin car elles ne fournissent pas une explication des foyers de population ; les densités fortes sont inévitablement associées à des activités agricoles intensives ou, plus fréquemment, à des activités minières, industrielles ou tertiaires ; tantôt les activités, liées à des facteurs locaux favorables, ont engendré des concentrations humaines ; tantôt la population, pour survivre, a suscité ces activités ; les relations population-économie ont donc, dans une large mesure un caractère tautologique. En revanche l'histoire économique est un élément important à considérer pour rendre compte de l'occupation actuelle de l'espace.

L'évaluation des facteurs

Les analyses de cas montrent également qu'il est difficile, parfois même très difficile, de démêler l'écheveau compliqué des divers facteurs et d'évaluer correctement le rôle qu'a joué chacun d'eux. C'est sans doute ce qui explique le caractère purement qualitatif de la plupart des études consacrées à ce problème qui, il est vrai, est très complexe et pour l'instant sans solution ; aucune méthode satisfaisante ne permet en effet de mesurer correctement l'importance des facteurs. Le problème n'est peut-être pas insoluble mais il demandera sûrement de patientes recherches et un peu d'imagination. Certains essais de mesure ont déjà été faits, qui sont intéressants mais laissent encore insatisfaits.

De ces tentatives, on ne donnera ici qu'un seul exemple : l'analyse de la distribution spatiale de la population rurale agricole dans les Grandes Plaines des États-Unis faite par trois géographes américains (A. Robinson, J. Lindberg et L. Brinkman, 1961). L'étude porte sur un vaste espace s'étendant de la frontière canadienne jusqu'au Texas et comprenant plus de 600 comtés. Elle repose sur plusieurs hypothèses nées des recherches empiriques faites antérieurement : la densité varie avec la pluviosité, varie de façon inverse avec l'éloignement des centres urbains, enfin varie en fonction du potentiel agricole. Quatre éléments ont donc été retenus pour les calculs : 1) La densité de la population rurale en 1950. 2) La quantité moyenne des précipitations annuelles de la période 1940-49. 3) La distance à vol d'oiseau jusqu'au centre urbain le plus proche (seuls les centres ayant au moins 10 000 habitants ont été considérés). 4) Faute d'informations sur la fertilité des sols ou la proportion de terres en pente douce, les auteurs ont retenu le pourcentage des terres cultivées en 1950 pour apprécier le potentiel agricole.

Le calcul des coefficients de corrélation r permet de mesurer les relations existant entre la densité rurale agricole et les trois variables indépendantes. Avec les précipitations, la corrélation est forte, ce qui confirme l'hypothèse selon laquelle la densité de la population est nettement en rapport avec la quantité des pluies ($r_{1,2} = + 0,78$). Avec la distance aux centres urbains, la corrélation est inverse mais peu élevée ($r_{1,3} = - 0,43$). Avec le pourcentage occupé par les cultures, la corrélation est positive, assez significative, mais moins forte qu'on ne pouvait s'y attendre ($r_{1,4} = + 0,58$). Avec l'ensemble des variables indépendantes, prises ensemble, la relation est très forte comme le montre le calcul du coefficient de corrélation multiple R ($R_{1,234} = + 0,90$).

Les auteurs font ensuite une régression simple pour mesurer les relations linéaires existant entre la densité de la population rurale agricole et chacune des trois variables indépendantes, puis une régression multiple pour connaître la relation de la densité avec l'ensemble des variables. A partir de l'équation obtenue, les auteurs établissent une carte représentant la densité qui serait observée si celle-ci correspondait parfaitement à la relation calculée : elle n'est pas très différente de celle représentant la densité vraie ; il y a cependant des différences, en plus ou en moins, car il reste un résidu non pris en compte par le calcul.

Cette étude des Grandes Plaines américaines fournit donc une mesure précise du rôle joué par certains facteurs sur la distribution spatiale de la population. Une très grande partie (81 %) des variations spatiales observées sont « expliquées » par les variations des trois facteurs retenus par l'analyse, ce qui est remarquable ; il se peut qu'on puisse obtenir mieux encore en prenant en compte la qualité des sols et en ajoutant peut-être d'autres variables. Il convient pourtant de noter que l'analyse concerne un cas extrêmement favorable : un espace sans discontinuités physiques importantes, occupé au même moment de l'histoire et où les variations de la population sont clairement en rapport avec le milieu naturel.

Les études quantitatives appliquées à la distribution spatiale de la population comportent d'évidentes limites, mais il est permis d'espérer qu'elles apporteront une meilleure connaissance des facteurs explicatifs lorsqu'elles seront plus nombreuses et plus complètes.

Les facteurs physiques

Les facteurs physiques ont donc une action manifeste. On le constate aisément quand on examine les parties non peuplées ou très faiblement peuplées de la planète : elles correspondent, presque partout, à un milieu hostile ou contraignant. On le constate aussi, quoique avec beaucoup moins de netteté, là où le milieu est favorable et là où le niveau de développement est élevé : dans un pays comme la France par exemple, certains traits de la distribution de la population peuvent être mis en rapport avec l'altitude, la pente, la nature des sols, la présence de cours d'eau ou de littoraux, le climat ou encore les ressources offertes par le sous-sol.

L'environnement physique affecte donc la répartition des populations mais il est cependant très difficile d'apprécier exactement son rôle. La question serait sans doute simple si on pouvait observer l'action du milieu sur l'homme comme les zoologistes le font pour une quelconque espèce animale mais ce n'est pas le cas, car même là où il est le moins évolué, l'homme a appris à s'accommoder du milieu et à se défendre contre certaines de ses agressions ; par ailleurs, il s'est répandu sur la quasi-totalité de la surface terrestre alors qu'à l'origine, tout juste sorti de l'animalité, il devait errer dans les seules savanes ou forêts tropicales sèches. En dépit de la difficulté du problème des rapports existant entre l'homme et le milieu – objet d'un long débat au XIXe et au début du XXe siècles –, il est cependant possible de définir certaines relations et de repérer certaines limites.

L'influence du climat

De tous les aspects du milieu physique, le climat est celui qui a le plus d'importance, celui qui impose les limitations les plus strictes.

Les vides constatés sur la carte mondiale de la population conduisent à envisager l'influence de trois éléments : le froid, la sécheresse et la chaleur humide.

De ces éléments, le *froid* est assurément le plus redoutable par l'homme en raison de son origine tropicale. Lorsqu'il a quitté la zone chaude, il lui a fallu s'abriter et se protéger ; et pour s'aventurer peu à peu jusque dans les hautes latitudes, il a dû surmonter de très grands obstacles. L'hiver y est en effet très difficile à supporter en raison de sa très longue durée, de ses températures très basses et de l'obscurité relative qui l'accompagne. Ce qui est surprenant d'ailleurs, c'est que de petits groupes humains aient accepté ces conditions et se soient malgré tout installés dans un milieu aussi hostile que celui des zones polaires ou subpolaires ; il a sans doute fallu pour cela des raisons impérieuses (recherche d'un refuge contre des ennemis ? Recherche de nourriture grâce aux possibilités offertes malgré tout par la pêche ou la chasse ?). Mais ces raisons nous échappent car l'installation est parfois ancienne et elle n'a pas laissé de traces dans la mémoire collective des habitants. La principale difficulté est moins le risque de gel de certaines parties du corps, contre lequel il est possible de se protéger, que la disparition de la végétation pendant de longs mois. En fait, la discontinuité essentielle du peuplement correspond à la limite de l'agriculture ; chez la plupart des auteurs du reste, l'œcumène s'identifie à l'espace cultivé. Au Québec par exemple, le peuplement ne conserve une certaine densité que là où la culture céréalière est possible ; la limite, qui passe par le lac Saint-Jean, l'Abitibi et le Témiscamingue, est climatique : c'est celle où il y a 160 jours sans gelées ; au-delà, la céréaliculture disparaît et la densité de la population tombe brusquement. Bien sûr, il est possible aujourd'hui d'entretenir des collectivités humaines en climat polaire grâce à un ravitaillement en produits frais venant des régions moins froides, grâce aussi à quelques essais de culture protégée, mais l'entretien de ces collectivités est très coûteux et il ne peut se justifier que si d'importants intérêts économiques ou stratégiques sont en jeu ; c'est le cas en Alaska et dans les régions les plus septentrionales du Canada ou de l'Union Soviétique. Il ne reste pas moins vrai que le nombre des hommes est extrêmement faible dans les régions subissant de grands froids et qu'il le restera toujours : l'aspiration à gagner des régions à climat moins sévère qui se manifeste aujourd'hui ne fera sans doute que s'amplifier.

La *sécheresse* est un autre obstacle pour l'homme mais moins dangereux que le froid. La difficulté, ici encore, n'est pas tant son effet sur la physiologie humaine – il suffit de boire plusieurs litres d'eau par jour pour compenser la perte importante provoquée par la siccité de l'air –, que son effet sur les ressources alimentaires : la discontinuité qui existe dans le peuplement à la bordure des déserts correspond à la limite de la céréaliculture sèche. Au-delà, le peuplement est très limité car il repose soit sur l'élevage nomade très extensif soit sur la culture irriguée là où des eaux souterraines ou allogènes peuvent être utilisées ; il est exclu dans les parties des déserts où les sources sont intermittentes ou très distantes les unes des autres. En dépit des difficultés rencontrées, les hommes ont occupé depuis très longtemps les déserts de l'Ancien Monde qui sont relativement peuplés en égard aux conditions rigoureuses qu'ils offrent ; en Amérique et en Australie en revanche, les déserts et parfois les semi-déserts sont presque vides d'hommes. Comme dans les régions polaires, l'exploitation des ressources du sous-sol et en particulier du pétrole, a conduit les états ou de puissantes compagnies à installer des centres d'exploitation ravitaillés de l'extérieur et où diverses techniques perfectionnées mais coûteuses, permettent de lutter contre les inconvénients du climat. En dépit de certains projets étonnamment optimistes, comme ceux qui ont été élaborés par les Soviétiques, les déserts ne sont pas prêts à recevoir beaucoup plus d'habitants qu'il n'en ont actuellement, spécialement en Asie et en Afrique où ils sont relativement surpeuplés.

La chaleur humide a souvent été considérée comme un autre obstacle pour l'homme : de fait, le milieu tropical pluvieux est difficile en raison de l'exubérance de la forêt, de la pauvreté des sols, de la fatigue entraînée par les efforts physiques et de la fréquence de certaines parasitoses ou affections ; de fait, beaucoup d'Européens, à l'époque coloniale, ont éprouvé des difficultés d'adaptation quand ils se sont installés dans ces pays. Cependant, ces appréciations sont fort discutables. Le milieu chaud et humide n'empêche pas l'exercice de l'agriculture, à condition d'utiliser des techniques appropriées et de choisir des plantes adaptées au climat ; il peut même, dans certains cas, permettre des cultures à rendements élevés sur des surfaces importantes ; du reste il abrite des populations qui peuvent être très denses dans le sud de l'Inde, Sri Lanka, Java ou Luçon : ajoutons enfin que les difficultés éprouvées par les Blancs ne sont nullement insurmontables et que certains d'entre eux se sont installés définitivement dans ces pays ; nombre d'affections qui, naguère, ravageaient les populations ont disparu depuis une génération grâce aux travaux d'assainissement qui ont été entrepris. Au total, les tropiques pluvieux n'offrent pas les mêmes limitations à la présence humaine que les régions polaires ou désertiques ; indépendamment de leurs possibilités minières et industrielles, ils offrent encore d'importantes possibilités agricoles.

En définitive, seuls les climats polaire et désertique, très contraignants l'un et l'autre, ont un faible nombre d'habitants et ils ne peuvent guère en recevoir plus. Pour les autres climats, la charge démographique est très variable : c'est du moins ce qui apparaît à travers les calculs effectués par le géographe polonais J. Staszewski (1961) sur la classification climatique de W. Köppen :

climats *	superficie (en % des terres émergées)	population (en % de la population mondiale vers 1950)	densité moyenne (h/km² vers 1950)
froid	8,9	—	—
tempéré froid	39,1	26,9	12,8
tempéré humide	6,5	20,7	60,3
méditerranéen	2,0	4,4	41,1
désertique	13,2	1,4	1,9
subtropical humide	8,4	27,6	61,1
tropical sec	13,8	10,7	14,4
tropical humide	8,1	8,0	18,4

* D'après le tableau de J. Staszewski, légèrement modifié

Si on calcule pour chaque climat, un indice de peuplement relatif en rapportant la densité constatée à la densité moyenne du monde vers 1950, on constate un chiffre très faible pour les climats froid et désertique (0,03 et 0,1), un chiffre moyen ou un peu inférieur à la moyenne pour les climats tropical humide, tropical sec et tempéré continental (respectivement 1,0-0,8-0,7), enfin un chiffre élevé pour les climats subtropical humide, tempéré humide et méditerranéen (3,3-3,2-2,1). Il ne faut toutefois voir dans ces chiffres qu'une simple indication sur les facilités ou difficultés offertes par tel ou tel milieu : sous un même climat, l'éventail des possibilités offertes à l'homme est en réalité très ouvert comme le montrent les grandes disparités présentées par les densités.

A moyenne échelle, les relations entre densité de population et climat ont souvent été étudiées. Parmi les analyses publiées, celle de A. Robinson et R. Bryson sur le Nebraska (1957) est une des plus intéressantes par sa précision. Dans cet état, la relation entre ces deux variables est immédiatement perceptible sur les cartes (fig. 13) ; quand on va de l'est à l'ouest, de la vallée du Missouri en direction des Montagnes Rocheuses, les précipitations diminuent peu à peu tandis que la densité de la population rurale agricole faiblit ; on observe ainsi 10-12 habitants par mille² en 1950 et 28 pouces de pluie à l'est, seulement

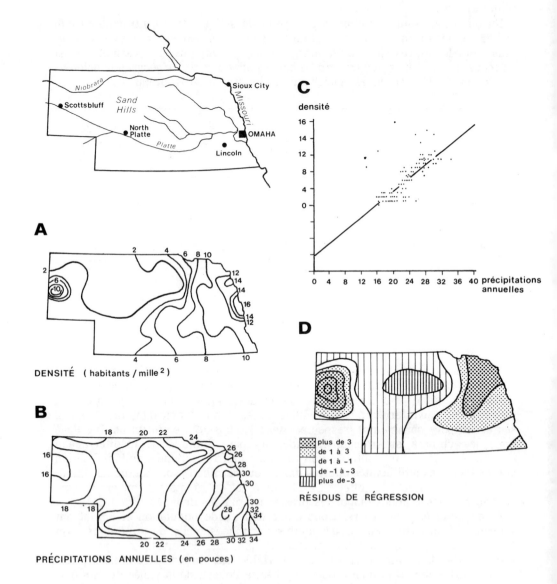

C
densité

Sioux City

Scottsbluff

Sand
Hills

Niobrara

North
Platte

Platte

OMAHA

Lincoln

Missouri

A

DENSITÉ (habitants / mille²)

B

PRÉCIPITATIONS ANNUELLES (en pouces)

C

densité

précipitations
annuelles

D

plus de 3
de 1 à 3
de 1 à −1
de −1 à −3
plus de −3

RÉSIDUS DE RÉGRESSION

Fig. 13 – *Densité de la population et pluviosité dans l'état du Nebraska.*
(D'après A. Robinson et R. Bryson, *Ann. Assoc. Amer. Georgr.*, 1957).

2-4 habitants par mille[2] et 18 pouces de pluie à l'ouest[1]. Si on note les valeurs observées sur les deux cartes pour l'ensemble des comtés du Nebraska et qu'on les reporte sur un graphique, on obtient un nuage de points assez allongé indiquant une bonne relation entre les deux séries de données ; le coefficient de corrélation est très significatif (+ 0,83) et une droite de régression peut être ajustée sur le nuage de points ; elle a pour équation d = 0,77 p − 12,15 dans laquelle d est la densité rurale agricole (toujours exprimée en habitants par mille[2]) et p la quantité moyenne des précipitations (en pouces). La corrélation est cependant loin d'être parfaite même si 69 % des variations spatiales de la densité agricole sont ici « expliquées » par les variations des précipitations moyennes ; le reste est évidemment dû à l'action d'autres facteurs. La carte des résidus de régression indique les différences positives ou négatives entre la carte de la densité et la carte qui serait observée si la densité était entièrement expliquée par les précipitations : là où les résidus sont positifs, la densité vraie est supérieure à la densité calculée (c'est le cas à l'est vers Sioux City ou Omaha par suite de la proximité des villes et surtout à l'ouest autour de Scottsbluff en raison de l'importance de l'irrigation) ; là où les résidus sont négatifs, la densité vraie est inférieure à la densité calculée (c'est particulièrement le cas dans les Sand Hills, au centre de l'état, par suite de la mauvaise qualité des sols).

L'influence du relief

Le relief a une influence moins évidente que le climat sur la distribution mondiale de la population, encore que certains vides de la carte soient explicables par la présence de montagnes importantes ou de plateaux très élevés ; son influence est habituellement plus visible à moyenne échelle : sur une carte par points de la population européenne par exemple, les Alpes et les Pyrénées apparaissent avec un semis nettement plus clair. Il est assez compréhensible en effet que les densités diminuent sur les reliefs, puisque les pentes empêchent ou rendent difficiles certains types d'exploitation du sol et puisque la diminution de la température gêne la culture de certaines plantes.

A l'échelle mondiale, l'*influence de l'altitude* a été étudiée avec précision par J. Staszewski (1957). Les effectifs et les densités de population diminuent assez régulièrement au fur et à mesure qu'on s'élève (fig. 14a). En 1945, 80,2 % des hommes vivaient à moins de 500 m d'altitude tandis que seulement 8,2 % étaient installés à plus de 1 000 m et 1,5 % à plus de 2 000 m. En majorité, les hommes vivent sur les terres les plus basses qui sont généralement les plus faciles à cultiver ou à irriguer, les plus fertiles, les plus proches des côtes et les mieux pourvues en cours d'eau navigables : en 1945, 56,2 % des hommes vivaient à moins de 200 m d'altitude ; la densité moyenne pour cette tranche altimétrique étaient alors deux fois supérieure à la moyenne mondiale ; selon toute probabilité, la proportion des hommes vivant sur ces terres basses a encore augmenté aujourd'hui, tant l'attraction des littoraux est vive et générale dans le monde entier depuis une génération. Bien entendu, d'importantes variations sont constatées selon les continents ou les pays : alors que l'altitude moyenne de la

---

1. Soit 3,8-4,6 hab./km[2] et 711 mm à l'est, 00,8-1,5 hab./km[2] et 457 mm à l'ouest.

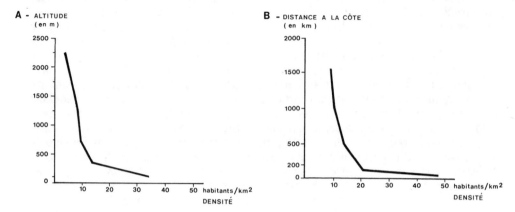

Fig. 14 — *Relations de la densité de la population avec l'altitude et l'éloignement des côtes dans l'ensemble du monde.*
(D'après J. Staszewski, *Vertical distribution...*, 1957 et *Petermanns Geogr. Mitteil*, 1959).

population en 1945 est de 320 m pour le monde et de 319 m pour l'Asie, elle est seulement de 168 m pour l'Europe et de 95 m pour l'Australie tandis qu'elle s'élève à 430 m pour l'Amérique du nord, à 590 m pour l'Afrique et à 644 pour l'Amérique du sud ; ces différences s'expliquent à la fois par l'aspect du relief de ces diverses masses continentales et par l'allure de la répartition spatiale : alors que l'Australie est peu élevée, l'Amérique du sud et l'Afrique ont une bonne proportion de hautes terres et un important peuplement en altitude. En Europe, plusieurs pays vastes et peuplés ont les 4/5, voire les 9/10, de leur population sur les terres basses ayant moins de 200 m d'altitude mais cette situation se retrouve aussi dans d'autres pays du monde en raison de la nature du relief ou de la place prise par la culture irriguée ; dans les Pays-Bas, 99 % de la population vit à moins de 200 m d'altitude et 41 % vit au-dessous du niveau de la mer ! La proportion des personnes vivant au-dessus de 1 500 m est nulle en Australie, insignifiante en Europe, faible en Asie mais elle est assez forte en Afrique (8,9 %) et surtout en Amérique du sud (15,2 %) où les hauts bassins des Andes offrent des conditions plus favorables à la vie humaine que les basses terres avec leur climat plus sain ; c'est sur les hauteurs que s'étaient concentrées les populations des civilisations précolombiennes ; le record, à ce point de vue est détenu par la Bolivie où 7 habitants sur 10 vivent au-dessus de 3 000 m, où la capitale La Paz est à 3 600 m, et où le vieux centre minier de Potosi est à 4 100 m d'altitude.

Ces pays des Andes constituent néanmoins une exception rendue possible grâce à l'adaptation ancienne des habitants à la vie en haute montagne. Les fortes altitudes sont interdites à la plupart des hommes en raison des troubles entraînés par la diminution de la pression atmosphérique. Une limite critique, pour presque tous les individus, existe au voisinage de 6 000-6 500 m. Les habitations permanentes ne se situent jamais aussi haut : 4 800 m au maximum au Tibet, 5 200 au Pérou ou en Bolivie. Dans les latitudes moyennes ou élevées, la limite supérieure de l'habitat permanent se situe nettement plus bas, et de plus en plus bas quand la latitude augmente : elle est à 2 400 m dans le Haut Atlas, à 2 000 m dans les Alpes du sud, à 1 800 m en Autriche, à 600 m dans le sud de la Norvège et à 300 m seulement en Écosse ; la durée de la saison froide constitue en effet un handicap sévère ; la limite en altitude du peuplement correspond grossièrement à celle des possibilités agricoles, même si la population vit aujourd'hui de tout autre chose que d'agriculture.

Si les relations entre la population et l'altitude peuvent être étudiées de façon précise, il n'en est pas de même pour les autres relations existant entre population et relief qui ont seulement fait l'objet de notations descriptives. L'altitude n'est pas seule à exercer une action en modifiant les caractères climatiques et en augmentant la valeur des pentes. *Le volume des reliefs, la nature des terrains et les formes de la topographie exercent aussi une action :* en limitant l'extension des surfaces agricoles et en gênant la circulation, ces facteurs conditionnent en partie l'importance de la population et ses variations spatiales ; il serait intéressant d'en faire une analyse méthodique. Dans les montagnes, le rôle des vallées est évident sur les activités agricoles, commerciales et industrielles, donc sur l'importance de la population ; le fait est particulièrement net là où elles ont été élargies par la glaciation comme c'est le cas dans les Pyrénées les Alpes ou les Carpathes, qui doivent à ce phénomène une grande part de leur forte humanisation. Les piémonts sont presque partout des zones fortement peuplées où la vie rurale et les échanges ont trouvé des conditions généralement favorables : c'est bien le cas en Europe, en Afrique du Nord, au pied du Caucase ou de l'Himalaya. Les plaines et les bas plateaux qui présentent des surfaces planes étendues, de bons sols et de larges vallées offrent les conditions les plus avantageuses pour le peuplement : elles portent à coup sûr la plus grande partie de la population du monde.

Une autre relation touchant au relief a été étudiée pour l'ensemble de la population mondiale : celle qui lie la répartition et la distance à la mer (J. Staszewski, 1959). La densité diminue assez régulièrement, en moyenne, avec l'éloignement de la côte (fig. 14b) ; en 1950, 27,6 % des hommes vivaient à moins de 50 km de la mer (contre 24,6 % en 1850) ; 50,3 % vivaient à moins de 200 km et 73,8 % à moins de 500 km ; 8,5 % seulement vivaient à plus de 1 000 km des côtes. Cette relation est assurément intéressante, mais elle ne permet pas d'aller loin dans l'analyse car la distance à la mer agrège un ensemble de facteurs physiques et économiques dont le relief est l'un des éléments importants mais pas forcément l'élément déterminant ; cette relation confirme simplement l'importance des plaines et des altitudes faibles dans la répartition du peuplement.

Les facteurs historiques

Les facteurs historiques sont incomparablement plus importants que les facteurs physiques dans l'explication des densités. A l'échelle du monde entier, les facteurs physiques expliquent les « blancs » de la carte et certaines variations dans la distribution de la population rurale, mais ils n'expliquent pas les variations souvent importantes de la densité dans les diverses parties du monde ou à l'intérieur d'une même partie. Les contrastes sont en effet très nombreux. Les pays tropicaux en offrent des exemples remarquables avec leurs deltas qui sont tantôt étonnamment peuplés et tantôt vides ou presques vides, leurs montagnes chargées d'hommes ou quasi désertes, leurs forêts à peine pénétrées s'opposant aux étendues depuis longtemps défrichées et cultivées ; comme le note P. Gourou : « Toutes ces différences sont dues à des influences de civilisation, à des interprétations divergentes par les civilisations de conditions « naturelles » qui n'étaient pas profondément inégales « (5ᵉ éd. 1969, p. 149). Par faits de civilisation il faut entendre tout un ensemble de facteurs qui peuvent être désignés sous le terme de facteurs historiques dans la mesure où leur action s'est exercée pendant des siècles ou des millénaires.

De nombreuses raisons historiques peuvent expliquer la formation des densités. Pour les saisir, il suffit de se rappeler que, pour rendre compte de l'évolution de la population d'un pays pour une période quelconque, il faut connaître la population au début de la période, le solde naturel et la balance migratoire. Si c'est toute l'histoire humaine qui est considérée, il faut donc chercher à connaître : 1) l'occupation initiale du territoire qui peut avoir eu lieu très anciennement ou très tardivement. 2) les divers mouvements migratoires qui peuvent avoir affecté la population, pour l'augmenter ou la diminuer, faiblement ou fortement. 3) Enfin les événements ou situations susceptibles d'avoir influencé la croissance naturelle et en particulier les progrès techniques ayant permis d'augmenter les ressources, donc la charge démographique.

L'influence de l'ancienneté du peuplement

En principe, plus l'occupation d'un territoire est ancienne, plus est grande la probabilité d'y trouver une population nombreuse. De fait, les trois foyers de population les plus importants de la planète ont connu une installation très précoce des hommes et tous les pays où se manifeste une certaine surcharge démographique en milieu rural – dans le Proche-Orient, l'Asie méridionale, l'Afrique du Nord, certaines parties de l'Afrique orientale ou de l'Amérique andine... – ont été occupés depuis très longtemps.

Pour la plus grande partie du globe en tous cas, la présence humaine est fort ancienne. Il reste encore de nombreux points à éclaircir pour reconstituer l'histoire de l'occupation du globe, mais les étapes essentielles en sont désormais connues grâce aux connaissances accumulées depuis une vingtaine d'années (fig. 15). Les premiers hominidés, caractérisés par la station verticale, un volume crânien important et une intelligence supérieure à celle des grands singes, sont apparus en Afrique, probablement en Afrique orientale, il y a 3 ou 4 millions d'années. Un peu plus tard, toujours en Afrique, apparaît l'*Homo habilis,* qui est plus évolué et qui façonne les premiers outils de pierre ; il y a 2 millions d'années environ, il sort d'Afrique pour occuper les parties chaudes de l'Eurasie, de l'Europe méridionale à l'Indonésie. L'*Homo erectus* (ou pithécanthrope), plus évolué encore, arrive plus tard ; lorsqu'il a appris à maîtriser le feu et à s'abriter dans des grottes vers – 500 000, il peut s'aventurer dans les régions plus froides. Il est remplacé au pléistocène supérieur, vers – 100 000, par l'*Homo Sapiens neandertalensis,* qui est très proche de l'homme actuel et qui occupe peu à peu

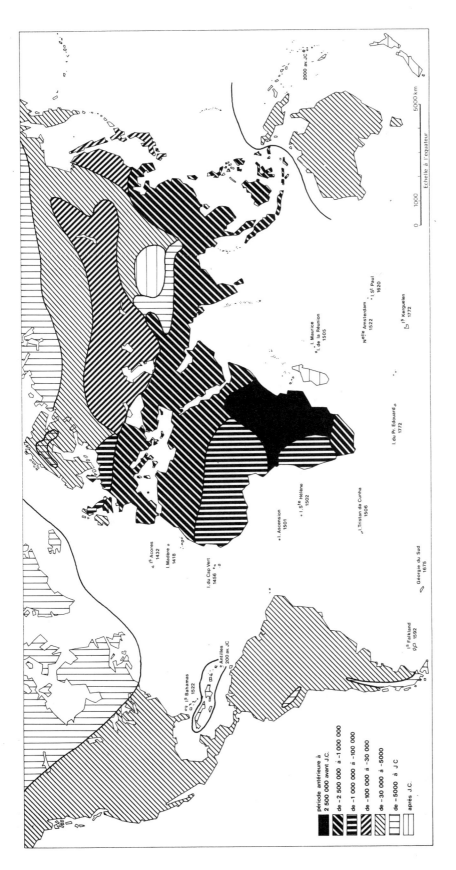

Fig. 15 – L'occupation progressive de la planète par les hommes.
(D'après une documentation communiquée par J. N. Biraben, I.N.E.D., Paris).

le nord de l'Europe et de l'Asie en dépit du climat rigoureux qui y règne pendant les phases glaciaires. Cependant, c'est l'*Homo Sapiens Sapiens,* dernier maillon de cette lignée humaine qui occupe le reste des terres émergées ; on ne sait pas exactement le lieu de son apparition, mais on suppose que c'est en Asie occidentale, vers – 40 000 ou – 35 000. A partir de ce foyer probable, il se répand rapidement dans le monde, côtoie son prédécesseur pendant quelques millénaires avant de l'éliminer ou de l'absorber. Les divers continents ont été occupés par vagues successives par des populations très peu nombreuses sans doute, ayant des cultures différentes et parfois des caractères physiques différents. L'Afrique aurait reçu l'homme actuel par vagues entre – 37 000 et – 34 000, à partir du nord-est, par l'isthme de Suez ou le détroit de Bab el Mandeb, transformé en isthme pendant les phases froides par suite de l'abaissement du niveau des mers. En Europe, il y aurait eu plusieurs vagues également à partir de – 35 000 environ, venant du Proche-Orient d'abord, puis des steppes de Russie méridionale ou d'Asie centrale. En Asie, l'occupation a été précoce : toute l'Asie méridonale est occupée entre – 40 000 et – 35 000 ; quelques groupes passent également en Australie un peu plus tard, puis en Tasmanie et en Nouvelle-Guinée à la faveur du rattachement de ces îles à l'Australie pendant les périodes glaciaires ; le reste du continent asiatique, y compris les îles et archipels, est occupé peu à peu, les parties les moins accueillantes étant évidemment peuplées avec du retard : le Tibet par exemple n'a été occupé qu'au 5e siècle de notre ère. Les îles de l'Océanie n'ont reçu leurs premiers habitants qu'entre – 2 000 et 1 100, lorsque les hommes ont appris à naviguer. En Amérique, le peuplement s'est fait par le détroit de Behring transformé en isthme pendant les périodes froides, mais à un moment qui reste encore mal connu, peut-être vers – 27 000 ; mais il y a eu ensuite plusieurs vagues de peuplement ; le continent a été occupé peu à peu, les parties inhospitalières ou difficiles d'accès ayant, ici aussi, été occupées tardivement : les Antilles par exemple n'ont commencé à être peuplées que vers – 1 500.

De cette brève rétrospective, il apparaît que presque toutes les terres émergées ont été occupées très anciennement, dès le Mésolithique, à l'exception des îles ou de certaines régions inhospitalières en raison de leur relief, de leur climat rigoureux ou de leur imposante masse forestière. Toutefois, l'occupation est partout restée extrêmement faible et sporadique avant la découverte de l'agriculture : les préhistoriens et les paléodémographes estiment qu'à la fin de la glaciation würmienne, il n'y avait sans doute pas plus de 4 ou 5 millions d'hommes sur toute la Terre, soit mille fois moins qu'aujourd'hui.

On ne peut donc pas considérer l'ancienneté du peuplement comme un facteur important de la formation des densités. Tant que les hommes ont vécu de cueillette et de chasse, ils n'ont pu être nombreux ; à la fin du Paléolithique il n'y avait pas plus d'un être humain pour 10 km². C'est l'agriculture et la domestication des animaux qui a permis à l'humanité de faire un grand bond en avant : de ce fait, les derniers millénaires sont beaucoup plus importants pour la formation des densités que les 3 ou 4 millions d'années qui les ont précédés. Certains territoires tardivement occupés par les hommes, comme par exemple les îles de l'Atlantique situées au large de l'Europe ou de l'Afrique, sont très fortement peuplés alors que certains autres, spécialement sur le continent africain, sont vides ou presque vides tout en ayant été occupés depuis l'apparition des premiers hommes.

L'influence des migrations de population

Les migrations de population ont eu beaucoup plus d'importance dans la formation des densités que l'ancienneté d'installation. Leur rôle est manifeste pour les XIXᵉ et XXᵉ siècles, parce qu'elles ont nettement modifié la répartition des hommes dans le monde en créant le quatrième grand foyer de la population mondiale en Amérique du nord et en formant d'autres foyers au Brésil, en Argentine, au Chili, en Mandchourie, en Australie, en Nouvelle-Zélande et dans divers autres territoires. Le phénomène est en réalité bien plus ancien, presque aussi ancien sans doute que l'humanité elle-même : aventures, expéditions, conquêtes, exodes et colonisations n'ont cessé de jalonner l'histoire des groupes humains. Sur les migrations du passé, on ne sait évidemment que peu de choses et il faut parfois examiner soigneusement les particularités physiques des habitants, les langues qu'ils parlent et les traditions qu'ils perpétuent pour les reconstituer.

Il ne faut surtout pas imaginer de gros flux de population comme ceux de l'époque contemporaine. A l'origine de certains groupes humains, il n'y a eu parfois qu'un petit nombre d'individus. Par exemple, on a peine à croire aujourd'hui que les 6 millions de Québécois vivant au Canada sont issus de moins de 10 000 immigrés français, débarqués sur les rives du Saint-Laurent aux XVIIᵉ XVIIIᵉ siècles ; il n'y a eu aucune immigration supplémentaire après 1763 du fait de la domination britannique ; cette communauté francophone aurait été plus importante encore (plus de 8 millions et demi de personnes sans doute), si elle n'avait pas été affectée par l'émigration vers les États-Unis ; entre le groupe originel et le groupe actuel, le rapport est donc de 1 à 850 au moins. Autre exemple : celui de la Nouvelle-Zélande avant l'arrivé des Européens ; le peuplement originel a été extrêmement réduit ; une poignée d'hommes et de femmes, venus des îles Marquises sur de petites embarcations, ont débarqué au VIIIᵉ siècle ; coupés de tout autre apport, ils étaient environ 15 000 au XIVᵉ siècle quand ils ont été renforcés par un autre petit groupe venant de Polynésie ; en 1840, les Maoris formaient une population ayant plus de 200 000 habitants. Le cas de Madagascar est peut-être plus surprenant encore : les premiers habitants, arrivés au début de l'ère chrétienne, sont originaires d'Indonésie ou de Polynésie ; compte tenu de l'éloignement considérable de la souche – 8 à 12 000 km – on suppose que le groupe n'était formé que d'un nombre infime d'individus, venus sur de frêles esquifs, par accident ou à la suite d'une navigation à l'aventure selon l'ancienne manière polynésienne ; l'île a été probablement coupée de tout nouvel apport jusqu'au XIVᵉ siècle lorsqu'elle a reçu cette fois des esclaves noirs d'Afrique amenés par des Arabes de Zanzibar ; elle avait sans doute plusieurs centaines de milliers d'habitants à l'époque.

Sans entrer dans le détail, on ne rappellera ici que certaines migrations passées pour comprendre la carte actuelle de la population mondiale.

Les mouvements ayant contribué au peuplement des îles comptent parmi les moins mal connus en raison de leur caractère tardif (à l'exception des îles méditerranéennes occupées depuis plusieurs milliers d'années). Les îles de l'Atlantique ont été peuplées assez tardivement : les Canaries à partir du IVᵉ siècle par des Berbères du Maroc, l'Islande au IXᵉ siècle par les Vikings ; Madère, les Açores et les îles du Cap Vert au XVᵉ siècle par des Portugais tandis que les

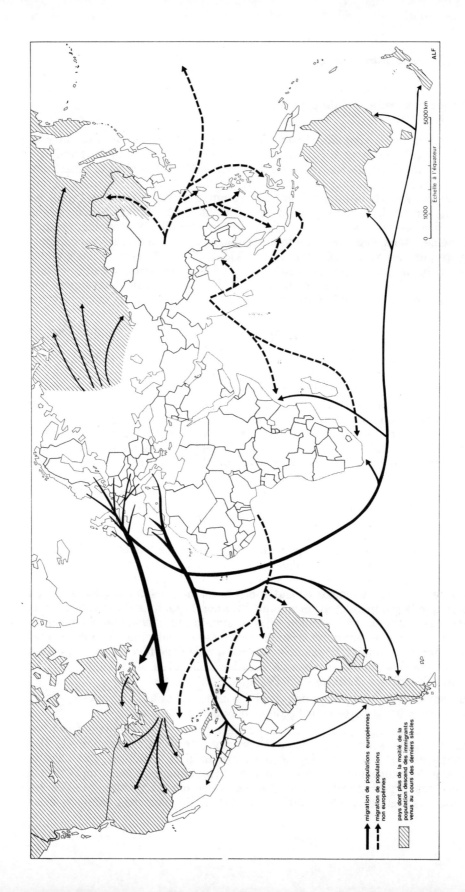

ALF

Echelle à l'équateur

0   1000   5000 km

migration de populations européennes

migration de populations non européennes

pays dont plus de la moitié de la population descend des immigrants venus au cours des derniers siècles

Fig. 16 – Principales migrations humaines des derniers siècles.

Canaries suscitaient alors une arrivée d'Espagnols ; dans les Caraïbes, l'occupation remonte un peu avant l'ère chrétienne pour certaines îles, mais s'est poursuivie pendant un millénaire avant l'arrivée des Européens et des esclaves noirs. Dans l'océan Indien, si le peuplement de Madagascar est relativement ancien, Maurice, la Réunion et les Seychelles ont reçu des Européens et des esclaves africains à partir des XVIIᵉ et XVIIIᵉ siècles. Dans l'océan Pacifique, le peuplement est assez ancien et il s'est étendu peu à peu, d'île en île, à partir de la Mélanésie : La Nouvelle-Calédonie et les Nouvelles-Hébrides au 3ᵉ millénaire av. J.C., les îles Fidji et Tonga au 2ᵉ millénaire, les Samoa vers – 300, Tahiti et les Marquises vers 300, la Nouvelle-Zélande vers 750 et les îles Hawaï vers 900.

Sur l'immense étendue des continents, les mouvements de migration ont été constants et ont eu une importance bien plus grande, mais seuls les plus récents sont bien connus. En Afrique, où de nombreux groupes humains étaient encore en mouvement avant l'époque coloniale, la plupart des migrations des XVIIIᵉ et XIXᵉ siècles ne sont connues que par des traditions orales. En Eurasie, où les groupes sont depuis longtemps stabilisés, les migrations individuelles n'ont jamais cessé ; parmi les plus importantes de l'époque contemporaine figurent celles des Chinois du nord vers la Mandchourie, qui ont peut-être concerné 25 ou 30 millions de personnes dans la seconde moitié du XIXᵉ et la première moitié du XXᵉ siècle ; ou encore celles des Russes en direction de la Sibérie qui, du XVIIᵉ au XXᵉ siècle, ont peut-être touché 8 à 10 millions de personnes.

Les grandes migrations intercontinentales des derniers siècles ont eu une importance bien plus grande encore sur la distribution des hommes à la surface de la Terre (fig. 16). Comme d'innombrables études, récits, romans et films les ont fait connaître. Il suffira ici de rappeler quelques chiffres pour montrer la part qu'elles ont prises dans le peuplement de certaines parties du monde : 1) En Amérique Latine, l'immigration a contribué pour près des 2/3 à la formation de la population actuelle. Depuis le XVIᵉ siècle, elle a représenté environ 23 millions de personnes : des Blancs en majorité (14 millions environ) venus essentiellement d'Europe méridionale et qui se sont installés surtout en Argentine et au Brésil, des Noirs d'Afrique amenés comme esclaves (9 millions environ) et qui ont été installés surtout dans les zones d'économie sucrière des Caraïbes et du Brésil ; le reste de la population latino-américaine est formée par les descendants des collectivités amérindiennes qui représentaient environ 12 millions de personnes à l'arrivée des Espagnols et qui sont à peu près dix fois plus nombreux aujourd'hui. 2) En Amérique du nord, presque toute la population provient de l'immigration massive qui a eu lieu pendant les derniers siècles et particulièrement au cours des XIXᵉ et XXᵉ siècles ; les descendants des Amérindiens ne forment pas ici plus de 1/25ᵉ des habitants actuels ; la différence est donc très grande avec l'Amérique du Sud. La composition de la population immigrante a également été différente : les esclaves noirs ont été beaucoup moins nombreux (un demi-million environ) ; les blancs sont venus massivement, par contre, de Grande-Bretagne, d'Irlande, d'Europe du Nord, d'Allemagne, d'Europe centrale et orientale, enfin d'Europe méditerranéenne mais avec une assez nette prépondérance britannique ; au total 51 millions de personnes ont immigré dont 47 millions se sont installées aux États-Unis et le reste au Canada. 3) En Océanie, l'immigration a eu des caractères voisins : elle a été tardive, blanche et à dominante britannique ; 4 millions de personnes environ ont débarqué en

Australie et en Nouvelle-Zélande ; c'est l'immigration qui explique la formation des petits foyers de population de ces deux pays, car les populations aborigènes, peu nombreuses, ont beaucoup souffert de l'arrivée des Européens : elles forment à peine 8 % des habitants en Nouvelle-Zélande et seulement 0,5 % en Australie.

L'influence des progrès économiques et de la diffusion des innovations

Il reste à examiner un troisième facteur qui constitue sans doute le plus important de tous pour comprendre la formation des densités : la vitesse de l'accroissement naturel. Celle-ci a été moins disparate dans le passé qu'elle ne l'est aujourd'hui mais des différences qui semblent insignifiantes sur le moment donnent à la longue des résultats complètement dissemblables. Soient par exemple deux populations ayant des taux de croissance également faibles de 0,07 % et 0,09 % par an, chiffres proches de celui estimé pour l'ensemble de la population mondiale du début de l'ère chrétienne jusqu'à la fin du XVIIIe siècle ; au bout de cent ans, la différence est insignifiante : elle est seulement de 22 personnes pour des populations en comportant 1 000 chacune au départ ; au bout d'un millénaire, la différence est déjà importante (445 personnes) et au bout de deux millénaires, elle est considérable (1 991 personnes) ; les deux populations atteignent alors respectivement quatre et six fois l'effectif initial. Avec des taux de croissance plus élevés, les écarts deviennent vite importants : par exemple, avec des taux de 0,4 et 0,8 % par an, voisins de ceux observés dans divers pays depuis le début de la révolution industrielle, la différence est de 2 700 personnes au bout de deux siècles seulement pour le même effectif initial de 1 000 personnes : l'une des populations a été multipliée par 2,2 et l'autre par 4,9.

De fait, des différences de croissance parfois importantes ont été observées depuis le début du XIXe siècle. En Europe par exemple, de 1800 à 1950, la population s'est accrue de façon très inégale selon les pays ; en Espagne et en Autriche, elle a plus que doublé ; en Belgique, en Suisse, en Pologne et en Suède, elle a triplé ; en Angleterre et en Allemagne, elle a quadruplé ; en Finlande et dans les Pays-Bas, elle a même quintuplé ; en France, en revanche, elle a été multipliée par 1,5 à peine car sa progression a été presque stoppée pendant la première moitié du XXe siècle ; en Irlande, cas unique, elle a même diminué d'un cinquième ; alors que la France était assez fortement peuplée au Moyen Âge par rapport à ses voisins et qu'elle était relativement peuplée encore au XVIIIe siècle, elle fait aujourd'hui figure d'espace sous-peuplé si on la compare à l'Angleterre, à l'Allemagne fédérale ou aux pays du Bénélux ; quant à l'Irlande, qui était un pays assez peuplé au XIXe siècle avant la crise de la pomme de terre, c'est maintenant un des territoires les moins peuplés de l'Europe et sa densité, deux fois supérieure à celle de l'ensemble Angleterre-Galles-Écosse en 1847, est aujourd'hui cinq fois inférieure.

En était-il de même avant le XIXe siècle ? Les écarts des taux de croissance entre les pays étaient beaucoup plus faibles mais on aurait tort de les imaginer négligeables. Les recherches faites depuis une génération par les spécialistes de démographie historique et préhistorique permettent de mieux connaître l'évolution des populations de la plupart des pays du monde, même s'il reste encore un très grand nombre de points obscurs. L'évolution a été beaucoup moins simple qu'on l'imaginait naguère avec ses deux grandes phases, la première très longue et caractérisée par une très faible croissance, la seconde relativement courte, débutant avec la révolution industrielle et marquée par l'augmentation rapide de la population. Les études menées dans un certain nombre de pays, en Europe surtout, ont montré le caractère heurté de l'évolution en dépit du caractère provisoire et incertain de toutes les données chiffrées (M. Reinhard... 1968 ; J. Durand, 1974 ; J.N. Biraben, 1977 et 1978 ; C. McEvedy et R. Jones, 1978). Pour les deux derniers millénaires, il y a eu en Europe plusieurs périodes de croissance mais également des périodes de diminution (fig. 17) ; il en a été de même en Chine. On peut même constater un relatif synchronisme dans les évolutions.

La population du monde a connu probablement trois grands cycles démographiques sans compter des épisodes de moindre importance et de moindre durée. 1) Le premier cycle, simplement hypothétique, aurait commencé vers le 35e millénaire avec l'amélioration des techniques de taille du paléolithique supérieur ; il aurait permis, en donnant des armes plus efficaces aux chasseurs, d'améliorer les ressources et d'augmenter substantiellement la population : on a même avancé que celle-ci aurait pu être multipliée par 7, mais il s'agit d'une évaluation très hardie. 2) Le second cycle démographique, fondamental, correspond à l'invention et à la diffusion des techniques d'agriculture et d'élevage qui ont permis d'accroître fortement les ressources entre les 10e et 5e millénaires ; l'augmentation de la population s'est poursuivie jusque vers l'an 200 environ ; pour l'ensemble du monde il y aurait eu une multiplication par 10 de l'effectif des hommes. 3) Après des épisodes de croissance plus brefs au Moyen Âge, du XIe au XIVe siècles, et à l'époque moderne, du XVIe au XVIIIe siècles en Europe, on arrive enfin au troisième grand cycle démographique qui correspond essentiellement à l'invention et à la diffusion des techniques industrielles ; ce dernier cycle, qui a commencé à la fin du XVIIIe siècle pour quelques pays a déjà permis de quintupler la population mondiale et il est loin d'être terminé, même s'il touche à sa fin pour les nations industrielles. Le caractère heurté de l'évolution peut donc être interprété comme une série d'augmentations rendues possibles par les progrès des systèmes de production.

Il est donc important de considérer les périodes où se sont produites les *révolutions économiques* pour les diverses parties du monde, en raison des effets démographiques parfois considérables qu'elles ont eus. Des décalages très importants ont pu se produire de cette façon.

Le premier bond en avant a concerné particulièrement l'Europe, la Chine, et le Proche-Orient. Il serait abusif de considérer déjà des foyers de population dans la mesure où les hommes restaient encore très peu nombreux mais il est probable que les « densités » étaient dans ces parties du monde, très supérieures à celle de l'Afrique qui connaissait déjà un certain retard. Pour la France par exemple, on estime qu'il pouvait y avoir 50 000 personnes à la fin du Paléolithique ; même avec cet effectif, le pays était relativement peuplé comme l'indique l'utilisation du moindre abri et l'occupation des basses montagnes.

Le deuxième bond en avant a eu beaucoup plus d'importance encore pour la formation des densités. Le Proche-Orient semble avoir été le lieu essentiel des innovations pour l'agriculture comme pour la domestication des animaux ; les premiers essais remontent sans doute à 10 000 ou 12 000 ans avant l'ère chrétienne. A partir de ce foyer, les nouvelles techniques se sont répandues dans

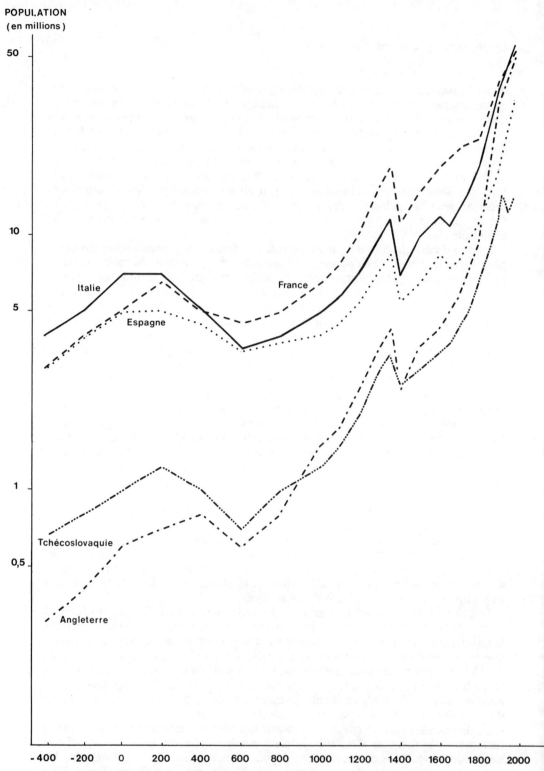

POPULATION
(en millions)

50

Italie

France

10

Espagne

5

Tchécoslovaquie

1

0,5

Angleterre

- 400   - 200   0   200   400   600   800   1000   1200   1400   1600   1800   2000

Fig. 17 – Évolution de la population pour cinq pays d'Europe depuis — 400.
(D'après les chiffres indiqués par C. McEvedy et R. Jones, *Atlas of world population history,* 1978).

deux directions plus particulièrement : vers le Maghreb et le sud de l'Europe d'une part, vers l'Asie méridionale et orientale d'autre part ; la diffusion est restée limitée en Afrique à l'Égypte et à l'Éthiopie où la présence du Nil l'a favorisée. En Amérique centrale, un autre foyer agricole s'est formé, indépendamment de celui de l'Ancien Monde, mais plus tardivement. L'agriculture est donc pratiquée depuis fort longtemps dans la plupart des régions qui comptent actuellement parmi les plus peuplées du monde : elle est connue avant le 5ᵉ millénaire précédant l'ère chrétienne en Inde, en Chine, en Indonésie, aux Philippines, dans le Maghreb et le nord-est de l'Afrique, dans l'Europe du sud et du sud-est ; elle est connue depuis le 3ᵉ millénaire avant J.C. dans l'isthme américain et dans les pays andins ; la culture à l'araire est connue depuis le 2ᵉ ou le 3ᵉ millénaire en Europe, dans les pays méditerranéens, dans le subcontinent indien et, bien sûr, dans le Proche-Orient. Les progrès ne s'arrêtent pas là. La métallurgie apparaît au 4ᵉ millénaire, toujours dans le Proche-Orient, et se diffuse assez rapidement vers la Méditerranée et la Chine. La vie urbaine apparaît très précocement dans le Proche-Orient et est déjà largement répandue au 2ᵉ millénaire dans le monde méditerranéen, l'Égypte, l'Iran, l'Inde et la Chine tandis qu'elle commence à éclore en Amérique centrale ou andine. Toutes ces innovations entraînent une forte croissance démographique et, dans bon nombre de régions sans doute, un décuplement de la population. Des foyers relativement denses se forment dans les vallées du Nil, du Tigre, de l'Euphrate, de l'Indus, du Gange, du Hoang-Ho et du Yang-Tsé ainsi que dans les péninsules méditerranéennes.

Le troisième grand bond en avant a eu également beaucoup d'importance par l'accroissement qu'il a provoqué dans la population mondiale et par les changements qu'il a apportés dans sa distribution spatiale. Cette fois, il a profité surtout à l'Europe parce que ce continent a été à l'origine d'un grand nombre d'innovations techniques et, au-delà des mers, aux pays peuplés d'immigrants européens, tout spécialement à l'Amérique du Nord qui en a reçu le plus grand nombre. La révolution industrielle, comme les autres grandes mutations économiques, s'est en réalité étalée sur une assez longue période où plusieurs phases peuvent être distinguées ; elle a été lentement préparée par les progrès très nombreux qui ont été effectués en Europe depuis le Moyen Âge dans presque tous les domaines, et notamment dans celui de la connaissance scientifique, mais elle ne s'est développée qu'à partir du XVIIIᵉ siècle en Angleterre et du XIXᵉ siècle aux États-Unis et dans la plupart des pays de l'Europe occidentale ou septentrionale ; elle a gagné ensuite l'Europe orientale, le Canada, le Japon et, plus tardivement, l'Argentine, l'Australie et la Nouvelle-Zélande. Les progrès remarquables qui ont été accomplis dans le domaine industriel se sont peu à peu répercutés sur les autres domaines de la production, notamment sur l'agriculture et les activités tertiaires. L'avance prise par l'Europe lui a assuré pendant un siècle et demi, une position de domination sur le reste du monde marquée notamment par le contrôle politique et économique de nombreux territoires, surtout en Afrique et en Asie, ou par la conquête et le peuplement des terres considérées comme vides en Amérique et en Océanie. Les transformations multiples que l'Europe a connues ont entraîné une croissance démographique très importante : le foyer européen, déjà préparé par les divers cycles démographiques antérieurs s'est nettement renforcé et a, dès lors, été caractérisé par la concentration de la population dans les villes ; quant aux foyers qui se sont constitués en dehors de l'Europe par l'immigration européenne, ils ont eu des caractéristiques voisines mais avec des populations beaucoup moins nombreuses, des densités plus faibles et des campagnes généralement peu occupées. Ailleurs dans le monde, l'exportation des techniques médicales mises au point en Europe a entraîné une augmentation importante de la population et un renforcement général des densités même en l'absence d'un développement industriel.

Les grands foyers de population semblent donc avoir été formés soit lors du cycle démographique déclenché par la diffusion de l'agriculture, soit pendant celui qu'a provoqué la diffusion de l'industrie. On en trouve la confirmation en cartographiant la distribution de la population du monde à deux moments différents du passé d'après les évaluations les plus récentes.

Pour 1750, avant que ne commence vraiment la révolution industrielle, les informations sont nombreuses et relativement bonnes. L'humanité est près de 6 fois inférieure en nombre à celle d'aujourd'hui et sa répartition spatiale est légèrement différente (fig. 18). Plus que maintenant, l'Asie est par excellence la terre des hommes avec les deux énormes foyers formés en Inde et en Chine : ils rassemblent à eux seuls plus de la moitié de la population du monde ; le foyer japonais existe déjà, mais il est limité par l'exiguïté de l'archipel ; le foyer javanais apparaît à peine ; l'intérieur et le nord du continent sont presque vides. L'Europe constitue l'autre grand pôle de peuplement de la planète, mais avec des densités qui sont très nettement inférieures à celles observées en Asie, même là où elles sont relativement fortes comme en Italie, en Belgique ou dans les Pays-Bas ; l'Angleterre, où l'industrialisation commence, est encore peu peuplée. Ailleurs dans le monde, les densités sont partout faibles : l'Afrique est peu ou modérément peuplée ; l'Amérique est presque vide à l'exception du Mexique et du Pérou où les civilisations précolombiennes ont contribué à former des noyaux de population ; l'Océanie est presque vide. En comparant cette carte à celle de la population actuelle, on obtient une bonne appréciation de l'impact qu'a eu le cycle démographique lié à l'industrialisation.

Pour l'an 200 après J.C. qui correspond à peu près à la fin du cycle démographique provoqué par l'invention de l'agriculture et de l'élevage, les informations numériques sont évidemment très incertaines ; si elles peuvent s'appuyer sur les résultats des dénombrements qui ont eu lieu dans les empires formés dans le monde méditerranéen, en Chine ou en Inde, elles sont hypothétiques dans les pays où les témoignages du passé sont peu nombreux. Même si les marges d'erreur sont grandes, il ne fait pourtant aucun doute que les grands foyers de population étaient déjà formés et se trouvaient dans trois parties de l'Ancien Monde (fig. 19). Les foyers chinois et indien rassemblaient déjà plus de la moitié de l'humanité, c'est-à-dire la même proportion qu'au XVIIIe siècle et une proportion plus forte qu'aujourd'hui. L'Europe était modérément peuplée, à l'exception de l'Italie et de la Grèce ; le nord du continent était faiblement occupé et il en était de même en Russie. L'Amérique était presque vide, à l'exception du Pérou et du Mexique où la révolution agricole, quoique plus tardive que dans l'Ancien Monde, faisait sentir ses effets. L'Océanie était pratiquement inoccupée. L'Afrique était faiblement peuplée, à l'exception de l'Égypte où le développement agricole avait depuis longtemps provoqué une accumulation d'hommes dans la vallée du Nil.

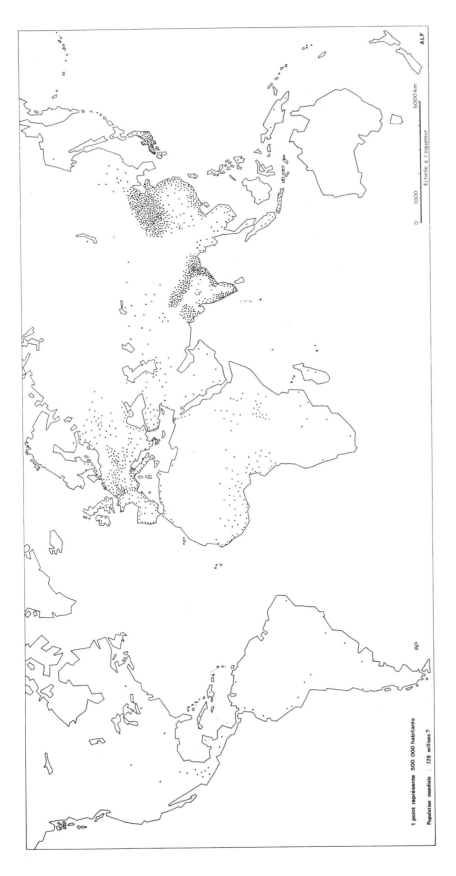

1 point représente 500 000 habitants

Population mondiale : 720 millions ?

Fig. 18 – Répartition probable de la population mondiale en 1750.
(D'après les chiffres de C. McEvedy et R. Jones, *Atlas of world population history*, 1978.
Points localisés sur les zones cultivées).

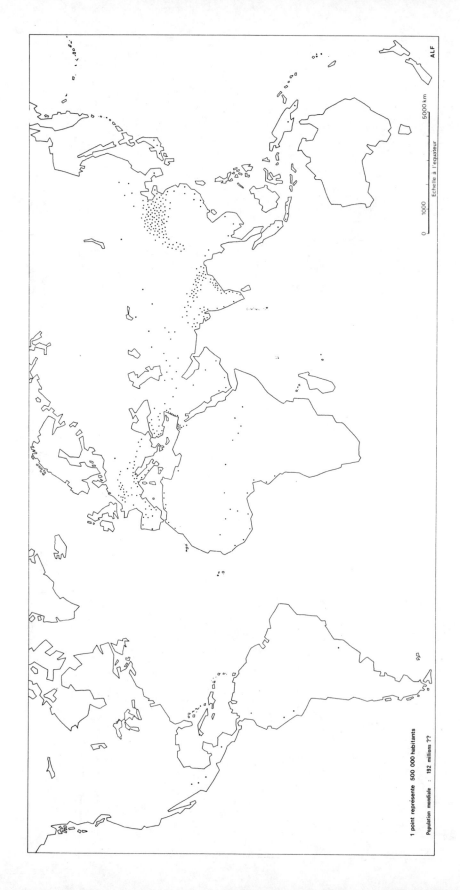

Fig. 19 – Répartition hypothétique de la population mondiale vers l'an 200.
(D'après les évaluations de C. McEvedy et R. Jones, *Atlas of world population history*, 1978).

Au total, l'explication des principaux foyers de la population actuelle du monde relève bien de facteurs historiques. Si on met à part le foyer nord-américain qui est de formation récente, les autres foyers ont très probablement leur origine dans la révolution agricole du Néolithique, même si les cycles démographiques ultérieurs ont eu une grande importance comme c'est le cas pour l'Europe. On peut d'ailleurs se demander s'il ne faut pas remonter au-delà du Néolithique ; dans le cas du Proche-Orient, il y avait peut-être une réelle pression démographique au Mésolithique compte tenu des faibles ressources disponibles : c'est peut-être ce qui a favorisé la découverte progressive de la domestication des plantes et des animaux ; dans le cas de l'Asie, la vitesse relative à laquelle la révolution agricole s'est diffusée et l'importance des densités constatées dès le Néolithique laisse supposer aussi qu'une certaine pression démographique pouvait exister auparavant.

En tous cas, si les évaluations de C. McEvedy et R. Jones (1978) sont retenues, il apparaît que la part de l'Eurasie dans la population, fortement majoritaire aujourd'hui (les 3/4 de l'humanité), était bien plus considérable encore au début de l'ère chrétienne (plus des 17/20) :

	200	1750	1975
Afrique	10,4 %	9,1 %	9,9 %
Amérique	2,6	2,2	14,0
Asie	67,7	68,9	59,2
Europe	18,8	19,5	16,3
Océanie	0,5	0,3	0,6

Au-delà, la situation aurait été un peu différente mais il convient de souligner le caractère hautement conjectural des évaluations, d'autant plus qu'on remonte loin dans le temps. Au début du Néolithique, les inégalités de la distribution auraient été un peu moins accusées (fig. 20) ; la proportion des hommes vivant en Amérique, en Océanie et surtout en Afrique aurait été plus forte (près du tiers de l'humanité pour ce dernier continent ?) ; l'Europe était sans doute faiblement occupée mais l'Asie aurait déjà été le continent le plus peuplé (la moitié de l'humanité ?). Si ces estimations doivent être accueillies avec beaucoup de réserve, il n'en demeure pas moins vrai qu'*il faut remonter assez loin dans la préhistoire pour saisir la distribution actuelle des masses humaines.*

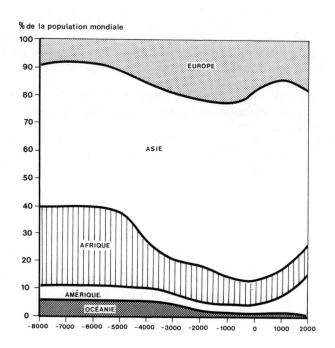

% de la population mondiale

Fig. 20 – Évolution conjecturale de la population
pour les divers continents depuis le Néolithique.
(D'après les évaluations de C. McEvedy et R. Jones, *Atlas...*, 1978).

Lectures

Sur les facteurs régissant la distribution des hommes, on trouvera des analyses dans de nombreux ouvrages généraux sur la géographie de la population, notamment ceux de CLARKE (J.), et de ZELINSKY (W.), 1966 ; ou dans des manuels de géographie humaine, notamment celui de P. Claval, *Éléments de Géographie Humaine,* Paris, M. Th. Génin, 1974, 412 p.

Analyses détaillées pour la population de certains territoires dans KAY (G.), 1967 (Zambie) ; KOLODNY (E.), 1974 (Grèce insulaire) ; NOIN (D.), 1970 (Maroc), SAUTTER (G.), 1966 (Gabon-Congo) ainsi que dans de nombreux ouvrages de géographie régionale.

Parmi les analyses quantitatives : ROBINSON (A.), LINDBERG (J.), BRINKMAN (L.), A correlation and regression analysis applied to rural farm population densities in the Great Plains, *Ann. Assoc. Amer. Geogr.,* 1961, 51, p. 211-221, cartes.

Sur les facteurs physiques :

ROBINSON (A.), BRYSON (R.), A method for describing quantitatively the correspondance of geographic distributions, *Ann. Assoc. Amer. Geogr.*, Washington, 1957, 47, p. 379-391.

STASZEWSKI (J.), *Vertical distribution of world population,* Warsaw, State Scient. Publ. House, 1957, 115 p. – Die verteilung der Bevölkerung der Erde nach dem Abstand vom Meer, *Petermanns Geogr. Mitteil.,* Gotha, 1959, 103, p. 207-215. – Bevölkerungverteilung nach den klimagebieten von W. Köppen, *Petermanns Geogr. Mitteil.,* Gotha, 1961, 105, p. 133-138.

Sur l'histoire de la population, la littérature est abondante. Parmi les publications les plus intéressantes, on pourra voir :

BIRABEN (J.N.), Essai sur l'évolution du nombre des hommes, *Population,* Paris, 1979, 34 (1), p. 13-25.

DURAND (J.D.), Historical estimates of world population : an evaluation, *Popul. and Devel. Review,* 1977.

MCEVEDY (C.), JONES (R.), *Atlas of world population history,* Harmondsworth, Penguin Books, 1978, 368 p.

REINHARD (M.), ARMENGAUD (A.), DUPAQUIER (J.), *Histoire générale de la population mondiale,* Paris, Montchrétien, 3ᵉ éd. 1968, 708 p.

7

Population rurale et population urbaine

Au cours de l'analyse de la distribution spatiale des populations, celles-ci ont été considérées globalement, en fonction de leur seul nombre. Une première distinction doit maintenant être introduite, celle du lieu de résidence rural ou urbain. Cette distinction est capitale pour l'étude géographique, d'abord parce que l'analyse des régularités de la distribution apparaît particulièrement à propos de la population urbaine, ensuite parce que cette distribution diffère selon le niveau d'évolution des sociétés humaines.

Le problème des définitions

Villes et campagnes, population urbaine et population rurale : ces distinctions sont banales et comprises de tout un chacun ; pourtant, quand on essaie de préciser la limite qui sépare les deux milieux de vie, on se trouve confronté à un problème délicat. La distinction sous-tend une différence dans les activités, tournées tantôt vers l'agriculture ou l'élevage et tantôt vers le commerce ou l'industrie ; mais, si la différence est nette dans le cas des pays en voie de développement où la population rurale a des occupations essentiellement agricoles, elle ne l'est plus dans les pays les plus développés où beaucoup de villages n'ont plus qu'un nombre infime d'agriculteurs. La distinction sous-tend surtout l'idée de taille ; mais, quand on passe de la maison isolée à la métropole avec les intermédiaires que sont le hameau, le village, le bourg, la petite ville, la ville moyenne et la grande agglomération, où placer la coupure significative ?

La situation diffère largement d'un pays à l'autre et les définitions adoptées par les services de statistique pour caractériser les unités urbaines sont éminemment variables selon qu'elles reposent sur un critère numérique (un certain nombre de personnes dans la circonscription de base), un critère fonctionnel (un certain pourcentage de personnes ayant des activités non agricoles), un critère administratif (certains traits jugés « urbains » par les autorités du pays) ou encore une combinaison de plusieurs critères. La définition la plus fréquente est celle dont l'utilisation est la plus facile : c'est-à-dire celle qui repose sur le nombre des habitants. Elle rend malheureusement très difficile les comparaisons internationales tant sont grandes les variations des seuils statistiques retenus d'un territoire à l'autre : tantôt la limite est placée très bas (à 200 habitants en Suède et au Danemark et à 300 habitants en Islande), tantôt elle est au contraire placée très haut (entre 5 000 et 12 000 habitants dans les républiques soviétiques, à 10 000 habitants en Espagne et même à 40 000 habitants en Corée du sud) ; le plus souvent, il est vrai, les chiffres sont compris entre 1 000 et 5 000 : 2 000 habitants en Argentine et au Canada, 2 000 habitants groupés en France, 2 500 habitants aux États-Unis et au Mexique, 5 000 habitants en Belgique. Mais, il faut aussi savoir qu'un même chiffre-limite peut avoir une signification différente selon les pays : il se situe généralement plus bas dans les nations développées, où de petits groupements peuvent avoir un caractère urbain, que dans les territoires peu développés où il n'est pas rare de trouver une atmosphère rurale dans des agglomérations déjà importantes. Pour juger correctement du chiffre-limite, il faut aussi se rappeler que la superficie de la circonscription de base varie considérablement : ainsi, en Europe, le *gemeinde* allemand est en moyenne deux fois plus petit que la *commune* française et celle-ci est trois fois moins étendue que le *municipio* espagnol.

Il faut enfin noter que les services de statistique de nombreux pays ont tendance à adopter aujourd'hui des solutions plus complexes ; certains tiennent compte de la densité résidentielle, de la composition de la population active, des migrations journalières de la main-d'œuvre ou encore de la présence de certains services considérés comme urbains ; certains introduisent une ou deux strates intermédiaires, semi-rurale ou semi-urbaine, entre ce qui est indubitablement rural ou urbain ; presque tous distinguent désormais la *ville* de l'*agglomération urbaine* ou de la *zone urbaine*, mais avec des définitions différentes et des contenus souvent spécifiques (en France, ce sont les Z.P.I.U. ou « zones de peuplement industriel et urbain » ; aux États-Unis, ce sont les S.M.S.A. ou « standard metropolitan statistical areas ») ; en général, l'agglomération urbaine comprend la ville et les circonscriptions de banlieue qui l'entourent ; la zone urbaine comprend en plus une ceinture péri-urbaine plus ou moins étendue qui dépend étroitement de la ville pour les activités, les achats, les services ou les loisirs.

La comparaison de données portant sur plusieurs pays est donc longue, difficile et incertaine. Pour toute analyse un peu sérieuse, il faut se reporter aux définitions adaptées. Pour une étude de l'évolution de la population urbaine dans un même pays, il faut tenir compte des changements de définition qui ont pu intervenir et procéder, dans la mesure du possible, à des ajustements.

En dépit des précautions prises, il est souvent difficile d'obtenir mieux que des approximations.

L'urbanisation dans le monde

Les études sur l'urbanisation du monde ont cependant été nombreuses et quelques-unes ont même été remarquables (J. Arango, 1970 ; K. Davis, 1969,

1972 ; T. G. Mac Gee, 1971 ; Nations-Unies : *Trends and prospects,* 1975). Le caractère approximatif des données n'empêche pas d'obtenir une mesure acceptable des inégalités spatiales de l'urbanisation, tant sont grands les écarts existant entre les divers pays ; il n'empêche pas non plus d'apprécier de façon valable l'évolution de l'urbanisation tant celle-ci a été considérable depuis le début de la révolution industrielle. Pour une étude de la population urbaine à l'échelle mondiale, on se trouve pratiquement obligé d'adopter les chiffres fournis par les divers pays en dépit du manque de rigueur d'une telle procédure ; d'ailleurs, cette manière de faire n'est en définitive pas si mauvaise dans la mesure où les différences de définition correspondent, au moins partiellement, à des situations différentes.

Les inégalités spatiales de l'urbanisation

Les agglomérations urbaines sont très inégalement réparties à la surface de la planète. Quelle que soit la limite retenue pour les distinguer – , l'image est à peu près la même : les villes sont d'autant plus nombreuses et rapprochées que la population est plus dense (fig. 21) ; bien sûr, leur nombre varie considérablement selon le critère retenu – une centaine en 1970 dans le premier cas, un millier dans le second cas, autour de 40 000 dans le troisième cas – mais les concentrations les plus importantes sont toujours situées en Extrême-Orient, dans le subcontinent indien, en Europe occidentale et centrale, enfin en Amérique du nord entre la côte atlantique et les Grands Lacs : c'est-à-dire qu'elles correspondent aux grands foyers de population de l'humanité ; des concentrations moins importantes sont situées sur les foyers secondaires de la population mondiale ; cependant, la correspondance est loin d'être forte : la densité des villes est élevée en Amérique du nord et surtout en Europe, bien que ces foyers ne portent pas des populations aussi denses que ceux d'Asie. La carte est intéressante comme point de départ de l'étude géographique du phénomène urbain, mais elle ne permet pas de saisir les inégalités de l'urbanisation : celles-ci ont beau être fortes, elles ne le sont pas autant que celles de la densité de population.

Pour juger des disparités de l'urbanisation dans le monde, il faut considérer la part de la population urbaine dans la population totale de chaque pays. Ce rapport très simple (Pu/Pt) est désigné sous des appellations diverses : *taux de population urbaine,* taux d'urbanisation ou indice d'urbanisation. Pour l'ensemble de la population mondiale, il est de 41 % en 1985 mais avec d'importantes variations autour de cette moyenne (*World population dada sheet,* 1985). Dans le monde développé, il est très largement supérieur à ce chiffre : 86 % en Australie, 83 % dans l'Amérique du sud tempérée et l'Europe occidentale, 76 % au Japon, 74 % en Amérique du nord, 69 % en Europe du Sud, 64 % en U.R.S.S., 64 % en Europe orientale. Dans le monde en voie de développement, il est nettement plus faible en général, bien que certaines parties aient plus de la moitié de leur population dans les villes : 66 % en Amérique du sud tropicale et 63 % en Amérique centrale ; pour les autres, le taux d'urbanisation est de 54 % dans les Caraïbes, 53 % en Asie du sud-ouest, 42 % en Afrique du nord, 26 % en Asie orientale en dehors du Japon, 24 % en Asie du sud et du sud-est, 22 % en Afrique occidentale et 17 % enfin en Afrique orientale. Si on considère les nations plutôt que les

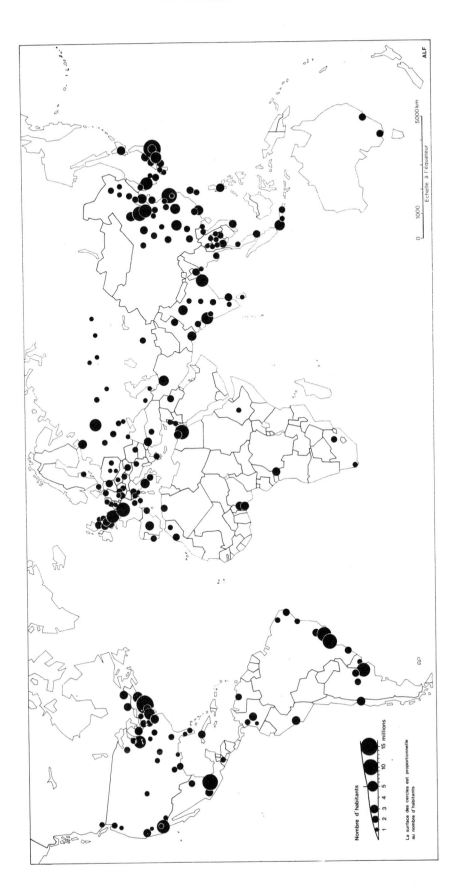

Nombre d'habitants

1 2 3 4 5 10 15 millions

La surface des cercles est proportionnelle
au nombre d'habitants

Echelle à l'équateur

0   1000   5000 km

Fig. 21 – Carte des principales agglomérations urbaines du monde (plus d'un million d'habitants) vers 1970.
(D'après Ann. Démogr. 1976).

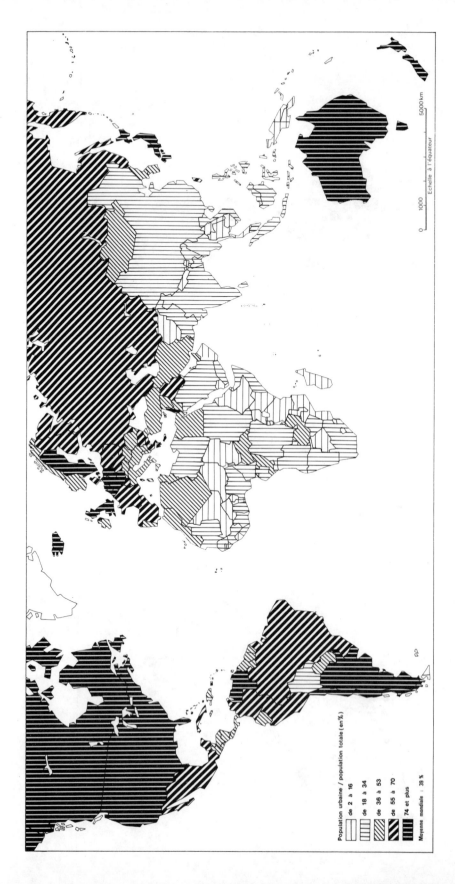

Fig. 22 – *Taux d'urbanisation pour les divers pays du monde en 1978.*
(Source des données : World Popul. data sheet).

grandes régions du monde, les écarts sont évidemment plus accusés (fig. 22). *Certains pays ont les 4/5 ou plus des 4/5 de leur population dans les villes :* 83 % en Argentine, 83 % en Suède et en Uruguay, 87 % en Israël et en Australie, 89 % en Islande, en Belgique et, 94 % en Allemagne occidentale ; certains chiffres sont plus élevés encore, mais ils concernent de petits territoires comme Malte, Singapour, Macao ou Hong Kong dont une seule ville concentre la plus grande partie de la population. Par contre, *certains pays d'Asie ou d'Afrique ont encore moins du dixième ou même du vingtième de leur population dans les villes :* 9 % au Niger et au Bengla Desh, 7 % en Ouganda et en Tanzanie, 6 % au Mozambique, et au voisinage de 5 % au Rwanda, au Bouthan et au Nepal.

Ces inégalités très accusées de l'urbanisation sont visiblement liées au niveau de développement des divers pays. Au milieu des années 80, on peut ainsi relever un taux d'urbanisation inférieur à 20 % dans les pays à revenu faible, variant de 30 à 60 % dans les pays à revenu intermédiaire, voisin de 64 % en moyenne dans les pays industriels à économie centralisée et de 77 % dans les pays à économie libérale. On relève une bonne corrélation entre le taux d'urbanisation et divers indices utilisés habituellement comme mesures du développement : le pourcentage de la population active travaillant dans les secteurs secondaire ou tertiaire, la consommation d'énergie ou de ciment, le taux de motorisation ou le revenu moyen par tête. Cependant, le taux d'urbanisation n'est pas un bon indice du niveau de développement parce qu'il est influencé par l'orientation de l'économie : dans certains pays du Tiers Monde en particulier, le caractère fortement extraverti de l'économie a entraîné une forte urbanisation : ainsi, dans certains pays de l'Amérique tropicale ou de l'Asie orientale, le taux d'urbanisation est aussi élevé que celui des pays industriels ; on observe des chiffres voisins pour le Venezuela et les États-Unis ou pour Taïwan et la France en dépit de la différence des niveaux de développement ; dans les pays du Tiers Monde, d'une façon générale, la croissance démographique et la crise de l'économie rurale ont eu pour conséquence une forte « inflation urbaine », sans rapport direct avec l'importance des activités de production qui restent souvent faibles dans les villes. En outre, le caractère approximatif du taux d'urbanisation constitue un obstacle sérieux à son utilisation pour le repérage des niveaux de développement.

L'évolution de l'urbanisation

Les inégalités de l'urbanisation contemporaine dans les divers pays doivent être interprétées à la lumière de l'évolution historique.

Si le fait urbain est très ancien – les premières cités ont sans doute fait leur apparition à la fin du Néolithique dans les pays du Proche-Orient – il a été extrêmement discret pendant la plus grande partie de l'histoire. Jusqu'à la révolution industrielle, les surplus agricoles étaient peu importants, les communications difficiles et coûteuses, les échanges faibles, les services offerts très réduits ; le développement urbain était donc fort limité ; les villes étaient petites et n'abritaient pas plus de 3, 4 ou 5 % de la population totale dans la plupart des pays d'Europe ou d'Asie, moins encore en Amérique et en Afrique. *Depuis un siècle et demi* au contraire, *dans les pays qui se sont engagés dans la voie de l'industrialisation,* les activités secondaires puis tertiaires se sont développées de façon croissante et *les villes ont pris une place très importante ;* leur essor s'est d'abord manifesté en Europe nord-occidentale puis, par diffusion, il a touché peu à peu le reste de l'Europe et les prolongements de l'Europe outre-mer : l'Amérique du nord, l'Amérique latine et l'Océanie ; il a également touché le Japon assez tôt. Le développement des villes a ensuite gagné le reste du monde, souvent par le biais de la domination exercée par les nations coloniales ; dans les pays les plus isolés d'Asie ou d'Afrique, le changement a été particulièrement tardif : il ne date que de la Deuxième Guerre mondiale.

Dans l'ensemble du monde, l'évolution a été brusque. Le taux d'urbanisation a doublé approximativement tous les demi-siècles (K. Davis, 1972) :

	Nombre de citadins	Taux d'urbanisation
1800	29 millions	3,0 %
1850	81	6,4
1900	224	13,6
1950	706	28,2

et *la croissance urbaine se poursuit à un rythme rapide :* le nombre des citadins a augmenté à raison de 3,5 % par an au cours de la décennie 60-70 et on estime qu'il augmente de 3,3 % annuellement depuis le début des années 70. Les projections des experts des Nations Unies pour l'an 2000 indiquent une population urbaine d'environ 3 milliards de personnes à cette date et un taux d'urbanisation voisin de 50 % (*Trends and prospect,* 1975).

Le nombre des villes a augmenté de façon étonnante. Les agglomérations de 100 000 habitants et plus étaient au nombre de 45 environ en 1 800 alors qu'on en compte environ un millier en 1975. Celles de 500 000 habitants et plus étaient rares encore en 1800 : on en comptait 7 dans le monde (3 en Europe : Londres, Paris et Istamboul ; 4 en Asie : Pékin, Tokyo, Canton et Madras) ; en 1975, il y en avait plus de 200. Les villes « millionnaires », exceptionnelles en 1800 (seules Pékin et Tokyo dépassaient, de peu, le million d'habitants), sont désormais plus d'une centaine. Enfin, certaines agglomérations sont devenues géantes : dix d'entre elles ont plus de 8 millions de personnes et deux atteignent les 15 millions.

Le développement urbain constaté dans les pays développés au cours des XIXe et XXe siècles va-t-il se poursuivre ? La concentration de la population dans les grandes villes va-t-elle encore s'accentuer ? Pas nécessairement. L'analyse comparée de l'évolution qui s'est produite dans les nations les plus fortement urbanisées a permis a certains chercheurs comme B. Berry (1962), J. Gibbs (1963) et L. Reissman (1964) d'établir des *modèles d'évolution* qui peuvent être rapprochés des modèles établis par ailleurs pour interpréter les mutations économiques et démographiques des deux derniers siècles. Le nombre des stades varie selon les auteurs mais l'évolution qui est décrite est partout la même : les pays les plus développés sont passés d'une situation où la population était essentiellement rurale à une autre situation où elle est devenue essentiellement urbaine. Après une période de démarrage correspondant aux débuts de l'industrialisation et caractérisée par un essor des villes, l'accroissement est devenu plus rapide : ce fut le cas de l'Angleterre entre 1820 et 1875, des États-Unis à la fin du XIXe siècle et du Japon après 1925 ; c'est le cas aujourd'hui de la plupart des pays en voie de développement, notamment en Amérique latine et en Asie avec cette différence que la croissance urbaine n'est pas toujours due à l'industrie, comme ce fut le cas en Europe ou en Amérique du nord au siècle dernier. A un moment donné, lorsque les villes rassemblent déjà une fraction importante de la population, l'urbanisation devient plus lente, comme on l'a observé en Angleterre à partir de 1900 ou aux États-Unis après 1920. Plus tard encore, l'urbanisation cesse de progresser, la plus grande partie de la population est désormais citadine ; à la campagne, la population rurale non agricole est devenue nettement plus nombreuse que la population rurale vivant de l'agriculture ; beaucoup de personnes ayant une résidence campagnarde travaillent en ville, s'y approvisionnent et s'y distraient ; les populations rurales ont en majorité un mode de vie urbain ; elles sont plus ou moins urbanisées ; c'est la situation qu'a connu l'Angleterre à partir de 1940. Ainsi, la courbe d'évolution du phénomène a l'aspect d'un S couché (fig. 23). Le changement est plus ou moins rapide selon les pays : le passage du stade initial au stade final a seulement demandé un siècle au Japon, où l'évolution a été exceptionnellement rapide, tandis qu'il s'est étalé sur près de deux siècles en France où l'évolution a été très lente.

Les divers pays du monde se trouvent donc à des stades différents du processus d'urbanisation (fig. 24) ; quelques-uns, en Afrique ou en Asie en sont encore à un stade préliminaire, car le développement d'une économie non-agricole commence à peine ; d'autres, au contraire, en Europe occidentale ou en Amérique du nord, sont parvenus au stade final où toute la population est urbanisée ou suburbanisée et où on observe partout un mouvement de desserrement dans les grandes agglomérations ; ce mouvement, dit de *rurbanisation ou de périurbanisation,* n'est pas un retour à la campagne mais, le plus souvent, un éloignement du cœur des villes au profit d'une large couronne périphérique.

La concentration croissante de la population dans d'énormes métropoles n'est donc pas inéluctable comme on le pensait dans les années 50 ou 60. N'imaginait-on pas que New York aurait 40 millions d'habitants à la fin du siècle et que Tokyo en aurait 33 millions dès 1985 ? En fait, on a observé une nette décélération de la croissance des très grandes villes dans la plupart des pays au cours des quinze dernières années : leur démesure a ses limites et leur grossissement n'est pas sans fin. A un moment donné, leur croissance tend à devenir plus lente que celle des autres villes, même en l'absence d'une politique de freinage, tant la vie quotidienne y devient pénible pour la plupart des habitants et tant les difficultés s'accroissent pour les entreprises industrielles. Dans l'ensemble du monde en 1960 et 1970, la croissance a été légèrement inférieure à la moyenne des villes pour les agglomérations dépassant un million d'habitants et plus de deux fois inférieure à la moyenne pour les agglomérations géantes dépassant 8 millions d'habitants ; en France, par exemple, la croissance de l'agglomération parisienne entre 1968 et 1975 a été de 0,5 % par an contre 1,1 % pour l'ensemble des unités urbaines.

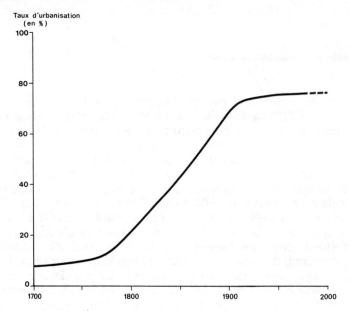

Fig. 23 – Évolution du taux d'urbanisation en Angleterre.

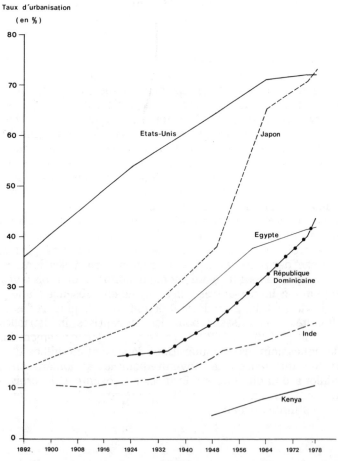

Fig. 24 – Évolution du taux d'urbanisation pour quelques pays.

Les populations rurales

Effectifs et évolutions

Si galopante que soit l'urbanisation contemporaine, elle ne doit pas faire oublier que *les populations rurales restent majoritaires dans l'ensemble du monde* et qu'elles le resteront sans doute jusqu'à la fin du siècle; mais celles-ci sont formées de populations extrêmement diverses par leurs caractères démographiques, économiques et sociaux ; deux groupes principaux doivent être distingués :

1) Dans les pays du Tiers Monde, les populations rurales représentent environ 2,5 milliards d'habitants en 1985, soit les 7/10 de la population totale de ces pays ; elles sont largement majoritaires partout, sauf dans quelques nations d'Amérique tropicale où l'urbanisation est importante ; dans la plupart des pays, elles forment les 2/3 ou les 3/4 de la population ; dans certains cas, elles en forment plus des 4/5. Si cette proportion tend à diminuer partout, lentement, l'effectif des ruraux continue d'augmenter dans l'ensemble du monde en développement parce que les villes n'arrivent pas à absorber tous les excédents démographiques en dépit de leur rapide croissance : l'augmentation du nombre des ruraux a été de 650 millions environ entre 1950 et 1975 et on estime qu'elle sera encore de 800 millions de personnes entre 1975 et 2000 ; l'effectif de la population rurale du Tiers Monde pourrait donc s'élever à 2,9 milliards d'habitants à la fin du siècle (*Trends and prospects,* 1975) ; on prévoit cependant un ralentissement de la croissance dans les campagnes, car les villes absorberont une part de plus en plus importante de l'augmentation de la population. C'est en Asie, dont les campagnes sont déjà très fortement peuplées, que les augmentations sont les plus fortes et qu'elles le resteront dans le dernier quart du XXe siècle : les populations rurales de l'Asie méridionale et orientale sous-développée ont augmenté de 510 millions d'habitants entre 1950 et 1975 et on estime qu'elles augmenteront de 580 millions d'habitants entre 1975 et 2000 !

Dans le Tiers Monde, la plus grande partie de la population rurale est occupée dans l'agriculture en raison du faible niveau technique de celle-ci ; la plupart des paysans ne peuvent assurer la subsistance que d'un petit nombre de personnes, 4 à 6 en général. La plupart des activités artisanales et commerciales – fabrication d'objets courants, vente des produits au marché voisin ou à la ville voisine – sont assurées par les paysans eux-mêmes : de ce fait, les artisans et commerçants spécialisés sont relativement peu nombreux. Dans la plupart des pays, la population rurale non-agricole ne représente guère plus du dixième de la population rurale totale.

Pour la plus grande partie, ces populations de campagnes du Tiers Monde sont misérables et défavorisées à tous points de vue : leur niveau de vie est très faible et partout inférieur à celui des villes ; dans la plupart des pays d'Afrique et d'Asie tropicales, le revenu par tête à la campagne est inférieur à 300 dollars par an et parfois même à 150 dollars. L'accès à la culture et à la santé est souvent difficile en raison de la mauvaise qualité et surtout de l'éloignement des équipements éducatifs et sanitaires. Les situations sont cependant très variées. Il existe des décalages considérables dans l'évolution des campagnes à l'intérieur d'un même continent et parfois au sein d'un même pays. Les pourcentages nationaux de population rurale, qui vont de 90 % et plus à moins de 35 % en donnent déjà une idée.

2) Dans les pays développés, le tableau est radicalement différent. L'effectif des populations rurales en 1985 est de 330 millions de personnes environ – soit sept fois moins que dans le Tiers Monde – et la part des ruraux dans la population est de 28 % environ. Ici, les chiffres n'augmentent plus depuis longtemps ; ils diminuent au contraire car les villes absorbent toute la croissance démographique et exercent toujours une certaine attraction sur la population des campagnes : entre 1950 et 1975, le nombre des ruraux a diminué de 1/8 environ et, de 1975 à 2000, on estime qu'il sera encore réduit de plus de 1/4 ; cette baisse, qui a surtout affecté les campagnes d'Europe occidentale et du Japon depuis une génération, affectera surtout celles de l'Europe orientale et de l'Union soviétique jusqu'à la fin du siècle. En l'an 2000, la population rurale des pays développés ne devrait donc pas dépasser les 250 millions d'habitants : elle ne représentera alors que 8 % environ de la population rurale mondiale.

Le terme de « population rurale » a ici une signification complètement différente de celle qu'il a dans le pays en voie de développement. Les paysans ont disparu pour laisser la place aux agriculteurs ; ceux-ci sont de moins en moins nombreux : ainsi en 1975, la population rurale agricole forme moins du tiers de la population rurale totale en France ; à peine un quart aux États-Unis. En fait, les ruraux sont surtout des non-agriculteurs : artisans, ouvriers, commerçants et prestateurs de services travaillant sur place, ou bien ouvriers, employés et cadres travaillant dans les villes voisines mais ayant choisi une résidence rurale, par goût ou par nécessité. Cette évolution est due à la fois à l'élévation du niveau technique des agriculteurs (un agriculteur nourrit environ 30 personnes en France et plus de 50 aux États-Unis), à l'élévation générale du niveau de vie qui pousse à la multiplication des activités tertiaires, enfin à la très large diffusion de l'automobile et des autres moyens de communication qui permet d'intenses migrations quotidiennes autour des centres urbains. Les différences de niveau de vie et de niveau culturel entre agriculteurs et non agriculteurs, ruraux et citadins n'ont pas complètement disparu mais elles ont beaucoup régressé. L'isolement propre aux campagnes traditionnelles a nettement diminué grâce à la voiture et au téléphone. L'habitat rural change et s'uniformise : les maisons particulières à chaque région font place peu à peu à des constructions de même type que celles de banlieues urbaines. En fait, toutes les campagnes sont plus ou moins urbanisées ; beaucoup d'espaces, tout en gardant une apparence rurale, sont intégrés aux agglomérations urbaines et sont devenus sociologiquement semblables aux villes.

Les régularités de la distribution spatiale

Que les campagnes soient restées traditionnelles ou qu'elles soient modernisées, *la distribution spatiale des populations rurales présente certaines régularités ;* dans beaucoup de régions, on observe en effet que les unités d'habitat – gros villages, petits villages, hameaux ou maisons isolées – ont des tailles relativement voisines et que leur espacement est plus ou moins comparable, non seulement lorsque l'occupation de l'espace s'est faite au même moment et de façon organisée, mais aussi lorsqu'elle résulte d'un processus séculaire ou millénaire.

La *taille* inférieure des unités de peuplement n'a pas été suffisamment étudiée pour qu'on puisse préciser si la relation qui existe entre la taille et le rang des villes est également valable pour l'habitat rural. Pour les villes, le fait est incontestable : le nombre des unités urbaines augmente de plus en plus quand on considère des classes de villes de plus en plus petites ; s'il en était de même pour les unités d'habitat du milieu rural, il devrait y avoir plus de bourgs que de petits centres urbains, plus de villages que de bourgs, plus de hameaux que de villages et enfin plus de maisons isolées que de hameaux. Or, ce n'est pas toujours le cas. Dans les campagnes traditionnelles, l'observation montre que la série est souvent tronquée à la base ; elle s'arrête, selon les cas, au niveau du gros village, du petit village ou du hameau comme s'il y avait eu un seuil ; le souci de sécurité pourrait à lui seul l'expliquer mais d'autres raisons, et en particulier le mode originel d'exploitation du sol, peuvent être invoquées.

Sur *l'espacement* de l'habitat, les études sont moins rares. Plusieurs auteurs se sont attachés à étudier sa régularité relative par diverses méthodes et spécialement par celle de la distance au voisin le plus proche, mise au point par les botanistes et les écologistes pour étudier l'espacement des arbres ou des plantes. C'est ainsi qu'une régularité significative a été trouvée dans les distances séparant les lieux d'habitat dans l'Iowa (J. Hudson, 1969), mais il est vrai que le milieu se prête à ce genre de constatation en raison de son homogénéité physique et de l'uniformité de sa structure agraire. Il est peut-être plus intéressant de noter que des constatations semblables ont été faites dans des campagnes traditionnelles ou qui l'ont été : par exemple au Sierra Leone dans le cadre de l'agriculture extensive à longues jachères (D. Siddle, 1970), dans la plaine de Tonami au Japon consacrée à la riziculture intensive (I. Matui, 1932) ou encore en France dans la plaine d'Alsace pour des villages où se pratiquait naguère une polyculture à base céréalière (M.F. Cicéri, B. Marchand et S. Rimbert, 1977). Pour rendre compte de ces régularités relatives, J. Hudson (1969) a proposé une explication de caractère génétique s'inspirant de ce qui a été observé pour les plantes ; il y aurait trois phases : une de colonisation où la distribution est irrégulière et ponctuelle, une d'étalement où les écarts entre les lieux habités diminuent, enfin une de compétition qui entraîne une certaine régularité dans la distribution ; de fait, les observations faites pour l'auteur dans l'Iowa entre 1870 et 1960 montrent que la distribution est devenue plus régulière ; l'hypothèse est intéressante, mais elle est malheureusement difficile à vérifier hors des lieux de peuplement tardif où les diverses phases de l'occupation de l'espace peuvent être étudiées.

Les géographes ayant étudié la distribution spatiale de l'habitat rural n'ont pas toujours observé qu'elle était régulière. Par exemple, M. Dacey (1962) a montré que dans le sud-ouest du Wisconsin, pays pourtant peu différent de l'Iowa, la distribution de l'habitat était plus proche d'une distribution aléatoire que d'une trame régulière.

Dans l'état actuel des recherches, il est donc difficile de conclure, bien que les analyses montrant une certaine régularité soient les plus nombreuses. La très grande diversité des facteurs qui interviennent pour rendre compte de l'espacement des unités d'habitat explique sans doute certaines divergences.

Les populations urbaines

Effectifs et évolutions

Les populations urbaines sont un peu moins nombreuses que les populations rurales puisqu'elles sont estimées à près de 2 milliards de personnes en 1985, si on s'en tient aux déclarations faites par les divers états. Peu importe que les définitions servant à établir les évaluations de certains pays soient critiquables ; ce qui compte le plus est l'*étonnante rapidité de la progression pendant le cours du XXᵉ siècle :* en 1900, il n'y avait guère plus de 200 millions d'habitants dans l'ensemble des villes du monde ; en 2000, selon les prévisions, il y en aura environ 3 milliards, soit une multiplication par 15 en l'espace d'un siècle ! Les rythmes d'augmentation ont été très forts : 2,3 % par an de 1900 à 1925, 2,8 % de 1925 à 1950 et 3,1 % de 1950 à 1975 ; au cours de cette seule dernière période, la population urbaine du monde s'est accrue de 800 millions de personnes ! Selon toute vraisemblance, le rythme sera légèrement réduit pendant le dernier quart du siècle – 2,8 % par an – mais compte tenu de l'énorme effectif déjà concentré dans les villes, le gain sera encore d'un milliard et demi d'habitants !

Si la croissance urbaine est un phénomène mondial, touchant tous les pays sans aucune exception, vivre dans les villes n'a pas partout la même signification et il en sera encore de même, très certainement, à la fin du siècle. Bases économiques, structures sociales, niveaux de vie, rythmes de croissance : tout distingue les villes du Tiers Monde de celles des pays industrialisés.

1) A l'intérieur du groupe des pays en voie de développement, les disparités sont elles-mêmes très grandes. L'importance relative de la population urbaine est très inégale selon la place occupée par les divers pays dans le cycle de l'urbanisation qui a été déclenché ici non pas directement par la révolution industrielle et scientifique mais par l'expansion coloniale qui en a été l'une des conséquences : certains pays, proches désormais du stade « développé », sont déjà bien urbanisés tandis que d'autres, encore très attardés, n'ont qu'un développement urbain embryonnaire. Presque partout cependant, l'urbanisation progresse à un rythme stupéfiant : en Afrique, de 1950 à 1985, la population urbaine est passée de 30 à 170 millions d'habitants ; en Amérique latine, sautant de 50 à 270 millions d'habitants pendant la même période, elle a été multipliée par plus de 5 ; en Asie méridionale et orientale, elle a plus que triplé aussi : en passant de 180 à 715 millions d'habitants, elle a connu une progression annuelle de 4,0 % comme en Amérique latine, bien supérieure à celle qui a été enregistrée pour l'ensemble des villes du monde.

Cette explosion urbaine est relativement récente : en Asie, elle date surtout de la Première Guerre mondiale car les évaluations anciennes indiquent une croissance lente pour le XIXᵉ siècle (0,6 % par an), modérée encore de 1900 à 1920 (2,0 %) mais déjà forte de 1920 à 1950 (4,0 %) avant de le devenir plus encore après 1950. En Amérique latine, l'explosion urbaine a été un peu plus précoce : elle remonte au début du siècle tandis qu'en Afrique tropicale, elle a été nettement plus tardive puisqu'elle s'est manifestée surtout après la Deuxième Guerre mondiale. Cette évolution très rapide a déjà concentré près de 800 millions de personnes dans les villes du Tiers Monde en 1975 mais ce n'est pourtant que le début du processus d'urbanisation : celui-ci se poursuit à un rythme affolant et il en sera de même, très probablement, pendant tout le dernier quart du XXe siècle ; si les calculs des spécialistes des Nations Unies sont exacts, les villes asiatiques gagneront à elles seules 800 millions d'habitants supplémentaires de 1975 à 2000 contre 270 pour les villes latino-américaines et 200 pour les villes africaines.

Ces accroissements fantastiques sont évidemment à mettre en rapport avec l'évolution économique caractérisée presque partout par la stagnation ou la lente progression de l'agriculture, incapable de faire vivre la population de plus en plus nombreuse des campagnes, et par l'essor des activités secondaires ou surtout tertiaires qui attire la population rurale dans les villes, bien au-delà des possibilités d'emploi d'ailleurs ; pourtant, l'immigration en provenance des campagnes n'est pas l'élément essentiel de l'augmentation des populations urbaines : l'élément-clé du phénomène, c'est la croissance démographique exceptionnellement forte de ces villes. Toutes les agglomérations progressent et spécialement les plus petites mais l'attention reste attirée par les métropoles énormes qui se sont formées depuis une génération, même si l'origine de leur croissance doit parfois être cherchée dans le passé : en 1975, Changhaï avait sans doute 12 millions d'habitants, Mexico 12 millions aussi, Pékin et Calcutta environ 9 millions, le Caire et Bombay près de 8 millions, Séoul plus de 6 millions, Djakarta et Tientsin 5 millions tandis que Téhéran, Karachi et Hong-Kong ne sont plus très loin de ce chiffre ; si la croissance des très grandes cités a des limites, celles-ci ne sont guère perceptibles encore dans le Tiers Monde ; plusieurs de ces cités géantes ont continué de croître allègrement depuis 1975, notamment Mexico qui aurait en 1985 plus de 15 millions d'habitants.

Petites ou grandes, les villes des pays en voie de développement vivent surtout d'activités tertiaires dont la plupart sont parcellisées au maximum de façon à offrir le plus d'emplois possibles ; les activités secondaires sont souvent peu importantes, à l'exception du bâtiment, mais elles ont tendance à se développer rapidement. Une grande partie de la population urbaine vit dans des conditions misérables et d'autant plus difficiles à supporter qu'elle côtoie une autre fraction de la population qui, elle, vit dans l'opulence.

2) Dans les pays développés, la croissance urbaine est générale comme dans le Tiers Monde mais elle y est moins forte et surtout, elle se produit dans un tout autre contexte.

Si cette croissance a connu presque partout un rythme plus vif dans les années 50 à 60 celui-ci n'a pas dépassé 2 % par an en moyenne. Globalement, elle a tout de même apporté une importante population supplémentaire – 100 millions d'habitants aux villes d'Europe entre 1950 et 1975, 80 millions à celles de l'Amérique du Nord et autant à celles d'Union Soviétique, 40 millions à celles du Japon – mais ces chiffres sont tout de même loin de ceux enregistrés dans le Tiers Monde ; l'augmentation de population a modifié l'aspect de la plupart des villes et spécialement des périphéries urbaines, mais elle s'est faite sans difficultés majeures, dans une période de fort développement économique et d'élévation générale des niveaux de vie.

La croissance s'est traduite par l'apparition d'unités urbaines de plus en plus importantes et complexes, et en particulier par la formation de métropoles pourvues d'équipements de haut niveau et qui exercent un rôle de direction dans la vie économique et sociale au profit d'une vaste zone d'influence. Quelques agglomérations concentrant un grand nombre de fonctions et ayant un rôle mondial sont devenues énormes : New York avait plus de 18 millions d'habitants entre 1978, Tokyo près de 18 millions, le grand Londres plus de 10 millions, l'ensemble urbain Rhin-Ruhr près de 10 millions et Paris environ 8 millions et demi.

Depuis le début des années 70 cependant, la croissance urbaine a diminué presque partout dans les pays développés pour des raisons variées. Crise économique, crise démographique, tarissement de l'exode rural, refus des nuisances engendrées par les villes et nouvelle sensibilité à l'égard de la nature : autant de facteurs qui se conjuguent pour expliquer le changement mais qui interviennent de façon diverse selon les pays. Quoiqu'il en soit, en Europe occidentale ou en Europe orientale, en Amérique du nord ou au Japon, le ralentissement est très sensible. Plus les villes sont grandes, plus le changement est net ; aux États-Unis, depuis 1970, les personnes qui viennent s'installer dans les aires métropolitaines sont moins nombreuses que celles qui les quittent ; les huit plus grandes d'entre elles, qui avaient reçu globalement 24 millions de personnes entre 1960 et 1970, en ont perdu plus d'un million entre 1970 et 1975.

Le changement de rythme est aussi dû pour une part à une modification de la structure spatiale des aires urbaines qui tendent à se desserrer et à s'étaler. Presque partout, le nombre des habitants diminue dans les vieux noyaux urbains et souvent même dans les vieilles banlieues plus ou moins dégradées, au profit des banlieues pavillonnaires ou, de plus en plus, d'espaces péri-urbains ou de satellites plus ou moins éloignés. Ce phénomène est très net dans les pays occidentaux les plus urbanisés où il est largement lié à la motorisation de la population ; il est particulièrement accentué aux États-Unis où la ville proprement dite, avec son centre d'affaires, ses services, ses vieilles usines et son habitat populaire, n'est plus que le noyau d'un très vaste ensemble urbanisé qui comprend une immense auréole de *suburbs* abritant les classes moyennes et aisées puis, plus loin encore, jusqu'à 50 kilomètres parfois, des noyaux résidentiels isolés, situés le plus souvent près des sorties d'autoroutes ; banlieues et satellites étant eux-mêmes pourvus de centres commerciaux et d'usines dans la verdure.

Les grands axes de communication jouent un rôle croissant dans l'urbanisation. De très grandes aires urbaines disposées en chapelet, et auxquelles on donne le nom de *mégalopoles,* sont en voie de formation le long de certains axes où la population est particulièrement nombreuse. L'exemple le plus remarquable reste assurément la gigantesque mégalopole étudiée par J. Gottmann (1961) sur la côte nord-est des États-Unis et qui rassemble aujourd'hui plus de 40 millions de personnes entre Washington et Boston. On en trouve d'autres exemples en Amérique du nord – dans la région des Grands Lacs, dans la vallée du Saint-Laurent ou le long de la côte pacifique – mais aussi en Europe et au Japon : dans la vallée du Rhin par exemple ou entre Tokyo et Osaka. Le même phénomène peut également être observé à une échelle plus modeste dans bien d'autres lieux en Europe : dans les Midlands en Angleterre, dans la Randstad aux Pays-Bas, sur la côte méditerranéenne de Toulon à la Spezia ou encore dans la vallée du Rhône entre Lyon et Marseille. L'urbanisation est nettement plus rapide le long des grandes lignes de communication que partout ailleurs. Divers spécialistes (notamment C. Doxiadis, 1970) pensent que le peuplement humain dans l'avenir se concentrera essentiellement le long de ces grands axes urbanisés.

Les régularités de la distribution spatiale

Que ce soit dans les pays du Tiers Monde ou dans les pays développés, *la distribution spatiale des populations urbaines offre certaines régularités* qui ont été beaucoup plus étudiées que celles offertes par les populations rurales. Ces régularités se manifestent en particulier dans la distribution des densités au sein de l'espace urbain lui-même et dans la répartition des villes selon la taille et le rang hiérarchique au sein des régions ou des nations.

1. Les densités urbaines

Depuis les études faites par C. Clark (1958), on admet généralement que, centre d'affaires mis à part, *les densités urbaines diminuent du centre vers la périphérie.* C'est un fait d'expérience déjà observé par divers auteurs au début du siècle et qui se trouve amplement confirmé par les cartes ou graphiques de densité établis désormais pour de nombreuses villes (fig. 25).

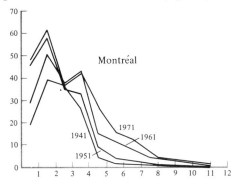

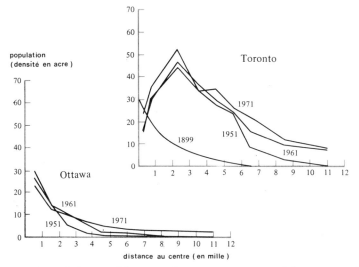

Fig. 25 – Densités urbaines et éloignement des centres pour Montréal, Toronto et Ottawa.
(Source : M. Yeates et B. Garner, *The American city*, 2ᵉ ed. 1976, Harper et Row, New York).

C. Clark a même proposé une formule mathématique pour formaliser ses observations :

$$D_d = D_c e - gd$$

dans laquelle D_d est la densité résidentielle à la distance d du centre-ville, D_c la densité théorique au centre (obtenue par extrapolation), e est la base des logarithmes naturels (2,718) et g le gradient de densité (indiquant la diminution de la densité avec la distance). La formule peut également s'écrire :

$$\log D_d = \log D_c - gd$$

Les études faites pour les mêmes villes à diverses dates ont montré qu'avec le temps, les densités diminuaient dans le centre des affaires et augmentaient à la périphérie ; le gradient de densité diminue donc dans le temps lorsque la ville grossit et s'étale. Ces caractères sont évidemment à mettre en rapport avec le prix du sol et la concurrence exercée par les activités tertiaires sur le logement.

La formule a été testée avec succès sur plus d'une centaine d'agglomérations dans des pays très différents ; elle est donc largement vérifiée. Toutefois, elle ne s'applique pas toujours bien dans les villes du Tiers Monde où on observe de très grandes disparités dans l'occupation de l'espace en raison de l'acuité présentée par les oppositions sociales ou ethniques.

2. La taille des villes

L'examen des chiffres de population concernant les agglomérations urbaines classées par ordre décroissant ou des cartes représentant les villes selon leur importance donne, dans beaucoup de cas, une impression de régularité. Cette observation a depuis longtemps suscité des recherches visant à définir la *relation entre la taille d'une ville et son rang au sein de la liste des agglomérations*. Dès 1913, le géographe allemand F. Auerbach a noté la régularité de la relation pour les villes d'Allemagne mais c'est surtout l'américain G. Zipf qui a attiré l'attention sur elle. La relation rang-taille, souvent appelée depuis lors relation de Zipf, a été formalisée de la façon suivante :

$$P_n = \frac{P_1}{n}$$

dans laquelle P_1 est la population de la première ville et P_n la population de la ville ayant le rang n, toutes les villes de l'espace considéré – pays ou région – étant rangées par ordre décroissant selon l'effectif de leur population. D'après cette formule, il suffirait de connaître la population de la ville principale pour en déduire la taille des autres villes. De fait, dans un pays comme les États-Unis, l'écart est assez faible entre la population réelle et la population ainsi calculée ; par exemple, l'effectif de l'aire métropolitaine de Los Angeles (36 % au lieu de 33 %) ; même relation dans le cas de Detroit (5e rang, 19 % au lieu des 20 % attendus) ou de Washington (10e rang, un peu moins de 10 % au lieu de 10 % attendus). Pour d'autres pays cependant, l'écart est parfois important ; ainsi formulée, la relation n'est donc pas vraiment utilisable.

En revanche, l'allure présentée par la relation sur un graphique est intéressante à examiner. Sur un diagramme à coordonnées logarithmiques, celle-ci se présente comme une succession de points plus ou moins alignés. C'est du moins ce qu'on observe dans le cas des États-Unis (fig. 26a) ou pour de nombreux pays très divers par leur taille et leur niveau de développement, tels que la Belgique, la Suisse, l'Italie, la Pologne, la Chine, la Corée, l'Inde ou le Brésil. Dans d'autres pays en revanche, la distribution est différente car la première ville a une taille nettement supérieure à celle que prévoit la relation tandis que les grandes villes suivantes ont des tailles nettement plus faibles ; cette distribution dite « primatiale » caractérise la France (fig. 26b) mais également le Danemark, l'Autriche, la Grèce, la Thaïlande, les Philippines, le Mexique, le Pérou, l'Uruguay, l'Argentine. Dans le premier cas, le réseau urbain est considéré comme équilibré, comme « normal » ; dans le second cas, le caractère fortement dominant de la ville la plus importante est considéré habituellement comme une « anomalie » due à des raisons historiques variées, d'ordre politique ou économique (centralisation excessive dans le cas de Paris, changement de l'assiette territoriale du pays dans le cas de Copenhague et de Vienne, concentration forte et ancienne des activités politiques et économiques dans le cas de Buenos-Aires ou de Montevideo).

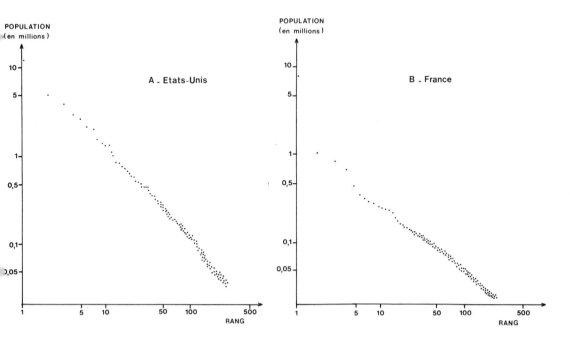

Fig. 26 – Relation entre le rang et la taille des agglomérations urbaines pour les États-Unis et la France.

Des changements peuvent se produire dans le temps : par exemple, en France, le poids énorme de Paris remonte au moins au XVIIe siècle, mais le poids insuffisant des grandes villes de province n'est apparu que dans le cours du XIXe siècle. Dans la plupart des pays, et en particulier aux États-Unis, la distribution est relativement stable dans le temps même si le rang de telle ou telle ville change (fig. 27).

Selon M. Beckmann (1958), cette stabilité – ou relative stabilité – observée dans la relation rang-taille est le produit d'une croissance allométrique des villes au sein du réseau urbain. Les relations d'allométrie, qui précisent que le taux de croissance d'un organe est une fraction constante du taux de croissance de l'organisme entier, ont d'abord été observées sur les êtres vivants mais elles s'appliquent aussi à la croissance des villes comme plusieurs études récentes l'ont montré et notamment celle de D. Morin (1975) sur le réseau urbain du Québec entre 1941 et 1971.

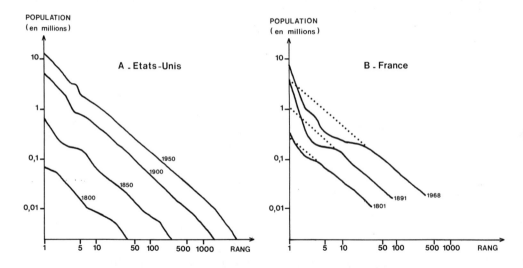

Fig. 27 – *Évolution dans le temps de la relation rang-taille pour les agglomérations urbaines américaines et françaises.*

3. *L'espacement des villes*

De même qu'il existe une relation entre le rang et la taille d'une ville, il existe une *relation entre l'espacement des villes et leur rang numérique ou, mieux, leur rang hiérarchique* quand on considère les fonctions tertiaires qu'elles exercent. Les petites villes dont le niveau dans la hiérarchie est modeste ne sont pas très éloignées les unes des autres ; au contraire, les grandes villes dont les fonctions sont nombreuses, complexes et de rang élevé, sont largement distantes les unes des autres.

Cette constatation empirique est à l'origine de tout un courant de recherches et ont été systématisées dans la *théorie des places centrales* élaborée essentiellement par deux allemands, le géographe W. Christaller (1933) et l'économiste A. Lösch (1944). Des exposés détaillés de cette théorie ayant déjà été faits dans diverses publications géographiques, on en fera ici qu'un simple et bref rappel :

Si on observe la distribution des centres urbains sur un espace quelconque, on ne peut manquer d'être frappé par la régularité relative de leur espacement pour un même niveau hiérarchique. Si on étudie par exemple, les villes de Basse Normandie – région qui correspond grossièrement à la zone d'influence de Caen – , la régularité est incontestable (fig. 28). Les centres urbains sont d'autant moins nombreux qu'on s'élève dans la hiérarchie : il y a 102 bourgs, 35 gros bourgs, 12 centres locaux, 7 petits pôles et 5 pôles moyens ; Caen occupe le sommet de cet ensemble de centres et peut être considéré comme un pôle régional. Les centres sont d'autant plus importants qu'on s'élève dans la hiérarchie urbaine de la région : respectivement 1 200, 2 500, 6 400, 15 100 et 38 600 habitants en moyenne tandis que l'agglomération de Caen avait 152 000 habitants en 1968. Ces centres sont d'autant plus distants les uns des autres qu'on accède aux niveaux élevés : au plus, il faut parcourir 5, 9, 14, 20 et 39 kilomètres pour les

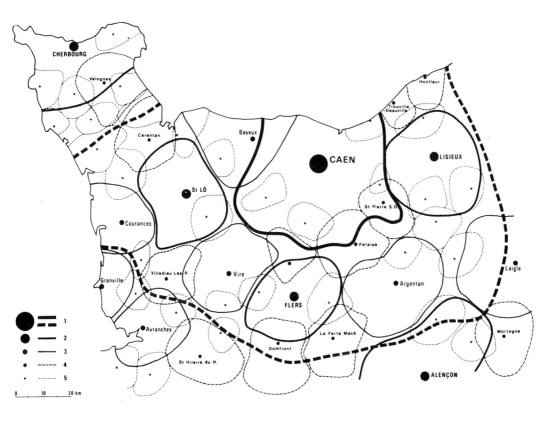

Fig. 28 – Espacement, hiérarchie et zones d'influence des villes en Basse-Normandie
(1. pôle principal, 2. pôle moyen, 3. petit pôle, 4. centre local, 5. bourg).
(Source : D. Noin, l'*Espace français,* 1976, A. Colin).

atteindre de la campagne, tandis que le rayon d'influence de Caen est de 60 km environ. Enfin, ces centres sont d'autant plus distants de la ville de Caen qu'ils occupent un rang plus élevé dans la hiérarchie : dans le voisinage immédiat de l'agglomération et jusqu'à une distance de 20 kilomètres, on ne trouve que des bourgs ou des gros bourgs ; les petites villes apparaissent à 30-40 kilomètres et les pôles moyens à 50 kilomètres. Ces observations sont très comparables à celles qui ont été faites en Allemagne du sud par W. Christaller (1933), dans l'Iowa par A. Lösch (1944), dans l'Angleterre méridionale et le Wisconsin par J. Brush et H. Bracey (1955), en Suède par R. Morrill (1963) et sur divers territoires par d'autres chercheurs.

Ces constatations ont été schématisées et interprétées par les théoriciens des places centrales en partant de l'idée que, pour chaque produit ou service offert, il existe une portée-limite au-delà de laquelle les frais de déplacement deviennent trop élevés au point d'annuler la demande. La disposition spatiale qui permet de toucher la clientèle de la manière la plus économique est celle où les cercles déterminés par les portées-limites se recouvrent juste pour que les blancs disparaissent : chaque centre dispose alors d'une aire de vente hexagonale s'inscrivant dans un cercle dont le rayon est égal à la portée-limite. Cette portée variant selon le niveau des produits ou des services offerts, il se forme ainsi une hiérarchie régulière des centres et d'aires hexagonales emboîtées. Cette disposition simple qui constitue la façon optimale de diviser l'espace correspondrait, selon W. Christaller, à la prédominance du fait commercial ; quand on passe d'un niveau quelconque au niveau supérieur suivant, le nombre des places est 3 fois moins élevé, la population du centre et de son aire d'influence est 3 fois plus importante et l'espacement des centres s'accroît de $\sqrt{3}$. W. Christaller a cependant proposé d'autres trames régulières traduisant des préoccupations différentes et pour lesquelles le coefficient de variation d'un niveau à l'autre n'est pas 3.

La théorie fournit une explication intéressante des régularités observées dans l'espacement des villes mais avec ses trames géométriques et ses coefficients, elle a un côté systématique qui n'épouse pas bien la réalité. Elle fournit une assez bonne interprétation de la localisation des villages-centres, des bourgs et des petites villes, mais elle n'explique pas les anomalies ou les irrégularités qui apparaissent lorsqu'on s'élève dans la hiérarchie urbaine ; elle ne tient compte en effet que du facteur économique tout en faisant abstraction des différences de relief, des disparités de la densité de population, de la présence d'axes de communication ou enfin des facteurs politiques ou religieux qui ont favorisé certaines villes. C'est un modèle de référence très utile pour analyser ou interpréter la répartition spatiale des populations urbaines mais qui comporte des limites et des insuffisances.

Lectures

Sur les populations rurales et urbaines, les études géographiques sont extrêmement nombreuses. On ne fournira ici qu'une orientation bibliographique destinée à prolonger les développements évoqués dans ce chapitre :

Sur l'urbanisation

– Études générales :

ARANGO (J.), *The urbanization of the earth,* Boston, Beacon Pr., 1970, 175 p.

DAVIS (K.), The urbanization of the human population, *Scient. Amer.,* sept. 1965, 213, p. 41-53.

DAVIS (K.), *World Urbanization 1950-1970,* Berkeley, Univ. of California, 2 vol., 1969, 318 p. et 1972, 319 p.

JUILLARD (E.), L'urbanisation des campagnes, *Et. Rur.,* Paris, 1973, 49-50, p. 5-9.

LEVY (M. L.), Le vertige urbain, *Popul. et Soc.,* 1980, n° 141, 4 p.

PAIX (C.), L'urbanisation : statistiques et réalités, *Tiers Monde,* Paris, p. 393-411.
Trends and prospects in urban and rural populations... United Nations, Popul. Division, 1975, 45 p. multigr.

– Études sur l'urbanisation du Tiers Monde :

BREESE (G.), *Urbanization in newly developing countries,* Englewood Cliffs N. J. Prentice-Hall, 1966, 151 p.

CHESNAIS (J. Cl) et LEBRAS (H.), Villes et bidonvilles du Tiers Monde, Structures démographiques et habitat, *Popul.,* Paris, 1976, 31 (6), p. 1207-1234.

DWYER (D.), *The city in the Third World : geograpical readings,* London, MacMillan, 1974, 253 p.

LACOSTE (Y.), *Géographie du sous-développement,* Paris, P.U.F. 3ᵉ éd. 1976, 292 p.

MAC GEE (T.), *The urbanization process in the Third World,* London, Bell, 1971, 180 p.

MOUNTJOY (A.), Million cities : urbanization and developing countries, *Geography,* Sheffield, 1968, p. 365-376.

– Parmi les études portant sur l'urbanisation d'un pays :

DZIEWONSKI (K.), Urbanisation in contemporary Poland, *Geogr. Polonica,* Warszawa, 1964, III (1), p. 37-56.

ESCALLIER (R.), *Citadins et espace urbain au Maroc,* ERA 706, Univ. de Tours, 1981, 2 vol., 407 p.

HARRIS (ch.), Urbanization and population growth in the Soviet Union 1959-1970, *Geogr. Review,* New York, 1971, 61 (1), p. 102-124.

LEVY (J. P.), Populations urbaines, suburbaines et rurales de 1970 à 1975 : vers une nouvelle répartition de la population aux U.S.A., *Inform. Geogr.,* Paris, 1976, 40 (2), p. 57-64.

NOIN (D.), L'Urbanisation du Maroc, *Inform. Géogr.,* Paris, 1968, 32 (2), p. 69-81.

Sur les populations rurales

– Études sur l'évolution et la distribution spatiale :

EVERSON (J.), FITZGERALD (B.), *Settlement patterns,* London, Longman, 1969, 138 p.

HUDSON (F.), *A geography of settlements,* London, Macdonald-Evans, 1970, 364 p.

MAC GAUGH (M.), *A geography of population and settlement,* Dubuque (Iowa), Brown, 1970, 131 p.

ZELINSKY (W.), Changes in the geographic patterns of rural population in the United States, 1790-1960, *Geogr. Review,* New York, 1962, 52, p. 492-515.

– Études sur les régularités de la distribution spatiale :

BIRCH (B.), The measurement of dispersed patterns of settlement, *Tijdsch. Ec. Soc. Geogr.,* Rotterdam, 1967, 58 (2), p. 68-75.

DACEY (M.), Analysis of central place and point patterns by a nearest neighbour method, *Lund Studies in Geogr.,* (B. Hum. Geogr.), 1962, 24, p. 55-75.

GOLLEDGE (R.), RUSTON (G.), CLARK (W.), Some spatial characteristics of Iowa's dispersed population and their implications for the grouping of central place functions, *Econ, Geogr.,* Worcester, 1966, 42, p. 261-272.

HART (J.), SALISBURY (N.), Population change in Middle Western villages : a statistical approach, *Ann. Ass. Am. Geogr.,* Washington, 1965, 55 (1), p. 140-160.

HUDSON (J.), A location theory for rural settlement, *Ann. Ass. Am. Geogr.,* Washington, 1969, 59 (2), p. 365-381.

MATUI (I.), Statistical study of the distribution of scattered vilages in the two regions of the Tonami Plain, Toyama Prefecture, 1932, publié au Japon ; repris in Berry et Marble, *Spatial analysis...* 1968, p. 149-158.

SIDDLE (D.), Location theory and the subsistence economy : the spacing of rural settlements in Sierra Leone, *Journ. of Trop. Geogr.,* Singapour, 1970, 31, p. 79-90.

Sur les populations urbaines

Les régularités de la distribution spatiale sont étudiées dans de nombreux ouvrages de géographie urbaine et notamment dans :

BAILLY (A.), *L'organisation urbaine, théories et modèles,* Paris, C.R.U., 1975, 272 p.

BERRY (B.), HORTON (F.), *Geographic perspectives on urban systems...* Englewood Cliffs N. J., Prentice-Hall, 1970, 564 p. – Les densités urbaines :

BERRY (B.), SIMMONS (J.), TENNANT (R.), Urban population densities : Structure and change, *Geogr. Review,* New York, 1963, 53, p. 389-405.

KORZYBSKI (S.), Le profil de population dans l'étude des zones urbaines de Londres et de Paris, *Urban. et Habit.,* Paris, 1954, p. 113-156.

NEWLING (B.), The spatial variation of urban population densities, *Geogr. Review,* New York, 1969, 59, p. 242-252.

REES (P.), The urban enveloppe : patterns and dynamics of population density, in Berry et Horton, *Geographic perspectives...* op. cit.

– La relation rang-taille :

BECKMAN (M.), City hierarchies and the distribution of city size, *Econ. Dev. Cult., change,* 1958, 6, p. 243-248.

BERRY (B.), GARRISON (W.), Alternate explanations of urban rank-size relationships, *Ann. Assoc. Am. Geogr.,* Washington, 1958, 1, p. 83-90.

DZIEWONSKI (K.), General theory of rank-size distributions in regional settlement systems : reappraisal and reformulation of the rank-size rule, *Papers Reg. Sc. Assoc.,* 1972, 29, p. 73-86.

FOWLER (G.), Development of city size distributions for the Egyptian urban system, 1897-1960, *Profess. Geogr.,* Washington, 1973, 24 (4), p. 317-320.

MALECKI (E.), Examining change in rank-size systems of cities, *Profess. Geogr.,* Washington, 1975, 27 (1), p. 43-47.

PUMAIN (D.), *La dynamique des villes,* Paris, Economica, 1982, 231 p.

– L'allométrie :

MORIN (D.), Allométrie du système urbain du Québec 1941-1971, *Cah. Geogr. Québec,* 1975, 19 (46), p. 17-38.

PERROUD (A.), *L'allométrie : étude théorique et application à l'agglomération zurichoise 1850-1970,* Mémoire de géographie, Univ. de Fribourg (Suisse), 1977, ronéo.

VILLENEUVE (P.), RAY (M.), Croissance allométrique et dynamique spatiale, *Cah. Geogr. Québec,* 1975, 19 (46), p. 5-15.

– L'espacement des villes :

Il faut toujours se référer aux travaux classiques sur les places centrales qui ont été traduits en anglais : CHRISTALLER (W.), *Central places in Southern Germany,* 1966 (cd. allem. 1933) – LÖSCH (A.), *The economics of location,* 1954 (ed. allem. 1939).

– Parmi les études faites ultérieurement :

BRUSH (J.), BRACEY (H.), Rural service centers in Southwestern Wisconsin and southern England, *Geogr. Review,* New York, 1955, 45, p. 559-569.

DACEY (M.), The spacing of river towns, *Ann. Assoc. Am. Geogr.,* Washington, 1960, 50, p. 59-61.

STEWART (CH.), The size and spacing of cities, *Geogr. Review,* 1958, 48, p. 222-245.

La diversité des populations

Troisième partie

8

La pluralité ethnique et culturelle des populations

Ce qui différencie les populations du monde, ce sont beaucoup moins les particularités « raciales » que celles portant sur la nationalité, la langue, la religion, les idéologies, les comportements et les façons de vivre : en un mot, ce sont les *différences ethniques* ou les *différences de culture,* en désignant par ce terme non seulement les aspects les plus intellectuels d'une civilisation, selon le sens étroit qui lui est généralement donné en français, mais aussi les connaissances de toutes sortes, les croyances, les institutions, les coutumes, les instruments et les techniques, bref l'ensemble des acquisitions matérielles et spirituelles des sociétés humaines selon le sens qui lui est donné dans de nombreuses langues et notamment en anglais ou en allemand (*culture, kultur*).

L'analyse de la distribution spatiale a montré le rôle essentiel des facteurs culturels dans la répartition des grandes masses humaines et, au contraire, le rôle limité des facteurs physiques. Les cultures d'ailleurs n'expliquent pas seulement la répartition des populations : elles expliquent aussi certains caractères démographiques, voire certains traits sociaux. L'importance des relations existant entre culture et population a conduit W. Zelinsky à affirmer que « la première et la plus importante démarche, dans l'approche de la géographie de la population d'un espace, consiste à identifier et à caractériser ses traits culturels essentiels et, plus précisément, à explorer leurs implications démographiques » (1966, p. 65) ; le point de vue est sans doute excessif mais il a du moins le mérite de souligner l'importance d'une relation qui est souvent négligée.

Deux aspects des cultures : les religions et les langues

Parmi les nombreux éléments qui constituent les cultures, deux d'entre eux – la langue et la religion – seront plus particulièrement analysés en raison de leur importance : la religion parce qu'elle a eu un grand rôle dans la formation des cultures et parce qu'elle reste un élément important dans la vie des populations pour de nombreux pays, la langue parce que c'est un élément essentiel, sinon l'élément essentiel de cohésion pour les groupes humains et parce qu'elle sert de véhicule à la transmission des cultures.

Les aires confessionnelles

Les croyances religieuses constituent assurément un aspect important à considérer pour la géographie culturelle. Presque partout dans le monde, les religions ont contribué, de façon plus ou moins forte,à façonner les modes de vie et elles restent encore un élément essentiel de la vie des groupes humains dans la plupart des pays ; dans ceux où elles ont reculé pour laisser la place à l'indifférence religieuse, leur importance passée reste très visible dans les traditions, les coutumes, certaines habitudes alimentaires, certaines activités et, bien sûr, dans les paysages qu'offrent les villes et les villages souvent dominés par des édifices religieux.

Pour le géographe, l'étude des religions est rendue délicate par suite de manque de données statistiques valables. Dans les recensements, les questions relatives à l'affiliation religieuse ne sont pas posées ou plutôt ne le sont plus en général, par prudence politique ou par discrétion. On ne dispose donc que d'estimations plus ou moins sûres, parfois d'évaluations déformées intentionnellement, reposant sur des définitions incertaines. Quelle base retenir d'ailleurs ? La pratique religieuse régulière ? La pratique occasionnelle ? La croyance ? L'observation des traditions dérivées de la religion ? L'enregistrement de certaines cérémonies religieuses ?

Les chiffres concernant les principales religions existant dans le monde doivent donc être considérés comme des approximations pouvant être discutées. Ils sont souvent divergents comme l'indiquent, par exemple, les deux séries suivantes relatives aux principales affiliations religieuses et à l'indifférence en matière de religion :

	D'après Spencer & Thomas (1978), 1975 en millions de p.	D'après *Le Monde* (18.8.1978) 1978 en millions de p.
– grandes religions	2 470	
Christianisme	1 024	1 103
catholicisme	578	709
protestantisme		250
anglicanisme	323	55
orthodoxie	123	89
islam	529	500
hindouisme	478	467
boudhisme	268	302
shintoïsme	75	61
taoïsme	52	52
judaïsme	14	15
autres	30	
– cultes des ancêtres	605	
– animisme	193	192
– indifférence religieuse	468	
– affiliation non connue	231	

Même si on considère les chiffres comme de simples ordres de grandeur susceptibles d'avoir des marges d'erreur importantes, il ne fait aucun doute que le christianisme occupe la première place parmi les grandes religions ; il est à peu près sûr que l'Islam occupe la seconde, l'hindouisme la troisième et le bouddhisme la quatrième. La situation des religions suivantes est plus difficile à préciser.

Ces positions sont le résultat d'une histoire fort longue et passablement tumultueuse. Toutes les grandes religions sont nées en Asie, rappelons-le, dans les plus vieux foyers de population du monde : le judaïsme est apparu en Palestine au XIIIe siècle avant J. C., le bouddhisme est né au Ve siècle avant J. C. dans le Népal et la plaine du Gange, l'hindouisme a fait son apparition au IIIe siècle avant J. C. dans le Punjab ; le christianisme est né lui aussi en Palestine il y a vingt siècles et l'islam en Arabie occidentale au VIIe siècle après J. C. ; les berceaux des grandes religions coïncident donc bien avec les foyers des plus anciennes civilisations. A partir de ces lieux d'origine, la diffusion a été plus ou moins importante et plus ou moins rapide jusqu'à correspondre aux aires actuelles (fig. 29). L'hindouisme, qui recouvre en réalité une grande variété de croyances et de pratiques, reste la religion prépondérante en Inde et au Bengladesh mais il touche également Sri Lanka et l'Asie du sud-est jusqu'à Java et Célèbes. Le bouddhisme s'est répandu essentiellement en Extrême-Orient : en Chine, en Mongolie, au Japon et dans les pays du Sud-Est asiatique tandis qu'il a presque disparu du subcontinent indien, à l'exception du Népal et de Sri Lanka. L'islam s'est largement répandu en Asie et en Afrique : en Asie occidentale et centrale, en Asie méridionale (Pakistan, Bengla Desh), en Asie du sud-est (plus spécialement en Malaisie et en Indonésie), dans toute la partie nord et est de l'Afrique ; il poursuit sa progression en Afrique tropicale et se développe en Europe, grâce aux colonies de travailleurs immigrés, mais après avoir fortement reculé dans le sud du continent européen depuis le Moyen Âge, à l'exception de l'Albanie et de la Yougoslavie.

De toutes les grandes religions, c'est le christianisme qui a connu la plus large diffusion en raison de l'européanisation du monde au siècle dernier : pendant longtemps, il est resté cantonné à l'Europe et à quelques foyers en Asie occidentale et dans le nord-est de l'Afrique ; avec l'expansion européenne, il a bien sûr gagné tous les territoires où les Européens se sont installés en grand nombre : les deux Amériques, le sud de l'Afrique, l'Australie et la Nouvelle Zélande, sans compter de multiples foyers dispersés en Afrique et en Asie en raison de l'action des missionnaires et des colonisateurs : les Philippines par exemple constituent une des principales bases du catholicisme en Extrême-Orient par suite de la colonisation espagnole. D'une façon générale, toutes les religions ayant une large diffusion ont été, dans le passé, associées à des dominations politiques.

La carte fournit une image simplifiée du rattachement des divers pays à telle ou telle religion ou tradition religieuse, mais les situations réelles sont bien plus complexes pour plusieurs raisons : 1) chaque grande religion se trouve partagée en confessions différentes qui peuvent ou qui ont pu être rivales. L'islam par exemple est essentiellement sunnite mais on trouve aussi un important groupe chiite en Iran et diverses sectes, telles que les Wahabites, les Kharedjites, les Druzes, les Ismaïliens, les Zaïdites... Le bouddhisme connaît des formes sensiblement différentes en Chine, au Tibet et en Thaïlande. Le christianisme est partagé en trois confessions principales ; le catholicisme, qui aurait de

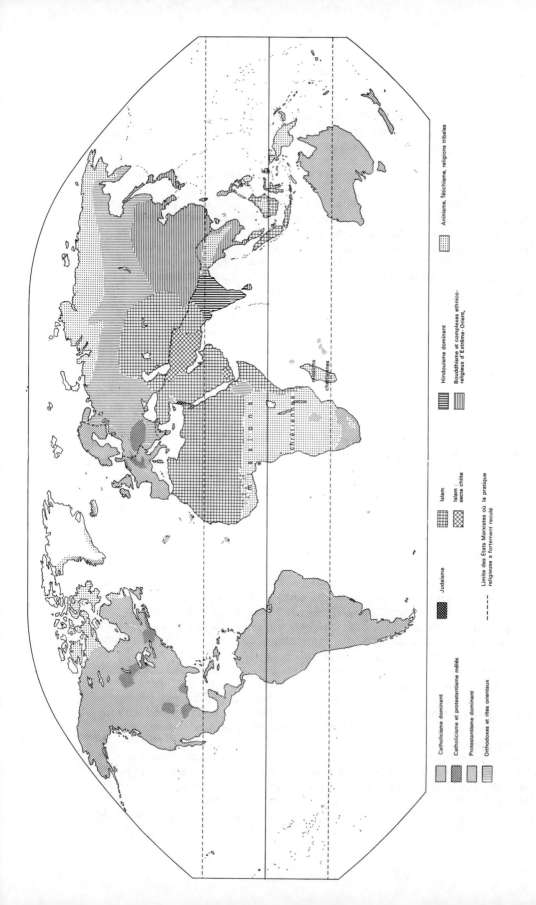

Fig. 29 – Les principales religions du monde.
(Source : M. Derruau, *Nouveau précis de géographie humaine*, 2e éd. 1971, A. Colin).

Catholicisme dominant

Catholicisme et protestantisme mêlés

Protestantisme dominant

Orthodoxes et rites orientaux

Judaïsme

Islam

Islam : secte chiite

Limite des États Marxistes où la pratique
religieuse a fortement reculé

Hindouisme dominant

Bouddhisme et complexes ethnico-
religieux d'Extrême-Orient,

Animisme, fétichisme, religions tribales

missions
chrétiennes

500 à 700 millions d'adeptes selon les diverses sources, touche les pays latins de l'Europe, l'Irlande, l'Autriche, la Pologne, le Québec, les Philippines et presque toute l'Amérique latine ; il a également une place importante en Allemagne, en Suisse, en Grande-Bretagne et aux États-Unis ; le protestantisme concerne environ 300 millions de personnes mais il est lui-même divisé en confessions nombreuses ; il touche l'Angleterre, l'Allemagne, la Suisse, la Scandinavie, les États-Unis, le Canada anglophone, l'Australie et la Nouvelle-Zélande ; le christianisme de rite orthodoxe est localisé dans l'espace qui fut naguère dominé par Byzance ; il concerne essentiellement la Grèce et l'Europe orientale. 2) Dans certains pays du monde, plusieurs religions coexistent de façon tantôt pacifique et tantôt violente. Au cours des dernières années, les affrontements dramatiques qui ont mis protestants et catholiques aux prises en Ulster et surtout chrétiens et musulmans au Liban en sont la tragique illustration ; les causes de ces conflits sont complexes, leur dimension sociale est importante, mais c'est la religion qui a servi de critère de séparation entre des intérêts divergents. Selon les cas, il y a ou non ségrégation dans l'espace des diverses communautés religieuses quand elles coexistent dans un même pays ; là où des tensions anciennes se manifestent, la ségrégation est souvent assez stricte comme le montre clairement le cas du Liban. 3) Les religions ont vu leurs positions s'effriter dans presque tous les pays mais particulièrement dans ceux où l'instruction est la plus répandue. Il faut toutefois distinguer pratique, croyance et traditions ; la pratique religieuse, dans un pays comme la France, a beaucoup reculé et les églises ne sont plus fréquentées aujourd'hui que par une petite partie de la population, sauf dans quelques régions considérées comme traditionalistes ; la croyance se maintient mieux tout en connaissant un recul constant, particulièrement dans les grandes villes ; en revanche, les traditions issues du catholicisme se maintiennent même dans les couches déchristianisées de la population.

Ce point amène à évoquer pour finir l'influence des religions. Chacune des grandes religions a engendré une attitude particulière à l'égard de la vie et cette orientation a affecté le développement de la société. Toutes ont eu des effets démographiques dans la mesure où elles ont édicté des règles concernant le mariage, le célibat, l'avortement, l'allaitement ou, à notre époque, le contrôle des naissances ; certaines ont nettement freiné et freinent encore la baisse de la fécondité. Toutes ont eu des effets économiques, notamment dans la mesure où elles ont influencé le régime alimentaire : par là, elles ont contribué à développer certaines activités (la pêche et la viticulture, par exemple, dans les pays catholiques) ou à stimuler les échanges ; elles ont eu un effet plus important encore par les comportements qu'elles ont suscités à l'égard du travail, de l'argent, du commerce, de l'accumulation des biens ou des richesses ; le sociologue allemand M. Weber a bien montré le rôle de l'éthique protestante sur le développement du capitalisme en Europe ; la réussite commerciale de certaines communautés en Afrique du nord (Djerbiens de Tunisie, Mzabites d'Algérie, gens du Souss au Maroc) n'est pas sans relation avec leur comportement religieux. Toutes les grandes religions enfin ont contribué à la diffusion d'une langue, d'une écriture, d'un calendrier, d'un système juridique. Malheureusement, les études sur les effets géographiques des croyances religieuses sont rares ; la plus intéressante, parmi elles, est sans doute celle que X. de Planhol a consacrée à l'islam (1957) mais il est vrai que cette religion, plus que tout autre sans doute, a marqué de son empreinte tous les aspects de la vie des hommes.

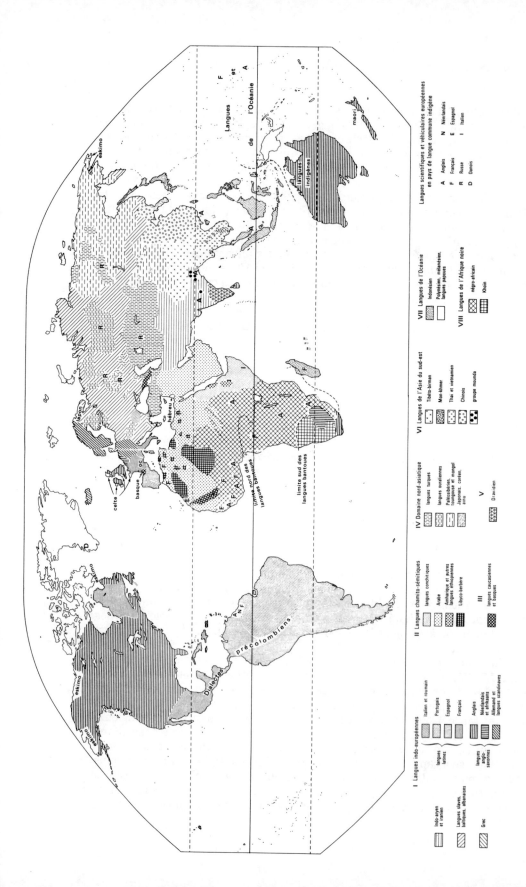

Fig. 30 – Langues principales et familles linguistiques dans le monde.
(Source : M. Derruau, *Nouveau précis de géographie humaine*, 2e éd. 1971, A. Colin).

I Langues indo-européennes

langues latines
- Indo-aryen et iranien
- Italien et roumain
- Portugais
- Espagnol
- Français

langues anglo-saxonnes
- Anglais
- Néerlandais et afrikaans
- Allemand et langues scandinaves

- Langues slaves, baltiques, albanaises
- Grec

II Langues chamito-sémitiques
- langues couchitiques
- Arabe
- Amharique et autres langues éthiopiennes
- Libyco-berbère

III
- Langues caucasiennes et basques

IV Domaine nord-asiatique
- langues turques
- langues ouraliennes
- Paléosibérien, toungouse et mongol
- Japonais, coréen, aïnou

V
- Dravidien

VI Langues de l'Asie du sud-est
- Tibéto-birman
- Mon-khmer
- Thaï et vietnamien
- Chinois
- groupe mounda

VII Langues de l'Océanie
- Indonésien
- Polynésien, mélanésien, langues papoues

VIII Langues de l'Afrique noire
- négro-africain
- Khoin

Langues scientifiques et véhiculaires européennes en pays de langue commune indigène
- A Anglais
- F Français
- R Russe
- D Danois
- N Néerlandais
- E Espagnol
- I Italien

Les aires linguistiques

Les langues constituent un autre aspect à considérer pour l'étude des cultures. Un aspect fondamental dans la mesure où, en permettant aux individus de communiquer entre eux, elles assurent mieux que tout autre caractère la cohésion des groupes humains. La langue marque fortement les façons d'être, de penser et de sentir les hommes. La langue constitue assurément une des composantes fondamentales de la nationalité ou, mieux, de l'ethnicité. *La connaissance des aires linguistiques est donc essentielle pour l'étude géographique des cultures et, à travers elles, des populations.*

L'étude des langues pose au géographe des problèmes plus difficiles encore que ceux des religions, en raison de l'incertitude des données pour les 2/3 environ des pays de la planète. Ici aussi se pose le problème des définitions. Faut-il considérer la langue maternelle ? ou la langue parlée habituellement ? ou l'aptitude à parler la langue officielle du pays ? Autre problème ardu : la très grande diversité des langues utilisées dans le monde. Dans le Zaïre, n'a-t-on pas compté 316 parlers ? Dans l'Inde, n'en a-t-on pas recensé 855 ? Il est vrai que, dans les deux cas, les données utilisent les déclarations des personnes recensées ou des agents recenseurs ; elles peuvent donc être révisées en baisse, car elles mélangent langues, dialectes, et patois. Il ne fait pas de doute cependant que certains territoires offrent une très grande complexité linguistique car les ethnies y sont très nombreuses ; c'est particulièrement le cas en Afrique centrale, en Inde, dans le sud-ouest de la Chine, en Asie du sud-est et en Océanie.

En dépit des travaux des spécialistes, le recensement des langues est encore incomplet. R. Breton (1976) rappelle qu'en se fondant sur les langues indivi-dualisées, il est d'usage d'évaluer à 3 000 environ le nombre des groupes ethno-linguistiques ; quant au nombre des dialectes dérivés de ces langues, il est sans doute de 6 ou 7 000 ! Ces chiffres peuvent étonner mais il faut tenir compte du fait que la plupart de ces langues ne concernent qu'un cadre très réduit et qu'un petit nombre de locuteurs, parfois quelques milliers seulement, dans certains cas quelques centaines. En revanche, certaines langues sont parlées par des millions d'individus. Quatre d'entre elles sont utilisées par plus de 200 millions de personnes : le chinois (900 millions ?), l'hindi (400 ?), l'anglais (350 environ) et l'espagnol (220 environ) ; dix autres sont parlées par plus de 50 millions d'êtres humains : le russe, l'arabe, l'indonésien, le bengali, le portugais, le japonais, l'allemand, le français, l'italien et l'ourdou ; le français vient aujourd'hui en 12e position avec 80 millions de locuteurs réguliers en France, en Belgique, en Suisse, au Québec et dans diverses îles des Antilles ou de l'Océan Indien.

La carte est nettement simplifiée si on tient compte des familles linguistiques qui rassemblent, parmi les 3 000 langues, celles qui sont plus ou moins apparentées par leurs caractères propres et qui sont liées entre elles par une communauté d'évolution et de rapports historiques (fig. 30). Dans le monde blanc par exemple, on distingue les langues indo-européennes, ouralo-altaïques et sémito-chamitiques ; dans le monde asiatique et océanien : les langues dravidiennes, sino-tibétaines et malayo-polynésiennes ; en Amérique, on trouve les langues amérindiennes, outre, bien sûr, les langues dues à l'expansion des Européens ; en Afrique noire enfin, les langues négro-africaines elles-mêmes classées en plusieurs familles : nilo-saharienne, nilo-charienne, nigritique, nigéro-guinéenne et bantoue. Le bloc le plus important, de loin, est celui des langues indo-européennes qui sont parlées par près de deux milliards d'êtres humains ; sur ce nombre, près de 600 millions parlent des langues indo-aryennes comme l'hindi et le bengali, près de 500 millions des langues germaniques comme l'anglais ou l'allemand, près de 500 millions aussi des langues romanes comme l'espagnol ou le français, plus de 300 millions des langues slaves comme le russe ou le polonais, 80 millions enfin parlent d'autres langues de la famille celte, de la famille ouralienne ou bien des langues isolées comme l'iranien, le grec ou l'albanais. L'étude des parentés linguistiques jette quelques lueurs sur les migrations anciennes des groupes humains : ainsi toutes les langues indo-européennes sont dérivées des langues dites « proto-indo-européennes » où existaient des termes relatifs à la culture des céréales, à l'élevage des bovins, à la métallurgie ou au froid ; toutes les populations qui les parlent sont sans doute originaire de groupes humains qui, au Néolithique, vivaient en Europe, au nord d'une ligne allant des Alpes à la mer Noire, très probablement en Europe centre-orientale ; de là, il y a sans doute eu des migrations dans diverses directions, dans le reste de l'Europe et dans une partie de l'Asie jusqu'à l'Inde ; ces indications sont confirmées par les recherches des archéologues et des anthropologues.

Si les langues sont très diverses, il faut observer que certaines d'entre elles ont acquis peu à peu un statut international. Leur diffusion n'est pas due à leurs qualités intrinsèques de clarté, de précision ou de logique mais à la puissance économique et politique ainsi qu'au rayonnement culturel, passé ou présent, de certains pays. Ces langues sont très clairement en rapport avec les dominations qui s'exercent dans le monde ou qui se sont exercées au cours des derniers siècles, particulièrement à l'époque coloniale. Ainsi, parmi les langues ayant acquis une grande diffusion, figurent l'anglais, le français, l'espagnol, le russe et le portugais. Depuis la Deuxième Guerre mondiale, grâce à la puissance des États-Unis, l'anglais est devenu la langue internationale par excellence et sa position dominante ne cesse de se renforcer : déjà parlé par une quinzaine de pays anglophones, il sert de langue officielle à seize autres pays et de langue administrative à divers territoires du sud de l'Asie, ce qui représente près du tiers de la population mondiale dont plusieurs grandes puissances comme les États-Unis, la Grande-Bretagne, le Canada, l'Australie et l'Inde ; en outre, c'est désormais la principale langue de communication pour l'élite intellectuelle dans le monde ; c'est maintenant la langue utilisée en priorité dans tous les congrès scientifiques internationaux ; enfin de nombreuses langues sont envahies par des mots anglais. Cette situation de suzeraineté donne un avantage considérable aux pays qui sont à la source de cette diffusion linguistique, principalement aux États-Unis et à la Grande-Bretagne, car elle participe à la diffusion d'une culture. Les langues internationales sont nettement en rapport avec les sphères d'influence existant actuellement dans le monde (fig. 31).

Si les aires linguistiques correspondent à des aires ethniques, elles correspondent souvent aussi à des nationalités effectives ou en formation. Une langue commune entretient la cohésion nationale et renforce la nation, tandis que la présence de plusieurs langues dans un même pays est fréquemment la source de tensions, voire la base de tendances séparatistes comme on peut le constater dans de nombreux territoires (Belgique, Canada, Inde) ; quelques pays font exception – la Suisse par exemple – mais ils sont rares et ils ne sont pas à l'abri de tendances centrifuges. Aussi, dans le passé, la plupart des états ont-ils cherché à imposer une langue nationale et à faire disparaître, doucement ou brutalement, les autres langues, véhicules de culture ou subcultures différentes, à l'intérieur d'un pays. Dans le cas de la France, par exemple, c'est le dialecte de l'Ile-de-France qui a été répandu dans l'ensemble du territoire par la royauté, au fur et à mesure de l'extension du royaume, mais il ne s'est vraiment imposé qu'au XIXe siècle grâce à l'école obligatoire, au service militaire et à la presse, y compris dans les territoires rattachés tardivement à la France comme la Corse, Nice ou la Savoie ; les autres langues n'ont pas disparu pour autant mais elles n'ont cessé de reculer en dépit des efforts des mouvements régionalistes ; elles seraient encore comprises par plusieurs millions de personnes – deux millions pour l'occitan, un million et demi pour l'alsacien, un million pour le breton, 300 000 pour le corse, 200 000 pour le catalan, 100 000 pour le flamand ou le basque – mais le nombre des locuteurs réguliers est beaucoup moins élevé. La situation est comparable dans la plupart des autres pays européens. A l'époque contemporaine, les états ont souvent eu une attitude plus libérale vis-à-vis des questions linguistiques, notamment en Union soviétique, en Chine et en Inde où les divisions politiques ont été plus ou moins calquées sur les divisions linguistiques ; mais, même dans ces pays, il existe certains décalages entre appartenance nationale et appartenance linguistique : en 1970 par exemple, trois millions et demi d'Ukrainiens ne connaissaient pas la langue ukrainienne tandis que près d'un demi-million de non-Ukrainiens avaient l'ukrainien comme langue maternelle. Dans un grand nombre de pays, en marge de chaque groupe linguistique, une frange bilingue s'est constituée peu à peu ; l'étude de ces discordances entre langue et nationalité fournit d'utiles indications sur l'inégal dynamisme culturel des groupes humains.

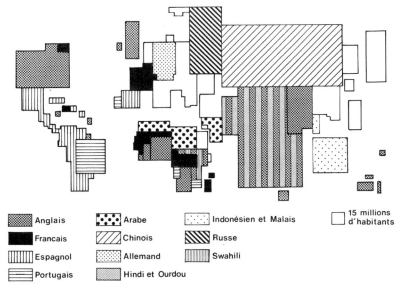

Fig. 31 – Les langues internationales.
(D'après R. Breton, *Géographie des langues*, 1976, P.U.F.).

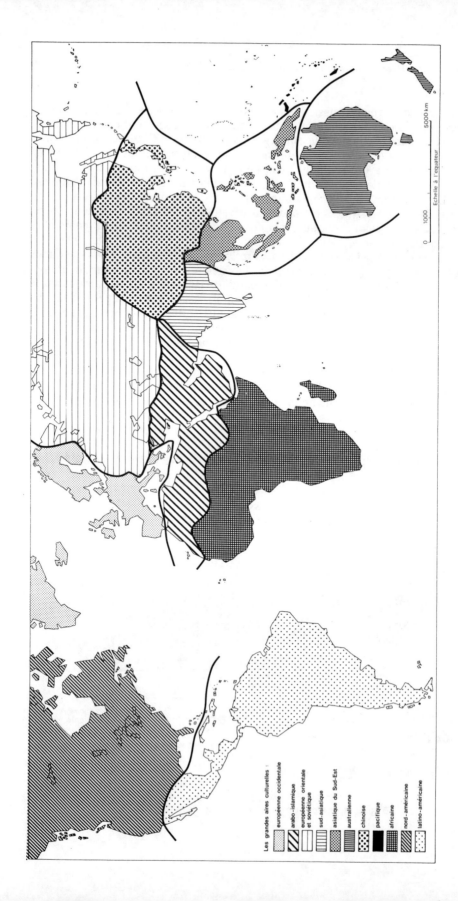

Fig. 32 – Les grandes aires culturelles du monde.
(D'après J. Spencer et W. Thomas, *Introducing cultural geography*, 1978, J. Wiley).

Les grandes aires culturelles :

- européenne occidentale
- arabo-islamique
- européenne orientale et soviétique
- sud-asiatique
- asiatique du Sud-Est
- australienne
- chinoise
- pacifique
- africaine
- nord-américaine
- latino-américaine

5000 km

1000

Echelle à l'équateur

Les grandes aires culturelles

L'étude des cultures est une branche attachante mais difficile de la géographie, et les difficultés rencontrées expliquent sans doute pour une large part son développement encore limité.

S'il n'est pas très compliqué d'identifier les traits spécifiques de telle ou telle culture, il est en revanche délicat de distinguer les *aires culturelles* : 1) Il faut en effet repérer les divers traits relatifs à la culture, les hiérarchiser, les combiner et observer l'extension dans l'espace des combinaisons ainsi réalisées. 2) Il faut également distinguer les mélanges culturels dus à la diffusion de cultures dominantes : presque partout dans le Tiers Monde, existent des mélanges entre les cultures autochtones et la culture occidentale importée, européenne ou américaine, selon des proportions qui sont éminemment variables selon les pays et les groupes sociaux ; les phénomènes de déculturation et d'acculturation sont particulièrement évidents dans les grandes villes où les couches les plus riches ou les plus instruites de la population ont souvent adopté des modes de vie inspirés de ceux de l'Europe occidentale ou des États-Unis ; les mêmes processus se manifestent également, quoique de façon moins flagrante, dans la plupart des pays développés vis-à-vis de la culture américaine. 3) Il faut enfin utiliser diverses échelles dans cette reconnaissance des aires culturelles. Prenons un exemple : Le nord de l'Afrique et le Moyen-Orient, du Maroc à l'Afghanistan et de la Turquie au Yémen, forme incontestablement une grande aire culturelle ayant de nombreux traits communs ; partout on retrouve les mêmes techniques, les mêmes rapports sociaux, des systèmes juridiques semblables, une religion commune, les mêmes types de paysages ruraux et urbains... mais cette grande aire culturelle n'est pas uniforme cependant ; elle peut être divisée en plusieurs domaines. Ainsi le nord de l'Afrique se distingue du Sahara, ou de l'Arabie ou de la Turquie ou du monde irano-afgan. A son tour, le nord de l'Afrique peut être divisé selon les divers pays car chacun d'eux a acquis des particularités au cours de l'histoire. Chaque pays peut lui-même être subdivisé en aires culturelles plus petites : ainsi, à l'intérieur du Maroc, populations berbères et populations arabisées ont un héritage culturel différent ; l'influence française, forte à certains endroits est faible à d'autres. Les populations berbères du Maroc peuvent à leur tour êtres distinguées en trois groupes. L'étude géographique faite à diverses échelles permet ainsi de distinguer des aires culturelles s'emboîtant les unes dans les autres.

Les grandes aires culturelles du monde

En dépit des difficultés rencontrées, divers chercheurs se sont attachés à reconnaître les aires culturelles et à les cartographier.

A titre d'exemple, on présentera ici la carte établie pour l'ensemble du monde par J. Spencer et W. Thomas (1978, p. 342). Onze grandes aires culturelles sont distinguées (fig. 32) : l'européenne occidentale, l'européenne orientale et la soviétique, l'arabo-islamique, l'africaine, la chinoise, l'indienne, l'asiatique du sud-est, la pacifique, l'australienne, la nord-américaine et enfin latino-américaine ; on peut certes critiquer parfois le rassemblement dans une même aire culturelle de pays inégalement développés ou à régime différent mais le fait est dû à leurs similitudes culturelles, elles-mêmes produites par une longue histoire commune, en dépit des différences apportées par l'évolution économique ou politique des dernières décennies. Les grandes aires culturelles sont subdivisées en 50 domaines différents dont certains sont à leur tour fractionnés. Par exemple, l'aire culturelle dite arabo-islamique comprend dix domaines : l'africain du nord, le saharien, l'arabique, le turc, l'irano-afghan et l'israélien ; l'appellation « arabo-islamique » est certainement discutable mais elle se réfère aux populations les plus nombreuses de cet ensemble. L'aire culturelle chinoise comprend sept domaines : le chinois, le coréen, le japonais, le tibétain, le mongol ainsi que ceux de l'archipel du Riou-Kiou et de l'Asie centrale des oasiens et des nomades. A d'autre échelles, ces domaines culturels devraient à leur tour être divisés et subdivisés, comme on l'a indiqué dans le cas du domaine couvrant le nord de l'Afrique.

Pour comprendre la distribution des grandes aires culturelles, il faut souvent remonter loin dans l'histoire car les cultures ont été élaborées au cours des siècles dans un nombre relativement limité de foyer anciens à partir desquels innovations techniques, changements sociaux et idées nouvelles se sont diffusées, lentement ou rapidement, faiblement ou largement. L'aire culturelle chinoise est fort ancienne ; elle a été stable depuis plusieurs siècles et particulièrement solide, car, à l'exception de sa marge orientale, elle a mieux résisté que n'importe quelle autre partie du monde à l'influence européenne ou américaine ; le foyer originel qui remonte à plus de 5 000 ans a été ici la Chine du nord et, plus précisément, la partie occidentale de la grande plaine du Hoang Ho ; de là, il y a eu une large diffusion dans toutes les directions : au sud vers la Chine méridionale et le Vietnam, à l'ouest vers le Tibet et l'Asie centrale, au nord vers la Mongolie, la Mandchourie, puis la Corée et l'archipel japonais ; cette diffusion s'est faite pendant une très longue période dont le dernier épisode marquant a été la conquête de l'île de Taïwan au XVIIe siècle. L'aire culturelle indienne est fort ancienne aussi, mais elle a été moins stable dans le temps et moins solide à l'époque contemporaine face aux entreprises européennes ; le foyer originel, formé également depuis plus de 5 000 ans, a été la vallée de l'Indus ; à partir de là, la diffusion de la culture indienne s'est faite vers le sud et l'est : vers le Dekkan, Sri Lanka, les pays du Gange et du Brahmapoutre ainsi que vers les deltas situés au-delà. L'aire culturelle arabo-islamique est due évidemment à la diffusion de l'Islam pendant les VIIe et VIIIe siècles, mais elle a incorporé une partie importante des cultures élaborées bien avant dans le Proche-Orient et l'Arabie. L'aire culturelle européenne est sans doute celle dont la formation est la plus complexe : elle s'est formée au cours d'une longue période de maturation, au Moyen Âge et au début de l'époque contemporaine, après avoir reçu un héritage culturel très important du Proche-Orient, via la Crète, Athènes et Rome ; les sources les plus importantes de la culture européenne ne sont pas seulement en Grèce et en Italie, comme on l'a si souvent répété, mais, au-delà, dans les remarquables foyers d'innovation de la Mésopotamie et de la vallée du Nil, plusieurs milliers d'années avant l'ère chrétienne ; l'héritage a été progressivement enrichi en Europe occidentale, pendant tout le Moyen Âge et l'époque moderne, par une accumulation de petits progrès dans le domaine de l'agriculture, de l'artisanat, de l'exploitation minière, de la métallurgie, de la navigation, du commerce, de la banque, de l'art et de la science ; l'Europe a été le premier foyer de civilisation à entamer une expansion à l'échelle de la planète ; du fait de la très large diffusion de ses habitants, de ses produits, de ses techniques et de ses idées, la culture européenne a eu une influence profonde dans une bonne partie du monde : les aires culturelles anglo-américaine, latino-américaine et australienne se sont formées à partir de la culture élaborée en Europe même si, dans un autre milieu et au contact d'autres cultures, elles ont acquis certaines particularités, tandis qu'en Europe même, les changements apportés par la révolution soviétique entraînait le morcellement d'une aire culturelle naguère unique.

Les aires culturelles de petite et moyenne étendue

Les études portant sur des aires culturelles de moyenne et petite étendue sont bien plus difficiles car elles supposent des analyses plus fines. Ce domaine de recherche est encore peu exploré et ses méthodes ne sont pas très assurées.

Pour certains espaces, des études intéressantes ont cependant été publiées. L'une des plus riches est celle de W. Zelinsky sur les États-Unis (1973). Après une assez longue analyse où l'auteur précise des divers apports autochtones et surtout extérieurs, qui ont contribué à l'élaborer, il propose une division du pays en cinq grandes zones culturelles : la Nouvelle-Angleterre, le nord-est central, le sud, le Middle-West et l'Ouest. Ces grandes zones sont à leur tour subdivisées en aires de deuxième et, éventuellement, de troisième ordre. La date de formation et les composantes ethniques de ces aires culturelles sont indiquées. Par exemple, l'aire française qui s'étend sur le sud de la Louisiane et la côte du Mississipi s'est formée au XVIIIe siècle, principalement avec les Acadiens venus du Canada et secondairement avec des populations du vieux Sud et des Antilles françaises ; l'aire mormone qui s'étend sur l'Utah et le sud-est de l'Idaho s'est formée dans la deuxième moitié du XIXe siècle avec des immigrants venus du Nord-Est ou directement d'Europe.

L'étude de J. Augelli sur la géographie culturelle de l'Amérique centrale et des Antilles a le mérite de préciser certains traits d'un espace composite (1962). Deux domaines doivent être nettement distingués : le continent *(mainland)* et la couronne littorale *(rimland)* qui s'étend non seulement sur les îles Caraïbes mais aussi sur la côte de l'Amérique centrale. Le premier, relativement massif et montagneux, est ou a été caractérisé par une dominante indienne ou métisse dans son peuplement, par une emprise coloniale relativement lâche, par une économie longtemps fermée et par la prédominance du système agraire de la *hacienda*. Le second, monde côtier ou insulaire, est ou a été caractérisé par une dominante noire dans son peuplement, par de violentes rivalités coloniales, par un partage entre diverses puissances, par une économie longtemps tournée vers l'extérieur, enfin par la prédominance du système agraire de la plantation.

Ces études qui se situent aux confins de la géographie et de la sociologie ou de l'ethnologie ouvrent des perspectives attachantes, surtout si elles se prolongent par l'étude des caractères qui sont liés aux différences de culture. Il ne faut pas les considérer comme des fins en soi, mais plutôt comme des guides pour l'analyse culturelle des faits de population.

Lectures

La géographie culturelle et la géo-éthnologie

La géographie culturelle et la géo-ethnologie ont d'abord été développées aux États-Unis et en Angleterre. De ce fait, la plupart des travaux importants sont en anglais bien que des études de qualité soient maintenant publiées dans d'autres langues.

On trouvera des développements intéressants dans les ouvrages généraux suivants :

BROECK (J.) et WEBB (J.), *Geography of mankind,* New York, McGraw-Hill, 1968, 3ᵉ éd. 1978, 494 p.

CARTER (G.), *Man and the land : a cultural geography,* New York, Holt, Rinehard et Wiston, 1975, 3ᵉ éd., 532 p.

JORDAN (T.) et ROWNTREE (L.), *The human mosaïc : a thematic introduction to cultural* geography, San Francisco, Canfield Pr., 1976, 430 p.

SPENCER (J.) et THOMAS (W.), *Introducing cultural geography,* New York, J. Wiley, 1978, 428 p.

WAGNER (Ph.) et MIKESELL (M.), (éd.), *Readings in cultural geography,* Chicago, Univ. of Chicago Pr., 1962, 589 p.

ZELINSKY (W.), *A prologue to population geography,* Englewood Cliffs N.J., Prentice-Hall, 1966, X-150 p.

Parmi les études de géographie culturelle consacrées à un espace particulier, quelques études valent d'être remarquées :

AUGELLI (J.), The rimland-mainland concept of culture areas in Middle America, Ann. Assoc. Am. Geogr., Washington, 1962, 51, p. 119-129.

BROOKFIELD (H.), (éd.), *The Pacific in transition : geographical perspectives on adaptation and change,* London, E. Arnold, 1973, 332 p.

BROOKFIELD (H.) et HART (D.), *Melanesia : a geographical interpretation of an island world,* London, Methuen, 1971, 464 p.

GASTIL (R.), *Cultural regions of the United States,* Seattle, University of Washington Pr., 1975, 366 p.

JORDAN (T.), *The european culture area,* New York, Harper & Row, 1973, 381 p.

KOLB (A.), *East Asia : China, Japan, Korea, Vietnam : a geography of a cultural region,* London, Methuen, 1971, 591 p.

NEVILLE (W.), *Singapore : ethnic diversity and its implications,* Ann. Assoc. Am. Geogr., Washington, 1966, 56 (2), p. 236-253.

SPENCER (J.) et THOMAS (W.) *Asia, East by South : a cultural geography,* New York, J. Willey, 1971, 669 p.

ZELINSKY (W.), *The cultural geography of the United States,* Englewood Cliffs N.J., Prentice-Hall, 1973, 164 p.

Sur les groupes ethniques

Sur les groupes ethniques, des chercheurs soviétiques ont publié un atlas :

BRUK (S.) et APENCHENKO (A.), *Atlas Narodov Mira* (atlas des peuples du monde), Moscou, Institut d'Ethnogr., Ac. des Sc. de l'U.R.S.S., 1964, 184 p. (106 pl.).

Sur la géographie des langues

BRETON (R.), *Géographie des langues,* Paris, P.U.F. (Coll. Que Sais-je), 1976, 126 p. cartes.

Sur la géographie des religions

DE PLANHOL (X.), Le monde islamique, essai de géographie religieuse, Paris, P.U.F., 1967, 146 p.

GAY (J.), *The geography of religion in England,* London, G. Duckwork, 1971, 334 p. fig. et cartes.

GURDEV (S.) et MUKERJI (A.), The religious composition of India's population, a spatial analysis, *Tijd. Econ. Soc. Geogr.,* Rotterdam, 1970, 61 (2), p. 91-100, fig.

ISAAC (E.), Religious geography and the geography of religion, *in Man and the Earth,* series in Earth Sciences, n° 3, Boulder. Univ. of Colorado, 1965, p. 1-14.

SOPHER (D.), *Geography of religions,* Englewood Cliffs N.J., Prentice-Hall, 1967, 118 p.

ZELINSKY (W.), An approach to the religious geography of the United States : patterns of church membership in 1952, *Ann. Assoc. Am. Geogr.,* 1961, 51, p. 139-193.

9

La diversité socio-économique des populations

L'élément majeur de différenciation des populations dans le monde contemporain, c'est le niveau de développement économique. D'une partie à l'autre de la planète, les disparités économiques sont extrêmement accusées entre pays développés et pays sous-développés ou en cours de développement ; elles se sont fortement accrues depuis le début de la révolution industrielle et elles n'ont pas encore cessé de croître.

Ces disparités n'opposent pas seulement les populations par l'orientation de leurs activités ou par l'efficacité de leur effort productif, elles les distinguent aussi, très fortement, par leur niveau de vie, leurs structures sociales ou leur dynamisme démographique.

Les populations et le développement économique

Le thème du développement économique inégal a été longuement étudié par de nombreux spécialistes des sciences humaines depuis une vingtaine d'années. Il suffira donc de rappeler les principales conclusions des recherches qui ont été effectuées, plus spécialement sur les inégalités spatiales du développement économique.

Les indices de développement

Pour mesurer ces inégalités entre les nations, de nombreux indices sont utilisés : le nombre de calories consommées quotidiennement par personne, le pourcentage de population agricole, le taux d'analphabétisme, la consommation d'énergie ou d'acier par habitant, le nombre d'automobiles ou de récepteurs de télévision pour 1 000 personnes, le tirage des quotidiens publiés pour 1 000 habitants, le revenu moyen par tête ou encore le produit national brut par habitant. La liste n'est pas exhaustive mais il importe peu car tous ces indices ont entre eux une assez forte corrélation : les cartes sont donc plus ou moins comparables et montrent, à quelques nuances près, les mêmes oppositions.

On ne retiendra donc ici, à titre d'exemples, que deux indices significatifs : le p.n.b. par habitant parce qu'il fournit une bonne mesure de l'activité économique et du niveau de vie ; le taux d'analphabétisme parce qu'il permet d'apprécier le niveau d'éducation, donc les possibilités d'accès au savoir et, au delà, au développement économique lui-même.

1. *Le niveau de vie*

Le revenu moyen par habitant ou le p.n.b. par habitant sont souvent utilisés pour mesurer les disparités économiques du monde en raison de leur caractère synthétique. Ce sont assurément de très bons indices mais qui présentent néanmoins certains inconvénients. S'ils peuvent être calculés pour presque tous les pays du monde, il faut savoir que les évaluations ne sont pas toujours faites sur les mêmes bases, notamment pour l'autoconsommation paysanne et pour les activités tertiaires. La conversion des données nationales en une même unité monétaire, le dollar U.S. en général, introduit un autre biais, spécialement pour les pays où un taux de change parallèle double le taux de change officiel. Les résultats doivent donc être considérés comme des ordres de grandeur ; ce n'est d'ailleurs pas très gênant pour une étude à l'échelle mondiale tant les différences sont grandes d'un groupe de pays à l'autre.

On utilisera ici des données calculées pour 1986 concernant le produit national brut par habitant *(World population data sheet, 1986)*. Le revenu moyen par personne représente approximativement les $9/10^e$ du p.n.b. par habitant pour la plupart des pays. La somme des produits nationaux pour l'ensemble du monde est d'environ 13 800 milliards de dollars dont seulement 2 600 pour les nations du Tiers Monde qui ont pourtant les 3/4 de la population du globe et 11 200 pour les pays développés qui représentent l'autre quart. La différence est donc très importante entre les deux ensembles puisque le p.n.b. par habitant est d'environ 700 dollars pour les pays sous-développés et de 9 500 pour les pays développés : soit de 1 à 13,5. Elle était de 1 à 10 en 1978.

Dans le détail, les disparités sont plus accusées encore (fig. 33). Au sommet de l'échelle, on trouve *quelques populations très riches* et dont la production par habitant est considérable (plus de 11 000 $ par tête en 1986) : la Suisse, la Suède, les États-Unis, le Canada, le Danemark, la Norvège et l'Allemagne de l'ouest, sans compter plusieurs petits émirats pétroliers du Golfe Persique. Près du sommet, d'autres populations riches ont une production par habitant également élevée (de 8 à 11 000 $) : c'est le cas pour l'Europe occidentale, notamment pour la Belgique, la France, les Pays-Bas, l'Islande, la Finlande, l'Autriche, le Royaume-Uni mais aussi pour le Japon, l'Australie et la Nouvelle-Zélande. Viennent ensuite *des populations à revenus plus modestes* et dont le p.n.b. par habitant va de 2 000 à 8 000 $; la plupart sont des pays industriels ou en cours d'industrialisation depuis plusieurs décennies comme la Tchécoslovaquie, l'Italie, l'Espagne, la Pologne, la Grèce, la Bulgarie, la Hongrie, la Yougoslavie, le Portugal et l'Argentine : quelques-uns sont de petits territoires ayant connu un développement rapide et récent comme Singapour, Hong-Kong ou Porto Rico. Au-dessous

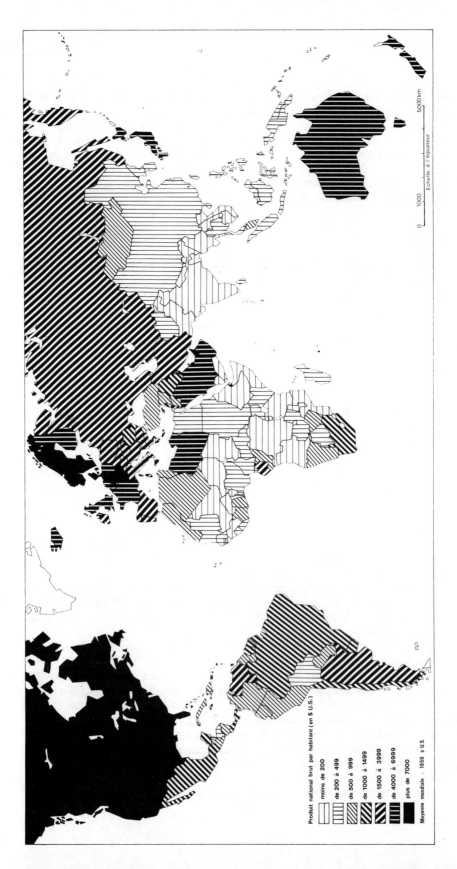

Produit national brut par habitant (en $ U.S.)

moins de 200
de 200 à 499
de 500 à 999
de 1000 à 1499
de 1500 à 3999
de 4000 à 6999
plus de 7000

Moyenne mondiale : 1650 $ U.S.

0   1000   5000 km
Echelle à l'équateur

Fig. 33. – Produit national brut par habitant pour les divers pays du monde en 1978.
(Source des données : World Popul. data sheet).

de 2 000 $, on entre dans le groupe des pays dont la production par tête est déjà plus réduite et le revenu plus faible ; parmi ces pays considérés généralement comme moins développés vient d'abord un sous-groupe qui est vraiment en cours de développement mais qui dépasse cependant les 1 500 $ comme l'Afrique du sud, le Mexique, le Brésil, le Chili et divers états d'Amérique centrale ou des Antilles ; entre 800 et 1 500 $, on trouve divers pays d'Amérique latine comme le Pérou, la Colombie, l'Équateur et le Paraguay, quelques pays du Proche-Orient comme la Turquie, les moins pauvres des pays d'Afrique comme la Tunisie, le Congo ct la Namibie ; vient ensuite *un ensemble assez important de nations pauvres* (de moins de 200 à 800 $) parmi lesquels figurent des pays asiatiques comme la Chine, l'Indonésie, Sri Lanka et surtout des pays africains comme l'Égypte, le Soudan, le Kenya, Madagascar et le Nigéria ; au bas de l'échelle, parmi les plus pauvres, on trouve à nouveau des pays asiatiques et africains comme l'Inde, le Bangladesh, le Niger, le Tchad, le Mali, le Zaïre et le Mozambique.

Deux remarques pour finir. Les différences observées ne sont pas exactement celles des niveaux de vie car le coût des produits et les services diffèrent très fortement d'un pays à l'autre : en gros, le coût de la vie est d'autant plus élevé que les pays sont plus riches ; cette observation diminue donc les écarts existant entre les pays ; il n'empêche que ceux-ci sont malgré tout considérables entre les plus riches et les plus pauvres. Les différences observées sont des moyennes nationales qui masquent les disparités importantes pouvant exister entre les diverses régions ou entre les divers groupes sociaux ; la façon dont le revenu national est partagé varie beaucoup selon les sociétés ; ainsi 30 $ de p.n.b. par tête en 1986 n'a pas la même signification dans un pays comme la Chine où le partage semble relativement égalitaire et dans un pays comme Haïti où les écarts de revenus sont très accusés entre riches et pauvres.

2. *Le niveau du savoir*

Divers indices peuvent être utilisés pour mesurer le niveau du savoir comme la proportion des étudiants dans la population ou la fraction des personnes ayant fréquenté une école secondaire ou encore le pourcentage de personnes analphabètes ; parmi eux, ce dernier est sans doute l'un des plus significatifs et celui qui permet l'étude la plus complète grâce aux annuaires statistiques de l'U.N.E.S.C.O. La carte de l'analphabétisme est un peu le négatif de la précédente car cet indice est lié au niveau de vie par une forte corrélation inverse (fig. 34).

Dans les pays économiquement développés et ayant un niveau de vie relativement élevé, le taux d'analphabétisme des adultes, dans les années 70, est inférieur à 3 % et parfois même à 1 % : c'est le cas pour l'Europe à l'exception de quelques pays méditerranéens et balkaniques, l'Union soviétique, le Japon, l'Australie, la Nouvelle-Zélande, et l'Amérique du Nord ; dans ces pays, toute la population est alphabétisée depuis quelques décennies déjà, hormis une petite fraction dont la réduction est difficile ou qui redevient analphabète après avoir reçu quelques rudiments d'instruction à l'école primaire. Aux alentours de 10 ou de 20 %, on trouve des pays développés présentant un certain retard comme l'Argentine, l'Uruguay, l'Espagne, l'Italie, la Grèce, la Roumanie ou la Bulgarie ou bien des pays en voie de développement qui ont déjà largement répandu

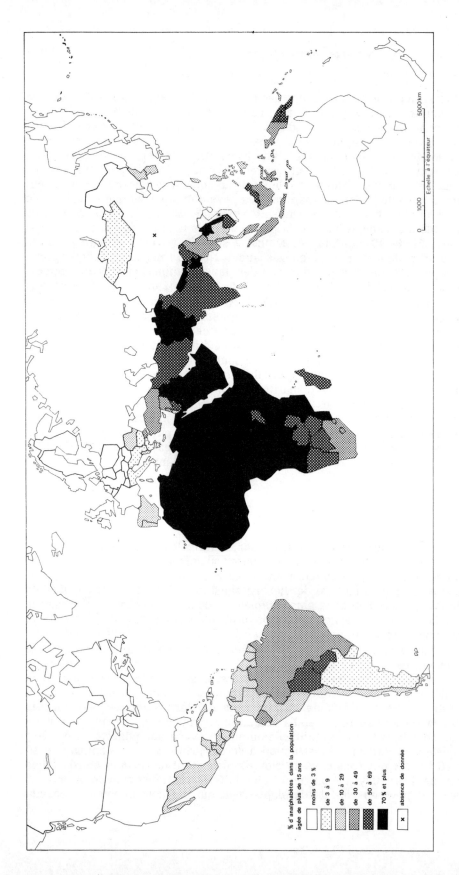

Fig. 34. – *Taux d'analphabétisme pour les divers pays du monde dans les années 60 ou au début des années 1970.*
(Source des données : U.N.E.S.C.O., *Ann. Stat.*, 1976).

l'instruction créant ainsi des conditions favorables pour le développement économique : c'est le cas pour Cuba, la Jamaïque et Porto-Rico dans les Antilles ou pour Hong-Kong, Taïwan et la Corée du sud en Extrême-Orient. Aux alentours de 30 % apparaissent des pays moins développés ayant déjà consacré d'importants efforts dans le but de répandre l'instruction : l'Albanie, le Liban, le Mexique, le Pérou, le Brésil. Au-dessus de ce chiffre, on ne trouve que des pays présentant un retard important dans leur développement : essentiellement des pays d'Asie méridionale et d'Afrique ; pour nombre d'entre eux, la proportion des adultes analphabètes dépasse 70 %, voire 80 ou 90 % ; les taux sont particulièrement élevés pour l'Afghanistan, les états himalayens, l'Arabie et l'Afrique sahélienne.

Dans tous les pays, les taux nationaux masquent d'importantes différences selon le sexe et le lieu de résidence dans le niveau de l'analphabétisme : les taux sont toujours plus élevés pour les femmes que pour les hommes, pour les campagnes que pour les villes ; mais le fait essentiel reste néanmoins les écarts considérables existant entre les nations du monde en ce qui concerne l'accès au savoir.

Les niveaux de développement

Pour juger du degré de développement des divers pays, il faut cependant se servir non d'un critère mais d'une série de critères afin d'obtenir une évaluation plus synthétique. Dans les années 50 ou 60, plusieurs géographes ont ainsi établi des classements plus complexes, B. Berry (in N. Ginsburg, 1960) a utilisé 43 variables relatives à la population, à l'agriculture, à l'énergie, aux transports, au commerce, à l'urbanisation et au produit national pour 95 pays ; cette information a été traitée par une analyse en composantes principales ; la carte en indique les principaux résultats en considérant la façon dont les pays se regroupent sur le plan factoriel correspondant aux deux premiers axes (fig. 35) ; elle diffère de celles présentées par l'auteur qui a établi des classements en considérant séparément ces deux axes. Cinq groupes apparaissent : 1) Dans le premier groupe, on trouve sans surprise des pays développés : les États-Unis et le Canada, divers nations d'Europe occidentale et septentrionale (la Suède, la Norvège, l'Allemagne fédérale, la Suisse le Bénélux, la France, l'Angleterre et l'Italie), deux pays d'Europe orientale (l'Allemagne de l'est et la Tchécoslovaquie), enfin le Japon, l'Australie et la Nouvelle-Zélande. 2) Dans le second groupe, figurent d'autres pays développés mais moins avancés : l'Espagne, l'Irlande, la Hongrie, la Pologne, la Finlande, l'Union soviétique ainsi qu'Israël et l'Argentine. 3) Avec le troisième groupe, on entre déjà dans la catégorie des pays considérés comme moyennement développés ; le premier ensemble est cependant le moins défavorisé ; on y remarque le Portugal, la Yougoslavie et la Roumanie pour l'Europe ; le Mexique, Cuba, le Venezuela, le Brésil, l'Uruguay, et le Chili pour l'Amérique latine ; la Turquie et la Malaisie en Asie. 4) Dans le quatrième groupe figurent des pays dont le sous-développement est plus marqué : le Maghreb, l'Inde et l'Indonésie, la Chine, la Bolivie et le Pérou. 5) Dans le cinquième groupe enfin, on trouve les pays moins avancés (P.M.A.), selon la terminologie des institutions internationales, tels que l'Afghanistan, l'Asie du sud-est et la plupart des pays

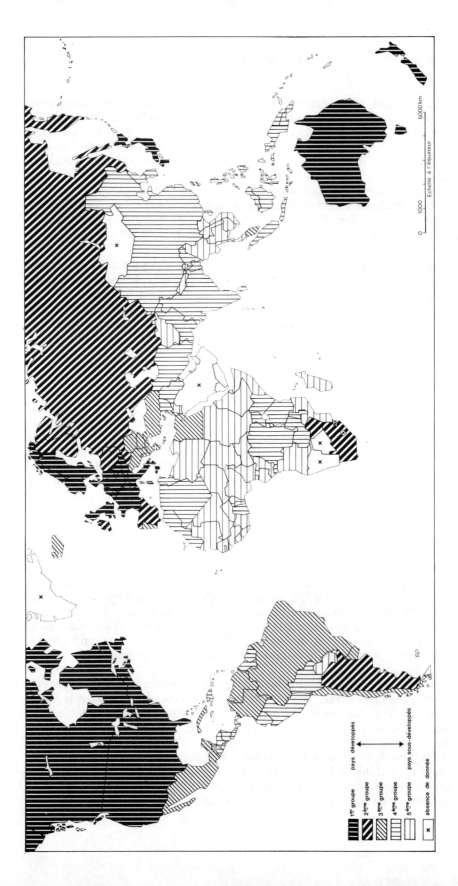

Fig. 35 – Les niveaux de développement des divers pays du monde vers 1955-60.
(D'après une analyse factorielle de B. Berry, in N. Ginsburg, *Geography and economic development*, 1960).

1er groupe — pays développés
2ème groupe
3ème groupe
4ème groupe
5ème groupe — pays sous-développés

absence de donnée

Echelle à l'équateur
0   1000   5000 km

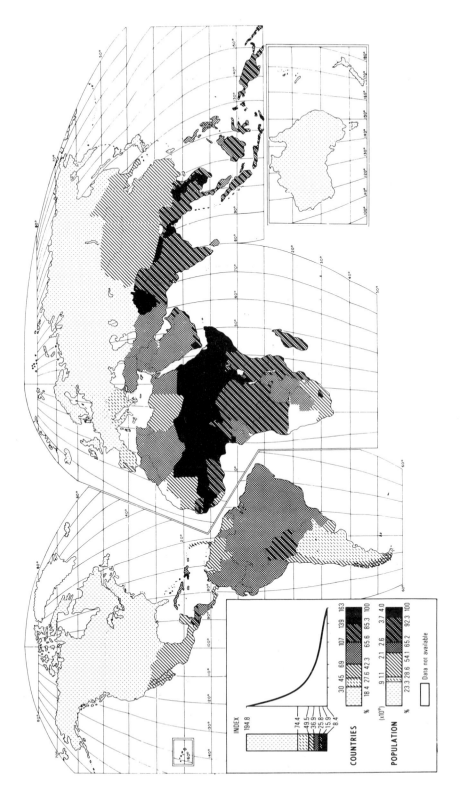

Fig. 36 – *Indicateur de pauvreté et de sous-développement au début des années 80.*
(Source : N. Ginsburg, J. Osborn et G. Blank, *Geographical perspectives on the wealth of nations*, 1986).

d'Afrique tropicale ; il faut sans doute y ajouter les territoires pour lesquels les informations statistiques n'ont pu être réunies comme ceux de la péninsule arabique.

Cette classification est intéressante mais elle ne peut être considérée comme entièrement satisfaisante aujourd'hui ; établie à partir de données datant de la fin des années 50, il est possible qu'elle ne corresponde plus tout à fait à la situation présente car plusieurs pays ont connu une évolution importante depuis une vingtaine d'années ; et surtout, elle repose sur des informations à caractère essentiellement économique ; or les études faites depuis une quinzaine d'années, en particulier celle d'Y. Lacoste (1976) ont montré le caractère complexe du sous-développement. Il faut non seulement tenir compte des données économiques mais aussi des composantes démographiques, sociales et politiques.

Un indice composite tenant compte de ces divers éléments fournit des résultats plus satisfaisants, du moins pour le monde en voie de développement (N. Ginsburg et al., 1986). Il montre que plusieurs ensembles de territoires doivent être distingués au sein du Tiers Monde (fig. 36). Les pays les plus pauvres sont essentiellement situés dans la zone sahélienne de l'Afrique, du Sénégal à l'Éthiopie ; viennent ensuite des pays se situant essentiellement en Afrique occidentale, centrale et orientale ainsi que dans le sud et le sud-est de l'Asie ; un peu au-dessus figurent des pays d'Amérique latine, du nord de l'Afrique et du Proche-Orient ; enfin, parmi les nations les moins défavorisées du Tiers Monde, selon cette classification, figurent la Chine, le Mexique et divers pays pétroliers.

Il n'en demeure pas moins vrai cependant que la *disparité majeure du monde aujourd'hui, reste celle qui oppose pays développés et pays sous-développés :* elle demeure plus forte que celle distinguant les pays selon leur régime économique et social.

Les origines des inégalités de développement

Quant à l'origine des inégalités du développement économique, fort complexe, elle a donné lieu à de nombreuses analyses et à quelques controverses.

Des causes climatiques et raciales ont parfois été avancées en tenant compte du fait que le monde développé est peuplé de blancs et situé dans les zones tempérées alors que le Tiers Monde est essentiellement tropical ou subtropical et peuplé de gens de couleur. Ce n'est pas sérieux. Les actuels pays en voie de développement ne sont pas des contrées de retard permanent : plusieurs d'entre eux ont eu, pendant de longues périodes, un niveau de développement supérieur à celui de l'Europe ; au XIIIe siècle par exemple, la Chine était bien plus en avance que l'Italie de Marco-Polo. Si les pays développés sont situés dans les latitudes moyennes et si leur peuplement est blanc, c'est parce que la révolution industrielle a commencé en Europe et, de là, a été transférée dans des pays de peuplement européen. La relation établie naguère entre développement et race ou climat tend d'ailleurs à devenir inexacte, depuis que des territoires situés dans les latitudes tropicales et habités par des populations colorées ont accédé ou accèdent au développement tandis que certains pays blancs et tempérés restent passablement attardés.

Les causes sont historiques et seulement historiques mais elles sont nombreuses et difficiles à débrouiller. Contrairement à ce qui a été souvent dit ou écrit, ce n'est pas la colonisation qui a été l'élément déterminant du sous-développement ; certes, la plupart des pays relativement peu développés ont été colonisés et de nombreux pays développés ont été colonisateurs mais la relation est loin d'être générale ; la colonisation n'a été qu'une des manifestations des inégalités internationales ; elle n'en est pas la cause. Ce qu'il faut chercher à saisir, c'est l'origine et l'évolution des inégalités. Celles-ci ont été précisées de façon remarquable par l'économiste P. Bairoch (1971). Vers 1970, la différence du produit intérieur brut par habitant entre les pays capitalistes développés et sous-développés est de l'ordre de 1 à 10. L'écart s'est creusé fortement après la Deuxième Guerre mondiale car le taux moyen de progression du produit par habitant a été de 3,5 % par an environ entre 1950 et 1970 dans les pays développés, rythme trois fois plus rapide qu'à aucune autre période de même durée au cours de l'histoire ; le produit par habitant a triplé alors qu'il a augmenté lentement dans les pays sous-développés, à l'exception de l'Amérique latine. En 1870, la différence moyenne des produits par tête entre les mêmes pays que précédemment, était de 1 à un peu plus de 3 ; à cette époque, une vingtaine de pays, représentant plus d'un tiers de la population mondiale, étaient engagés dans le processus d'industrialisation. En 1770, la différence moyenne du p.i.b. par habitant entre les deux groupes de pays devait être de l'ordre de 1 à 1,2 ; c'est très peu important si on tient compte de l'insuffisance des données et de la marge d'erreur possible de l'estimation ; pour cette date, il est difficile de dire lequel des deux groupes de pays avait atteint le niveau de développement le plus élevé ; il y avait probablement plus de différences d'un pays à l'autre à l'intérieur du même groupe que d'un groupe à l'autre ; en Europe par exemple, l'Angleterre devançait les nations du continent. Les disparités économiques du monde contemporain sont liées à l'industrialisation et elles n'ont cessé de croître au cours des XIXᵉ et XXᵉ siècles. Exprimé en monnaie constante (dollars U.S. de 1970), le p.i.b. par habitant aurait simplement doublé en deux siècles dans les pays sous-développés capitalistes, selon les calculs de P. Bairoch, tandis qu'il aurait été multiplié par plus de 15 dans les pays développés capitalistes.

Il faut cependant remonter plus loin dans le temps pour saisir les origines des disparités car il faut expliquer pourquoi le développement industriel s'est produit en Europe, pourquoi le continent européen a connu une bourgeoisie novatrice dont le rôle a été fondamental dans le déclenchement de la révolution industrielle. Sur ce point, l'analyse d'Y. Lacoste (1976), utilisant les matériaux accumulés par les historiens, apporte quelque lumière. Un des facteurs importants de la formation de la bourgeoisie paraît avoir été la quasi-disparition des échanges en Europe du VIᵉ au XIᵉ siècles, période pendant laquelle furent édifiées les bases de la société féodale ; la place du marchand ne fut pas prévue au sein du groupe social dominant ; avec la reprise du commerce, une bourgeoisie s'est formée dont les relations avec la classe noble dominante ont été conflictuelles ; le système capitaliste serait donc né des contradictions internes du système féodal. Hors d'Europe, le seul pays où se soit constitué une féodalité est le Japon ; c'est aussi le seul pays où le système capitaliste s'est développé du fait des contradictions internes de l'ancien système ; l'Amérique du nord, l'Australie, la Nouvelle-Zélande et l'Amérique du sud tempérée constituent des cas particuliers puisque le système capitaliste né en Europe y a été tout simplement transféré par les émigrants. Ailleurs dans le monde, dans les pays de civilisation arabe, indienne ou chinoise, la structure sociale était différente : c'est le « mode de production asiatique », selon l'expression de K. Marx, qui y était répandu et non le système féodal ; la noblesse de type européen n'existait pas ; la bourgeoisie, au sens européen du terme, n'existait pas non plus : commerçants, fonctionnaires et intellectuels étaient intégrés à la classe dominante ; de ce fait, les conflits propres aux sociétés européennes ne se sont pas développés et le système capitaliste n'est pas né ici des antagonismes internes du système féodal : il a été introduit de l'extérieur, à des dates variées, principalement du fait de la colonisation.

Pour saisir ce qui différencie fondamentalement les populations du monde contemporain, il faut en définitive remonter aussi loin que le haut Moyen Âge, même si les disparités économiques des nations ne se sont vraiment développées que depuis deux siècles ou moins de deux siècles.

Les activités économiques des populations

Il est maintenant possible d'analyser la population active à partir des données fournies par les recensements mais, en maniant les concepts généraux élaborés par les statisticiens ou les économistes, il conviendra d'avoir toujours présentes à l'esprit les différences de niveau économique qui viennent d'être rappelées. La signification des concepts relatifs à l'activité, à la non-activité, au chômage ou au sous-emploi varie d'un groupe à l'autre de pays comme le montre clairement l'étude que P. George a consacrée aux populations actives des diverses parties du monde (1978).

Définitions et sources d'information

Avant d'analyser les aspects géographiques de l'activité, il faut d'abord rappeler quelques définitions et prendre conscience des faiblesses qu'offrent les principales sources d'information.

La *population d'âge actif* est celle qui est en âge de travailler ; elle correspond grossièrement à la population adulte. Les âges-limites, variables dans le temps, ne sont pas forcément les chiffres ronds qui sont habituellement retenus pour la population adulte. En Europe occidentale par exemple, la limite réelle pour l'entrée dans la vie active se situe le plus souvent vers 19-20 ans actuellement mais il ne s'agit que d'une moyenne ; certains jeunes exercent un emploi avant même d'avoir atteint l'âge légal qui se situe vers 16 ans dans la plupart des pays ; la limite réelle pour la sortie d'activité se place vers 61-62 ans actuellement, bien que l'âge de la retraite à pleins droits, pour la plupart des catégories professionnelles soit généralement de 65 ans. *La population active* proprement dite est formée par la population ayant un emploi ou à la recherche d'un emploi ; elle comprend les salariés, les travailleurs indépendants et les aides familiaux non rémunérés ; elle inclut les chômeurs et les jeunes à la recherche de leur premier emploi, puisque les uns et les autres sont potentiellement actifs ; elle comporte aussi les personnes employées à temps partiel. Il s'ensuit que la *population non active* comprend les personnes n'ayant pas encore atteint l'âge actif ou en cours de formation, les étudiants, les militaires du contingent, les femmes au foyer, les retraités et les personnes vivant de rentes ou de pensions. La *population ayant un emploi* est celle qui est effectivement engagée dans une activité productive à un moment donné.

La définition de la population active appelle certaines observations. Elle ne considère comme actifs que ceux dont l'activité est prise en compte par la comptabilité nationale. Les jeunes qui sont en cours de formation au-delà de l'âge légal d'entrée en activité ne sont pas comptés comme actifs bien que leur « travail » contribue à élever le niveau de qualification de la future population active. Le « maternage » n'est pas pris en compte alors qu'il contribue à former la future population active. L'activité domestique des femmes n'est pas comptée non plus alors qu'elle contribue à entretenir la force de travail du mari ou des enfants déjà entrés en activité.

Indépendamment de ces options – ou de ces anomalies – il convient de souligner le fait que la population active n'est pas toujours bien connue. La principale, et parfois unique, source d'information est constituée par les recensements ; mais alors que les erreurs sur la nationalité, le sexe, l'âge ou l'état matrimonial sont habituellement peu importantes, elles sont nombreuses pour l'activité ; diverses considérations économiques ou psychologiques interviennent pour fausser les déclarations. La mauvaise qualité des informations est particulièrement accusée pour l'activité féminine non salariée. Quelques difficultés supplémentaires doivent être ajoutées : le sous-emploi, qui est souvent important dans les pays en voie de développement, n'est pas saisi par les recensements ; le chômage est mal déclaré, aussi bien dans les pays développés que sous développés parce que la personne recensée indique souvent son activité habituelle ; le lieu d'emploi est fréquemment mentionné de façon imprécise.

Au total, les informations concernant la population active doivent être utilisées avec beaucoup de précaution. Les données doivent être considérées comme des approximations dans les pays développés et comme de simples ordres de grandeur dans les pays en voie de développement. Les comparaisons internationales doivent être faites de préférence sur la population active masculine en raison des anomalies parfois importantes qui affectent la déclaration de l'activité féminine.

Les données tirées des recensements doivent, si possible, être complétées par l'étude d'autre sources : les organismes s'occupant de l'emploi, de la sécurité sociale ou des retraites détiennent souvent des informations complémentaires ; les enquêtes sur l'emploi ou sur le chômage sont souvent précieuses.

Le niveau de l'activité

Le taux d'activité est un indice simple, fréquemment utilisé pour mesurer la participation d'une population à l'activité économique : c'est le nombre d'actifs rapporté à la population totale ; il est exprimé habituellement en pourcentage.

Contrairement à ce qu'on pourrait imaginer, *les taux d'activité varient assez largement selon les pays,* autour d'une moyenne voisine de 41 % pour l'ensemble du monde d'après les dernières statistiques disponibles. Dans les pays développés, les taux sont assez variables mais ils sont généralement élevés ; en France, en Belgique, aux États-Unis et en Australie, ils sont voisins de 40 % ; en Suède et en Allemagne occidentale, ils sont de 45 % ; en Europe centrale et en Union soviétique ils sont compris entre 45 et 50 % ; au Japon, en Pologne et en Roumanie, ils dépassent même 50 %. En revanche, les taux d'activité sont souvent plus faibles dans les pays en voie de développement : ainsi ils sont voisins de 25 ou 30 % en Afrique du nord et dans les pays du Proche-Orient ; ils sont voisins de 30 % dans la plupart des nations latino-américaines ; ils sont de l'ordre de 35 à 40 % en Afrique tropicale.

Les différences entre pays viennent pour une part des disparités de la structure par âge : dans les pays du Tiers Monde, la population d'âge actif est relativement moins nombreuse que dans les pays industriels en raison de la jeunesse de la population. Elles viennent aussi des disparités socio-économiques et socio-culturelles : dans les pays développés, la population d'âge actif a tendance à diminuer par suite de l'allongement progressif de la durée des études et de la tendance à l'abaissement de l'âge de la retraite ; la participation des femmes à l'activité économique varie selon les sociétés : ainsi elle est très élevée dans les pays d'Afrique noire mais faible dans les pays arabes; elle est généralement plus élevée dans les pays développés que dans le Tiers Monde parce que les femmes ont moins d'enfants et parce que les obstacles sociologiques sont moins grands ; elle est plus forte dans les pays socialistes que dans les pays capitalistes en raison du niveau élevé de l'activité féminine.

Le taux général d'activité intègre tous ces éléments ; il ne constitue, au mieux, qu'une approche. Pour analyser plus correctement les variations spatiales de l'activité, mieux vaut utiliser des taux plus spécialisés par sexe et par âge. Les taux par sexe permettent d'éliminer les anomalies venant de la mauvaise déclaration de l'activité féminine. Les taux par âge éliminent les différences de structure par âge entre les populations. Malheureusement, il n'est pas toujours possible de calculer ces taux spécialisés, faute d'informations détaillées, pour de nombreux pays.

Le taux d'activité masculine, plus précis que le taux général d'activité, permet déjà une analyse un peu plus poussée. Il varie plus fortement qu'on ne pouvait s'y attendre : de 38 à 62 % selon les pays ; dans les pays industriels, il est généralement supérieur à 52 %, chiffre qui représente à peu près la moyenne mondiale : 53 % au Canada, 54 % en France et en Suisse, 55 % en Belgique et en Norvège, 56 % aux États-Unis, 58 % en Pologne et en Suède, 60 % au Japon et 61 % en Angleterre et en Roumanie ; dans les pays en voie de développement, il est généralement inférieur à 52 % bien qu'on relève parfois des chiffres plus élevés dans certains pays : 51 % en Egypte et au Sénégal, 49 % au Nigéria, 47 % en Indonésie, 45 % en Iran et 43 % au Mexique.

Les taux d'activités selon l'âge ne sont disponibles que pour une partie des pays mais les données publiées sont suffisamment nombreuses pour faire apparaître des différences importantes. Dans les nations du Tiers Monde, la période d'activité est fort longue : le quart ou le tiers des jeunes gens travaillent déjà à l'âge de quinze ans ; encore les statistiques ne tiennent-elles compte, le plus souvent, que de ceux qui touchent une rémunération ; dans les familles d'agriculteurs, d'artisans ou de commerçants, beaucoup d'enfants travaillent à temps partiel à partir de dix ou douze ans ; et l'activité se poursuit très tard, car de nombreux hommes continuent de travailler au-delà de 65 ou même de 70 ans (au Maroc par exemple, le tiers des hommes de plus de 70 ans). Dans les pays développés, la période d'activité n'a cessé de diminuer depuis le milieu du XIXᵉ siècle : elle est passée de 55 à 42 ans en moyenne pour ceux qui atteignent l'âge de la retraite ; en raison de la prolongation de la scolarité, rares sont les jeunes qui exercent une activité avant 16 ou 17 ans ; relativement peu nombreuses désormais sont les personnes qui continuent de travailler réellement au-delà de 65 ans.

Si l'analyse des taux d'activité dans le monde ne peut guère être poussée en raison de l'absence de données pour certains pays, de leur ancienneté pour certains autres et surtout de leur caractère douteux pour un grand nombre, il n'en est pas de même au niveau national. *Les études géographiques sur la population active au sein d'un même pays sont souvent fort intéressantes par l'éclairage qu'elles apportent sur la structure spatiale ;* elles sont malheureusement peu nombreuses encore, même dans les pays disposant de bonnes statistiques. Dans le cas de la Grande-Bretagne, les cartes des taux d'activité pour les hommes et les femmes montrent une opposition entre le « centre » et la « périphérie » de l'espace britannique (fig. 37) ; pour la main-d'œuvre masculine, le taux est égal ou supérieur à la moyenne dans l'agglomération londonienne, à Birmingham et, de façon générale, dans la zone d'industrialisation récente du bassin de Londres mais il est sensiblement inférieur à la moyenne dans les régions marginales que forment l'Écosse, le pays de Galles, le sud-ouest et même le nord de l'Angleterre ; pour la main-d'œuvre féminine, le taux d'activité est également supérieur à la moyenne dans la capitale, dans le bassin de Londres et dans les foyers de l'industrie textile mais il est faible dans le sud-ouest, le pays de Galles et l'Écosse, dans les parties les moins peuplées et les moins urbanisées.

L'étude du niveau de l'activité, en Grande-Bretagne, comme dans les autres pays industriels, est à mettre en relation avec les disparités régionales du développement.

Le niveau du chômage

Le chômage fournit lui aussi des indications fort intéressantes sur les disparités régionales dans la mesure où il souligne des inadaptations dans la structure de l'emploi ; comme celle-ci varie d'un lieu à l'autre, le niveau du chômage connaît lui aussi des variations spatiales qui peuvent être importantes et qui ont été trop peu étudiées ; on l'exprime habituellement par le *taux de chômage,* rapport entre le nombre de chômeurs et le nombre d'actifs exprimé en pourcentage.

Le phénomène du *chômage* est extrêmement complexe et on ne peut envisager d'en faire ici l'analyse. Les spécialistes en distinguent plusieurs types : conjoncturel, structurel, saisonnier, cyclique. Toutes les situations intermédiaires existent entre le *plein emploi,* qui permet à la main-d'œuvre d'être utilisée au mieux, et le chômage proprement dit où une partie de la main-d'œuvre est complètement inutilisée pour des périodes plus ou moins longues : il faut parler alors de *sous-emploi* de la population active dont il existe également plusieurs types. Les pays capitalistes développés sont plus spécialement concernés par le chômage pendant les périodes de crise comme les années 30 ou celles qui ont suivi 1973 ; ainsi, dans les pays de la C.E.E. en 1985, 10 % de la population active était à la recherche d'un emploi ; en revanche l'après-guerre a été caractérisée par une situation de plein emploi ou de faible chômage conjoncturel. Les pays

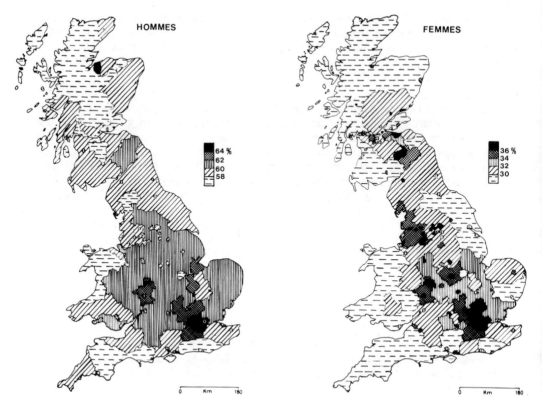

Fig. 37 – Taux d'activité en Angleterre.
(Source : *The U.K. Space, ressources, environment and the future,* 2ᵉ éd. 1978).

sous-développés d'économie capitaliste connaissent eux aussi le chômage, mais ils sont surtout caractérisés par un important sous-emploi, en milieu urbain comme en milieu rural : le taux de sous-emploi, qui rapporte le nombre réel de jours de travail au nombre théorique ou jugé satisfaisant, atteint parfois 50 %. Les pays d'Europe orientale ne connaissent pas le chômage mais on y observe souvent des formes de sous-emploi dans tous les secteurs d'activité, industrie comprise, et d'évidents déséquilibres entre la structure de l'emploi et les besoins de la population.

Sur le chômage et le sous-emploi, on ne dispose le plus souvent que d'études à caractère descriptif, fort utiles pour l'analyse structurelle des phénomènes, mais généralement inutilisables pour leur étude spatiale. Seuls quelques pays développés disposent de bonnes statistiques. La mauvaise qualité des informations explique sans doute, pour une part, le faible nombre des études géographiques consacrées au chômage, mais le manque d'acuité du problème, dans les décennies qui ont suivi la Deuxième Guerre mondiale, peut aussi fournir une explication. On ne peut que le déplorer car les études qui ont été faites, dans le Royaume-Uni notamment (J. Salt, 1969, 73, 75, 76) ont un intérêt certain, à la fois théorique et pratique. En Grande-Bretagne, le taux de chômage était inégalement important selon les régions ou les villes en 1971 (fig. 38) : la zone d'industrialisation récente du bassin de Londres était peu touchée relativement ; en revanche, la situation était déjà plus difficile dans les régions périphériques : en Cornouailles, dans le pays de Galles, dans le nord de l'Angleterre et surtout en Écosse ; en outre, il y avait des poches de chômage dans les vieilles régions industrielles des Midlands ou du Lancashire ; les femmes étaient plus touchées par le chômage que les hommes. Depuis 1971, le taux de chômage a augmenté partout mais en conservant l'essentiel des mêmes caractéristiques spatiales.

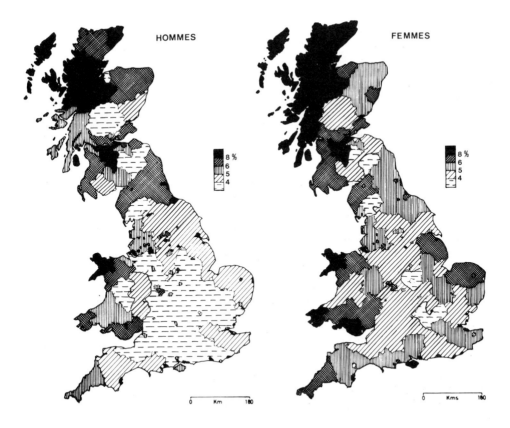

Fig. 38 – Taux de chômage en Angleterre.
(Source : *The U.K. Space, 2ᵉ éd. 1978*).

La structure de la population selon l'activité économique

La population active peut faire l'objet de nombreuses analyses utilisant des critères différents : l'âge, le sexe, le statut, la nationalité, le caractère public ou privé des emplois, la catégorie socio-professionnelle... Elle peut l'être aussi selon les branches d'activité économique. Celles-ci étant fort nombreuses et quelque peu variables d'un pays à l'autre, elles sont souvent agrégées en groupes ou en secteurs :

1. *La classification en neuf groupes*

Sous l'impulsion de la Commission de statistique des Nations Unies, beaucoup de pays ont adopté une classification en neuf groupes pour faciliter les comparaisons entre pays et pour simplifier l'information fournie par les recensements. Ces neuf groupes sont les suivants : agriculture, sylviculture et pêche – mines et carrières – industries manufacturières – bâtiment et travaux publics – électricité, gaz, eau – commerce, banque et assurance – transports et communications – services – et enfin, autres activités éventuellement.

Les proportions d'actifs dans ces *neuf groupes* varient évidemment beaucoup d'un pays à l'autre ou, à l'intérieur d'un même pays, d'une région et d'une ville à l'autre. Cette nomenclature est suffisamment détaillée pour servir de base à des études précises, mais suffisamment synthétique aussi pour autoriser de fructueuses comparaisons. Aussi a-t-elle servi de base, depuis longtemps, à des classifications fonctionnelles pour les villes.

2. *La classification en trois secteurs*

Si l'utilisation des classifications en neuf groupes – ou même en vingt ou trente branches d'activité – est rendue facile aujourd'hui grâce aux techniques d'analyse multivariée permettant de traiter d'importantes matrices d'information, il n'en était pas de même naguère : aussi l'usage a-t-il été pris, à partir des années 40, de simplifier à l'extrême l'information fournie sur les catégories d'activité économique à l'intérieur de la population active : depuis C. Clark, lui-même inspiré par un de ses compatriotes, l'australien A. Fisher, on divise les activités en *trois secteurs* : les activités primaires comprenant l'agriculture, la pêche et le forestage ; les activités secondaires incluant les mines et carrières, les industries, l'artisanat, l'énergie et la construction ; les activités tertiaires enfin étant formées par le commerce, les transports et les services ; des hésitations se sont manifestées, pendant un temps, sur la place des mines et des carrières mais celles-ci ont été rattachées aux activités secondaires, car elles sont essentiellement liées aux industries.

En dépit de sa grande simplicité, cette classification a fait indéniablement progresser la recherche. La division de la population active en trois secteurs fournit un cadre d'interprétation permettant de distinguer un certain nombre de régularités dans les évolutions chronologiques et dans les distributions spatiales. Mais, avant d'en arriver à ces interprétations, il faut d'abord préciser l'importance respective des trois secteurs dans les diverses parties du monde.

• Le *secteur primaire* comporte plusieurs activités mais celle qui est de loin la plus importante est évidemment l'agriculture.

La place de ce secteur est extrêmement variable d'un pays à l'autre. Largement majoritaire autrefois, il a beaucoup reculé avec la modernisation. Alors que dans les pays à économie attardée, la plus grande partie de la population travaille encore dans l'agriculture pour pouvoir se nourrir, seule une petite fraction y demeure encore dans les pays à économie évoluée (fig. 39). Dans le Tiers Monde, vers 1970, la part de la population active travaillant dans le secteur primaire dépasse largement 50 %, parfois 60 ou 70 % ; les proportions les plus élevées se rencontrent dans les pays d'Afrique tropicale et d'Asie méridionale (Indonésie 77 %, Afghanistan 80 %, Tchad 87 %, Mali 90 %) ; elles sont déjà moins fortes en Amérique latine, dans le Maghreb ou le Proche-Orient (Brésil 43 %, Iran 44 %, Maroc 55 %). Dans les pays développés, le taux de population active primaire est nettement plus faible : en général inférieur à 25 % en U.R.S.S., en Europe orientale ou en Europe méridionale ; presque toujours inférieur à 12 % en Amérique du nord et en Europe occidentale ou septentrionale ; dans certains pays, il est tombé très bas : à 6 % en Suède, à 5 % en Belgique, à moins de 4 % en Grande-Bretagne et aux États-Unis.

Le recul de la population active employée dans le secteur primaire est lié au niveau des revenus qu'offrent les deux autres secteurs, mais il a été fondamentalement rendu possible par les gains de productivité très importants qui ont été enregistrés dans l'agriculture des pays évolués : ainsi, aux États-Unis le nombre moyen de personnes nourries par un agriculteur est passé de 5 en 1860, à 8 en 1900, à 25 en 1960 et à 40 actuellement.

Le pourcentage de la population active employée dans le secteur primaire est un assez bon indicateur du niveau de développement économique ; il offre une forte corrélation avec le p.n.b. par habitant.

• Le *secteur secondaire* recouvre lui aussi, des activités diverses mais dont la principale est de loin l'industrie ; contrairement à une idée répandue, il ne comprend pas seulement des activités manuelles ; on y trouve une part croissante de travailleurs non-manuels dans les branches d'activité les plus évoluées (38 % dans l'industrie chimique des États-Unis).

L'importance du secteur secondaire est grossièrement inverse de celle du secteur primaire (fig. 40). Dans les pays en voie de développement, il occupe encore une place modeste en dépit du mouvement d'industrialisation que nombre d'entre eux connaissent : souvent moins de 10 % dans divers pays d'Afrique noire, d'Asie méridionale ou d'Asie du sud-est (1 % au Mali, 2 % au Cameroun, 7 % en Inde et en Thaïlande), 15 à 20 % dans de nombreux pays d'Amérique latine, du Maghreb ou du Proche-Orient (15 % en Égypte, 17 % au Guatémala, 18 % au Brésil) ; seuls quelques pays ont des chiffres nettement plus élevés en raison de leur processus d'industrialisation (Singapour 30 %, Jamaïque 32 %, Hong-Kong 39 %). Dans les pays développés, les pourcentages sont généralement supérieurs à 30 %, aussi bien en Amérique du nord ou en Europe qu'en U.R.S.S. ou au Japon ; dans certains pays, ils sont au voisinage de 45 % (en France, en Suisse, en Italie, en Allemagne occidentale), voire même un peu plus (48 % en Allemagne de l'est et en Tchécoslovaquie). Ce ne sont pas les pays considérés comme les plus évolués économiquement qui ont les chiffres les plus élevés ; en effet, la progression du secteur secondaire n'est pas indéfinie : à partir d'un certain niveau, celui-ci

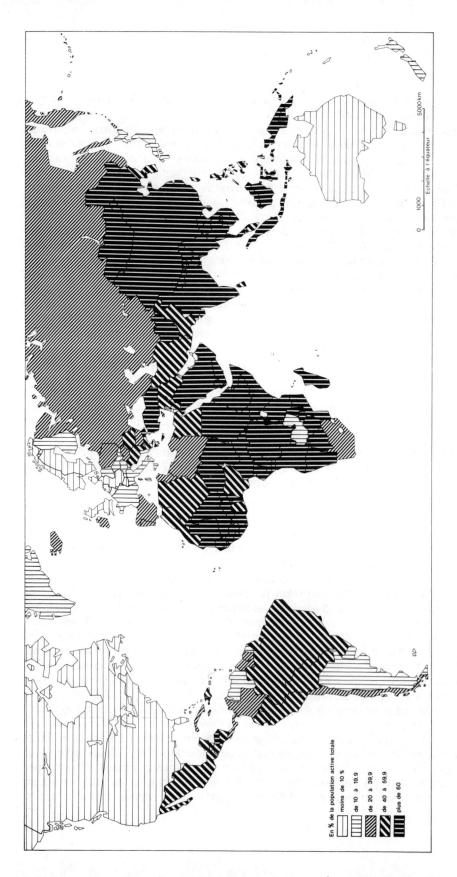

En % de la population active totale

moins de 10 %

de 10 à 19,9

de 20 à 39,9

de 40 à 59,9

plus de 60

Fig. 39. – Part de la population active employée dans le secteur primaire pour les divers pays du monde.
(Source des données : B.I.T., *Ann. des Stat. du Travail*, 1976).

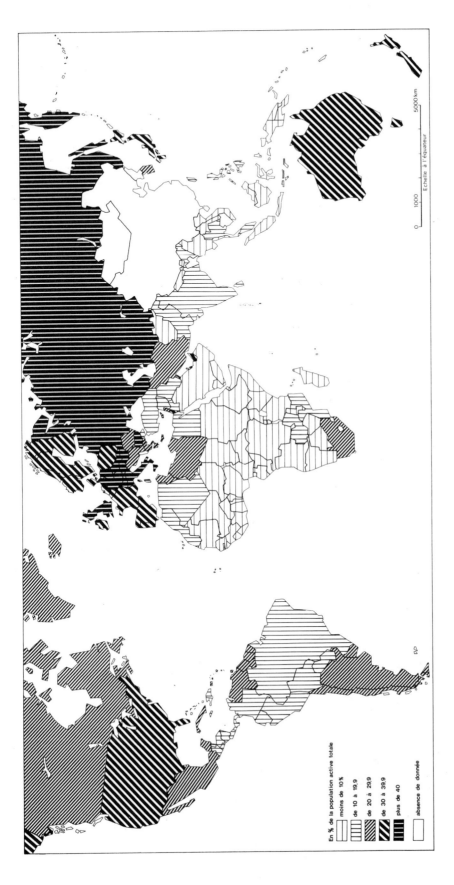

En % de la population active totale

moins de 10 %

de 10 à 19,9

de 20 à 29,9

de 30 à 39,9

plus de 40

absence de donnée

Echelle à l'équateur

0   1000   5000 km

Fig. 40. – Part de la population active employée dans le secteur secondaire pour les divers pays du monde.
(Même source que fig. 39).

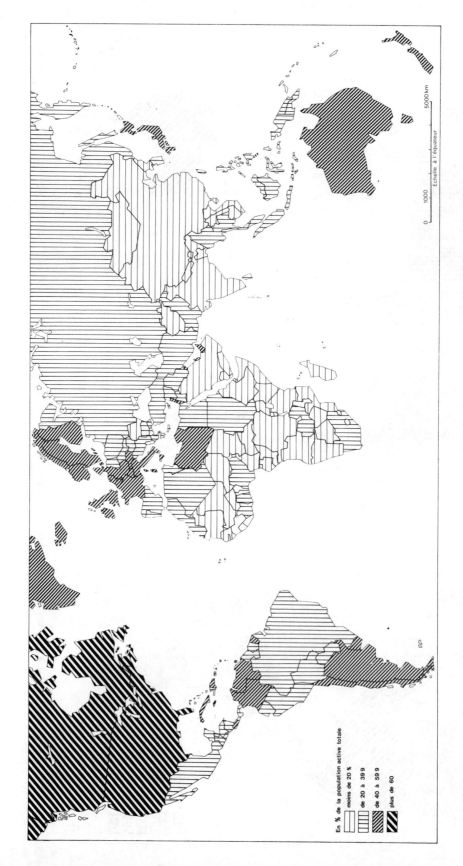

En % de la population active totale

moins de 20 %

de 20 à 39.9

de 40 à 59.9

plus de 60

Echelle à l'équateur

0   1000   5000 km

Fig. 41. – Part de la population active employée dans le secteur tertiaire pour les divers pays du monde.
(Même source que fig. 39).

plafonne puis diminue ; dans le Royaume-Uni par exemple, la proportion des actifs secondaires qui était de 46 % en 1931 est aujourd'hui de 40 % à peine ; aux États-Unis, après être passée par un maximum au lendemain de la Deuxième Guerre mondiale, elle est tombée à 31 % ; le même phénomène a également été noté en Suède et au Danemark. L'importance relative du secteur secondaire ne constitue donc pas un bon indicateur du niveau de développement, contrairement à une opinion répandue. L'évolution quantitative du secteur secondaire s'accompagne d'un changement de structure. Au début, il se compose surtout d'activités minières et industrielles à fort emploi de main-d'œuvre et à faible intensité capitalistique comme les industries alimentaires et textiles. Ensuite apparaissent les industries de base. Dans la dernière phase enfin, viennent les industries exigeant d'importants capitaux, des activités de recherche et une main-d'œuvre qualifiée, comme les industries chimiques ou électroniques tandis que l'habillement, le textile, le secteur alimentaire et la métallurgie primaire voient leur importance peu à peu régresser. Les écarts de salaires révèlent les changements : les plus faibles sont versés dans les industries anciennes et les plus élevés dans les industries de pointe.

Les changements ne se font plus seulement à l'échelle nationale désormais mais de plus en plus, à l'échelle internationale : les pays les plus puissants se réservent la gestion, la recherche ou les activités industrielles demandant des technologies élaborées et des travailleurs hautement qualifiés ; ils font fabriquer les produits demandant beaucoup de main-d'œuvre ou réclamant un simple assemblage dans des pays sous-développés qui connaissent, de ce fait, une industrialisation rapide. Les firmes multinationales font désormais fabriquer dans les pays à bas salaires de nombreux produits industriels destinés à alimenter les marchés des pays à hauts revenus, renversant ainsi la situation qui prévalait à l'époque du « pacte colonial » ; pour être les plus spectaculaires, les cas de Singapour et de Hong-Kong ne sont pas les seuls.

• Le *secteur tertiaire* est hétérogène, comme les deux autres secteurs, mais beaucoup plus qu'eux : c'est un ensemble très composite comprenant des activités anciennes et élémentaires comme les services domestiques aussi bien que des activités modernes et complexes comme la recherche, des activités manuelles comme des activités intellectuelles, employant des illétrés aussi bien que des personnes ayant reçu une très longue formation professionnelle. Un point commun cependant : le secteur tertiaire ne fournit pas de biens matériels, mais seulement des services : au mieux, il entretient, transporte ou vend les produits agricoles ou industriels fournis par les deux autres secteurs ; le plus souvent, son rôle consiste à gérer, à éduquer, à soigner, à distraire, à informer ; ces activités sont immatérielles mais elles sont fondamentales dans une société évoluée.

Son importance est inverse de celle du secteur primaire, beaucoup plus nettement que dans le cas du secteur secondaire (fig. 41) : il est relativement peu représenté dans le Tiers Monde, mais occupe une large place dans les pays riches ; et alors que le secteur industriel a rencontré une limite dans son développement, il n'en a pas été de même pour le secteur des services qui ne cesse de croître tandis que le secteur agricole recule. Dans les pays en voie de développement, son importance est cependant assez variable : elle est faible en Afrique tropicale (Zaïre 8 %, Mali 10 %, Tchad 12 %, Cameroun 15 %), déjà un peu plus forte dans le sud de l'Asie (Thaïlande 15 %, Malaisie 25 %), relativement forte dans le Proche-Orient, le Maghreb, les Antilles ou l'Amérique latine (Égypte 32 %, Tunisie 34 %, Brésil 38 %, Jamaïque 40 %) ; de nombreux spécialistes du Tiers Monde considèrent d'ailleurs qu'il est hypertrophié, qu'il constitue un secteur-refuge. Dans les pays développés, son importance n'est pas moins variable : il occupe la place la plus limitée possible dans les économies des pays d'Europe de l'est parce que longtemps considéré comme « improductif » (29 % en Pologne, 33 % en U.R.S.S., 35 % en Hongrie) ; il tient au contraire une très large place dans les économies capitalistes les plus riches (Espagne 40 %, France 51 %, Suède 58 %, États-Unis 63 %) ; dans la plupart d'entre eux d'ailleurs, les travailleurs fournissant des services dépassent en nombre ceux qui produisent des biens matériels.

Cette expansion du secteur tertiaire est liée à l'évolution de la société des pays riches qui réclame des infrastructures et des équipements de plus en plus complexes dans le domaine du transport, du commerce et de la fourniture d'énergie ainsi que des services de plus en plus nombreux dans le domaine de la santé, de l'éducation, des loisirs et de l'information. Aux États-Unis, la part de la population active employée dans le secteur tertiaire est ainsi passée de 15 % en 1820 à 34 % en 1900, à 63 % en 1975 et à 70 % en 1980 ; en France, aux mêmes dates, elle est passée approximativement de 14 %, à 28 %, à 51 %, puis à 58 % ; et rien n'indique, pour ces deux pays, que l'expansion du secteur tertiaire soit parvenue à son terme : les 4/5 des nouveaux emplois ont été créés dans le tertiaire au cours des dernières années. En même temps, le contenu du secteur se modifie : les services domestiques connaissent une forte régression parce que leur coût s'est fortement élevé et parce que divers progrès (appareils électroménagers, aliments préparés, ...) ont allégé les tâches domestiques ; les emplois du commerce n'augmentent pas mais l'appareil commercial est en pleine mutation ; les services privés se développent pour répondre aux nouveaux besoins de la population en matière de soins et de loisirs ; les services publics connaissent une forte expansion en raison de l'extension des compétences attribuées aux états, aux régions ou aux collectivités locales dans presque tous les domaines.

Dans les pays du Tiers Monde, le secteur tertiaire connaît aussi une assez forte expansion, notamment en raison du développement des appareils d'état et de leurs compétences très étendues, mais aussi et surtout en raison de l'importance du sous-emploi et du chômage dans les villes : à la différence des emplois secondaires, la plupart des emplois tertiaires peuvent être subdivisés de façon à employer deux ou trois personnes au lieu d'une seule, particulièrement dans le domaine des services privés et du commerce ; de ce fait, les villes des pays en voie de développement connaissent une multitude de petits emplois de jardiniers, gardiens, domestiques, aides-commerçants et marchands ambulants.

En raison de l'hétérogénéité du secteur tertiaire, nombre d'auteurs ont essayé de le subdiviser. On parle ainsi du tertiaire courant et du tertiaire supérieur ou bien du tertiaire et du quaternaire, ces nouvelles appellations désignant les activités de direction, d'organisation et de décision ; ces distinctions offrent un grand intérêt pour l'étude de l'organisation de l'espace mais ne prétendent pas proposer une ouvelle division de la population selon l'activité économique. On distingue le groupe commerce-transports de celui des services (appelés parfois tertiaire A et tertiaire B) : cette division est utile pour l'analyse économique car, dans les pays industrialisés, ce sont les services qui se développent, non les activités commerciales ou liées aux communications. On distingue aussi le tertiaire économique et le tertiaire social selon que les activités tertiaires concernent les entreprises ou la population : cette division a également de l'intérêt mais elle est difficile à utiliser compte tenu des données disponibles. Certains auteurs ont élaboré des classifications plus complexes : A. Sanguin (1976) par exemple propose une division en sept secteurs et J. Soppelsa (1978) une division en quatre secteurs ; mais la première est difficile à utiliser dans la pratique et la seconde s'applique surtout aux États-Unis ou à des pays ayant le même type d'économie. Ces tentatives méritent d'être suivies avec attention mais aucune n'apporte un progrès décisif par rapport à la classification ternaire de C. Clark : celle-ci n'est pas entièrement satisfaisante mais a du moins le mérite de la simplicité ; de plus – et c'est peut-être son principal intérêt – elle a donné naissance un schéma d'évolution qui apporte un éclairage fort intéressant sur l'histoire contemporaine des sociétés humaines.

Le schéma d'évolution de la population active

Ce schéma a été inspiré par l'étude rétrospective des changements survenus dans la population active des États-Unis (fig. 42) mais il se trouve amplement confirmé par ceux qui se sont produits ou qui sont en cours dans de nombreux pays développés. Il est d'une grande simplicité (fig. 43).

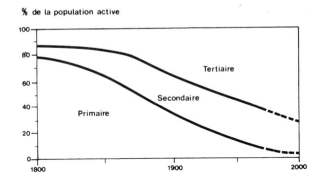

Fig. 42. – Évolution de la population active aux États-Unis.

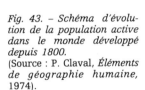

Fig. 43. – Schéma d'évolution de la population active dans le monde développé depuis 1800.
(Source : P. Claval, *Éléments de géographie humaine*, 1974).

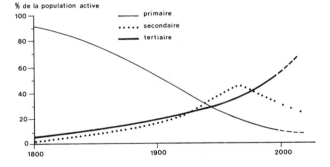

Dans les pays les plus développés, le secteur primaire, qui occupait les 9/10ᵉ ou près des 9/10ᵉ de la population au XVIIIᵉ siècle, a reculé peu à peu jusqu'à ne plus représenter qu'une petite fraction des actifs : parfois moins de 5 %. Cette diminution s'explique à la fois par les progrès de la productivité, qui ont été considérables, et par la saturation progressive de la consommation liée à la production primaire formée essentiellement d'aliments ; de ce fait, les biens primaires peuvent être aujourd'hui fournis en abondance, avec une main-d'œuvre fort réduite. L'évolution ne semble pas encore arrivée à son terme mais le recul de la population active engagée dans le secteur primaire est désormais plus lente.

Le secteur secondaire, qui occupait seulement une très petite partie des actifs au XVIIIᵉ siècle (moins de 5 %) a vu son importance croître peu à peu jusqu'à représenter 40-45 % de la population active et parfois même un peu plus, malgré une hausse continue et rapide de la productivité ; cette double évolution a permis de mettre sur le marché un nombre considérable d'objets de toutes sortes pour répondre aux besoins de la population en matière de vêtements, logements et moyens de communication ; toutefois, en dépit des incitations à utiliser toujours plus d'objets, une relative saturation s'est manifestée à partir du moment où les vêtements, les appareils ménagers, les automobiles, les appareils de radio et de télévision ont été largement répandus ; l'augmentation de la productivité continuant, la main-d'œuvre utilisée dans le secteur secondaire a amorcé un déclin, si bien qu'elle ne dépasse guère 30 % des actifs dans les pays considérés comme les plus évolués. Une quantité énorme et croissante de biens industriels est donc produite avec une main-d'œuvre qui a tendance à diminuer. Cette évolution est sans doute loin d'être achevée : avec le développement de l'automation dans l'industrie et des nouvelles techniques de construction, on peut prévoir que la population active du secteur secondaire diminuera encore dans l'avenir : aux États-Unis, on estime qu'elle ne sera sans doute pas supérieure à 20 % à la fin du siècle.

Le secteur tertiaire, lui aussi, n'occupait autrefois qu'une petite partie de la population active (5-8 %). Il a vu son importance croître sans cesse jusqu'à devenir majoritaire dans les pays les plus évolués, en raison de la croissance indéfinie des besoins liés aux activités tertiaires. On a dit à tort que cette augmentation est due à la très faible augmentation de la productivité pour ces activités ; c'est inexact ; des gains importants de productivité ont été réalisés depuis une trentaine d'années, grâce aux économies d'échelle et surtout grâce à l'informatique, dans le commerce, la banque, l'assurance, les transports et la gestion, mais ces gains ont été, il est vrai, plus lents que dans les autres secteurs ; la mutation des activités tertiaires ne fait sans doute que commencer. L'expansion du secteur tertiaire est due à l'essor des besoins en services des populations dans les pays riches ; les besoins insatisfaits sont considérables dans ce domaine et ils ne cessent de s'accroître ; on ne peut donc prévoir le moment où une certaine saturation apparaîtra, si toutefois elle se manifeste un jour ; en tout état de cause, cette échéance est sûrement très lointaine. De ce fait, la population active employée dans le secteur tertiaire ne cessera de croître dans les années ou les décennies qui viennent : pour les États-Unis, on admet qu'elle pourra dépasser 75 % des actifs à la fin du XXᵉ siècle.

Dans le monde développé, on a donc assisté depuis le début de l'industrialisation à un bouleversement complet de la structure de la population active. On est passé d'une *société « primaire »* où presque toute la population était employée dans l'agriculture à une *société « tertiaire »* où la plus grande partie de la population est employée dans les services, en passant par l'étape intermédiaire de la *société « industrielle »*. La division ternaire de la population conduit ainsi à distinguer trois stades dans l'évolution socio-économique du monde au cours des deux derniers siècles.

L'évolution se fait selon des modalités variées – rythme plus ou moins rapide, développement plus ou moins précoce du tertiaire – mais toujours dans le même sens (fig. 44). Il en résulte que *les disparités constatées aujourd'hui entre les divers pays peuvent être interprétées comme des décalages dans l'évolution historique.* Si le monde contemporain n'a plus de sociétés archaïques vivant de cueillette, de chasse ou de pêche – sauf dans quelques lieux très isolés où vivent de très petits groupes humains – il a encore de nombreuses populations agricoles, même si la domination exercée par les pays développés a partout altéré la situation traditionnelle : c'est particulièrement le cas en Afrique noire, dans le Maghreb et le Proche-Orient, dans le sud et l'est de l'Asie, dans l'Amérique latine et les Antilles hormis quelques foyers déjà plus évolués. Un certain nombre de populations en sont au stade industriel : elles commencent à y entrer dans certaines régions ou certaines villes du Tiers Monde, alors qu'elles commencent à en sortir en Europe occidentale ; elles en ont pleinement les caractéristiques en Europe de l'est et dans la plus grande partie de l'Union soviétique. Quelques populations enfin, peu nombreuses, sont maintenant arrivées au stade post-industriel ou tertiaire même si leurs caractéristiques présentes ne sont pas encore franchement tertiaires : les États-Unis, le Canada et la Suède en sont les meilleurs exemples.

Cette présentation de la population active, par pays, est évidemment simplificatrice, puisque à l'intérieur d'un espace national existent d'autres décalages dans l'évolution qui se traduisent également par des différences de structure et dont beaucoup d'atlas nationaux rendent compte. Dans un pays comme la France qui commence à entrer dans la société tertiaire, certaines parties du territoire, essentiellement dans le sud du Massif Central et dans le Bassin d'Aquitaine, sont encore caractérisées par des activités à prédominance agricole ; sans doute ces activités sont-elles fort différentes de celles des sociétés traditionnelles, mais, à la campagne, les structures économiques, sociales et mentales ont conservé quelques traces du passé ; elles sont en tous cas le signe incontestable d'un retard dans l'évolution. Dans un pays comme l'Espagne, entré dans l'ère industrielle, on peut faire les mêmes constatations à propos des milieux ruraux d'Andalousie et d'Estremadure. Dans un pays comme le Maroc qui reste encore, très largement, une société agricole traditionnelle, d'importants décalages peuvent être constatés entre les grands pôles urbains du nord-ouest qui vivent d'activités industrielles ou tertiaires et les régions montagneuses ou sahariennes où la situation ancienne peut encore être observée en dépit des altérations qu'elle a subies depuis 3/4 de siècle.

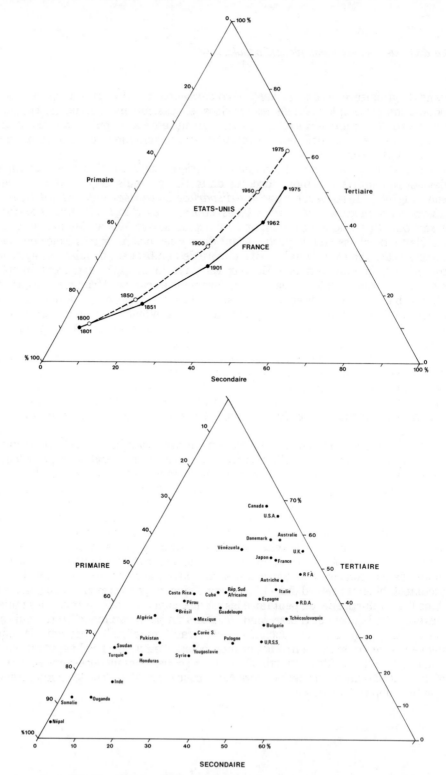

Fig. 44 – Structure de la population active en trois secteurs :
a) pour la France et les États-Unis depuis le début du XIXe siècle. b) pour divers pays vers 1970.

Les disparités sociales des populations

En dépit de son intérêt, la classification de la population active selon l'activité économique laisse insatisfait car elle ignore la structure sociale. Elle fournit certes une connaissance de la société, mais de façon indirecte.

La division sociale peut-elle être analysée plus directement par une autre classification de la population active fournie par les recensements, la classification selon les catégories socio-professionnelles ? De façon partielle seulement.

Le but des satisticiens qui, dans les années 40 ou 50, ont élaboré le concept de *catégorie socio-professionnelle* en Europe ou en Amérique du nord, n'était pas de connaître la structure sociale, mais simplement de classer les occupations des personnes recensées ; ces occupations étant extrêmement nombreuses – en Angleterre, par exemple, on utilisait un index où plus de 40 000 d'entre elles étaient répertoriées – , il fallait les classer en groupes et en sous-groupes ; le travail réalisé a donc eu une indéniable utilité, même si on peut regretter maintenant que la classification ne désigne pas bien les divers groupes sociaux.

Ces classifications sont disponibles aujourd'hui dans la plupart des pays. Elles présentent trop de différences entre elles pour rendre possibles les comparaisons internationales, même dans les nations ayant des structures sociales à peu près voisines, mais elles fournissent une documentation intéressante pour des analyses, dans le cadre de chaque pays. Examinons par exemple celle adoptée en France. Elle comporte 9 groupes socio-professionnels et 30 catégories socio-professionnelles plus détaillées. Certaines d'entre elles désignent clairement un niveau social : les salariés agricoles, les manœuvres, les ouvriers apprentis, les ouvriers spécialisés, les ouvriers qualifiés, les mineurs, les femmes de ménage et les gens de maison forment un important ensemble de travailleurs manuels situé manifestement au bas de l'échelle sociale, tandis que les professions libérales et les cadres administratifs supérieurs sont, eux, placés au sommet. Certaines autres catégories, par contre, sont socialement hétérogènes.

Cette critique n'implique pas cependant qu'il faille rejeter les informations fournies par les classifications socio-professionnelles : elles permettent malgré tout *une approche de la division sociale* et elles ont suscité d'intéressantes études géographiques ou sociologiques. En raison de la richesse de l'information et de l'inégale signification des catégories, deux procédures sont utilisables pour l'établissement des cartes ou pour l'analyse des données : soit un traitement partiel de l'information ne retenant que des catégories jugées significatives (par exemple, pour l'étude d'une agglomération urbaine, on obtient de bons résultats en ne retenant que les ouvriers d'une part, les professions libérales et cadres supérieurs de l'autre), soit un traitement global de l'information qui suppose l'adoption de traitements plus complexes (analyses factorielles, classification automatique). Ce sont ces derniers traitements qui ont été adoptés par D. Pumain pour l'étude des agglomérations françaises (1976) ou par J. Brun et Y. Chauviré (1983) pour l'étude de la ville de Paris. Les résultats obtenus offrent un incontestable intérêt. La composition socio-professionnelle des villes françaises est évidemment très diverse, mais certaines structures sont largement représentées (fig. 45) ; sur les 94 agglomérations ayant plus de 50 000 habitants en 1968, on trouve un tiers de villes ouvrières (dans lesquelles les ouvriers qualifiés, les

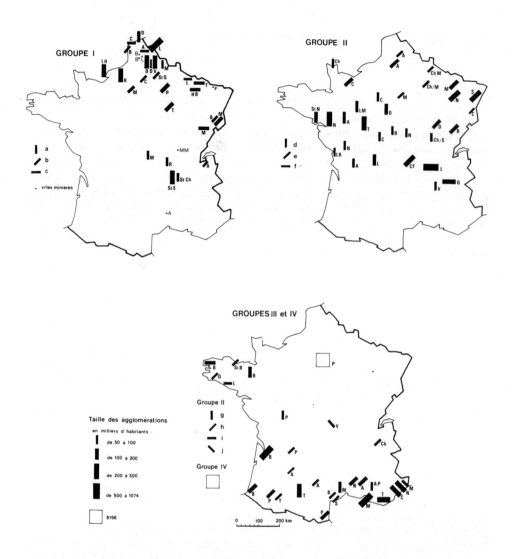

Fig. 45 – Composition socio-professionnelle des villes françaises en 1968. 1) Villes ouvrières. 2) Villes mixtes ayant un profil voisin de la moyenne. 3) Villes non-ouvrières. 4) Agglomération parisienne (forte proportion de cadres, techniciens et employés de bureau). Des nuances apparaissent au sein de chacun des trois premiers groupes. (Source : D. Pumain, l'*Esp. Géogr.*, 1976).

ouvriers spécialisés et les manœuvres sont largement représentés), un tiers de villes non-ouvrières (dans lesquelles ces mêmes catégories sont peu présentes, tandis que les employés, les cadres et les commerçants occupent une large place dans l'éventail social), enfin un tiers de villes mixtes (dont le profil social se rapproche du profil moyen) ; l'agglomération parisienne se classe à part, tout en s'apparentant aux villes non-ouvrières ; ces structures sont assez clairement en rapport avec la zonation de l'espace français et l'inégale importance de l'industrialisation. La composition socio-professionnelle est également fort diverse au sein d'une ville comme Paris où plusieurs structures peuvent être repérées, depuis le type 1 qui est le plus élevé dans l'échelle sociale (surreprésentation des catégories aisées – professions libérales et cadres supérieurs, industriels et gros commerçants – auxquelles le personnel de service est associé) jusqu'au type 8 qui est au contraire le moins élevé (surreprésentation des ouvriers et des manœuvres) ; la ségrégation est loin d'être stricte, mais la carte montre bien les divisions sociales de l'espace urbain avec des quartiers à population « bourgeoise » dans l'ouest parisien et des quartiers où prédominent les catégories populaires ou intermédiaires au nord, au nord-est et à l'est (fig. 46) ; la situation évolue rapidement d'ailleurs, avec la tertiarisation croissante de l'économie parisienne et l'augmentation rapide du nombre des cadres moyens et supérieurs ; l'évolution a été très nette de 1962 à 1975 et elle s'est poursuivie depuis lors dans le même sens.

Les analyses sur les catégories socio-professionnelles sont prometteuses mais, pour l'instant, elles posent plus de problèmes qu'elles n'en résolvent, en raison de leur caractère essentiellement descriptif. Elles constituent le point de départ de nouvelles interrogations. Pour acquérir une réelle signification, elles doivent être confrontées à d'autres caractéristiques telles que le logement, le revenu ou le niveau d'instruction et précisées par des analyses fines pouvant aller jusqu'au niveau de l'îlot ; elles réclament aussi des enquêtes sur les acteurs qui interviennent dans les phénomènes ségrégatifs ainsi que sur les itinéraires professionnels et résidentiels des personnes.

Lectures

Sur les inégalités du développement économique dans le monde, la littérature est surabondante mais d'inspiration diverse et de valeur très inégale. Parmi les travaux synthétiques les plus stimulants pour comprendre la géographie des populations, il faut citer :

BAIROCH (P.), *Le Tiers Monde dans l'impasse. Le démarrage économique du XVIIIe au XXe siècle,* Paris, Gallimard, 1971, 366 p. – Les écarts des niveaux de développement

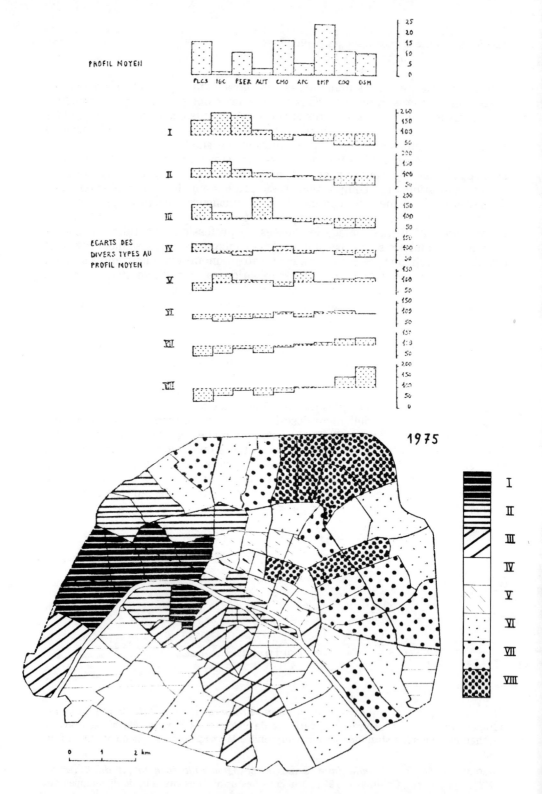

Fig. 46 – *Structure socio-professionnelle de la population des quartiers de Paris en 1975.*
Type 1 : forte proportion de cadres supérieurs et de professions libérales ;
type 8 : fort pourcentage d'ouvriers. (Source : J. Brun et Y. Chauviré. *Géographie sociale...*, 1983).

économique entre pays développés et pays sous-développés de 1770 à 2000, *Tiers Monde,* Paris, 1971, 12 (47), p. 497-514.

GINSBURG (N.) (ed.), *Geography and economic development,* Univ. of Chicago, Chicago, 1960, 173 p. – *Atlas of economic development,* Chicago, pr., 1961, 119 p.

GINSBURG (N.), OSBORN (J.) et BLANK (G.), *Geographic perspectives on the wealth of nations,* Univ. of Chicago (dep. of geogr ; R.P. n° 20), 1986, 133 p.

LACOSTE (Y.), *Géographie du sous-développement, géopolitique d'une crise,* Paris, P.U.F., 1976, 292 p.

Sur les activités économiques des populations, les études sont fort nombreuses

La plupart des études générales ont une orientation économique :

BAIROCH (P.), Structure de la population active dans le Tiers Monde, *Tiers Monde,* Paris, 1969, 38, p. 393-403.

BLOCH (G.) et PRADERIE (M.), *La population active dans les pays développés,* Paris, Cujas, 1966, 672 p.

Une seule étude générale à caractère géographique :

GEORGE (P.), *Populations actives, introduction à une géographie du travail,* Paris, P.U.F., 1978, 237 p.

Parmi les études de cas ayant un caractère géographique :

BURGEL (G.), *La condition industrielle à Athène,* Athènes, Centre Nat. de Rech. Soc., 2 vol., 1970, 158 p. et 1972, 180 p., nb. pl. h.t.
Chômage, non-emploi, sous-emploi, *Esp. Popul. Soc.,* 1985, 2, 476 p. (12 articles et notes).

GORDON (I.R.), Activity rates : regional and sub-regional differentials (Grande-Bretagne), *Regional Studies,* Reading, 1970, 4, p. 411-424, cartes.

GARCIA BALLESTEROS (A.), DEL POZO RIVERA (E.), BOSQUE SENDRA (J.), Activité et chômage en Espagne... (1955-1984), *Esp. Popul. Soc.,* 1985, 2, p. 357-374.

GOOSSENS (M.) et VAN HECKE (E.), Évolution de la structure spatiale du chômage en Belgique, *Esp. Popul. Soc.,* 1985, 2, p. 309-338.

HORTON (F.), MCCONNEL (H.) et TIRTHA (R.), Spatial patterns of socio-economic structure in India, Tijdschr. Econ. Soc. Geogr., Rotterdam, 1970, 61 (2), p. 101-113.

PAILHÉ (J.), Données sur la population active en Aquitaine, *Rev. géogr. Pyr. S.O.,* Toulouse, 1971, 3, p. 343-366, cartes – Le travail à Royan, *Norois,* Poitiers, 1972, 19 (74), p. 265-284, cartes.

ROCHEFORT (R.), *Le travail en Sicile,* Paris, P.U.F., 1961, 363 p.

THOMAS-MESSIAN (A.), Étude critique des sources relatives à la population active en Belgique, Rev. Belge Géogr., 1976, 100 (1), p. 5-48.

VANDERMOTTEN (Ch.) et GRIMMEAU (J.-P.), Principales caractéristiques régionales des marchés du travail dans la Communauté Européenne, *Esp. Popul. Soc.,* 1985, 2, p. 441-460.

Sur le schéma d'évolution de la population active :

CLAVAL (P.), *Éléments de géographie humaine,* Paris, M. Th. Génin, 1974, 412 p.

FOURASTIÉ (J.), *De la vie traditionnelle à la vie tertiaire,* Popul., Paris, 1959, 14 (3), p. 417-432.

Sur les insuffisances de la classification ternaire :

SANGUIN (A.L.), Une nouvelle distinction de secteurs d'activité en géographie économique, *Bull. Assoc. Géogr. fr.,* Paris, 1976, 53.

SOPPELSA (J.), Propositions pour une nouvelle classification des activités économiques aux États-Unis, *Bull. Assoc. Géogr. fr.,* Paris, 1978, 55 (455), p. 257-265.

162

Sur les disparités sociales :

On trouvera des développements intéressants dans les ouvrages de géographie sociale :

CLARK (B.) et GLEAVE (M.) (ed.), *Social patterns in cities,* London, Inst. of British Géogr., publ. spéc. n° 5, 1973.

CLAVAL (P.), *Principes de géographie sociale,* Paris, m. Th. Génin, 1973, 352 p.

COATES (B.), JOHNSTON (R.) et KNOX (P.), *Geography and inequality,* London, Oxford Univ. Pr. 1977, 292 p.

FREMONT (A.), CHEVALIER (J.), HÉRIN (R.) et RENARD (J.), *Géographie sociale,* Paris, Masson, 1984, 387 p.

JONES (E.) (ed.), *Readings in social geography,* London, Oxford Univ. Pr. 1977, 328 p.

JONES (E.) et EYLES (J.), *An introduction to social geography,* London, Oxford Univ. Pr., 1977, 273 p.

Parmi les études de cas :

AURIAC (F.) et BERNARD (M.-Cl.), Composantes et types socio-professionnels des campagnes en Languedoc-Roussillon. Essai d'application des méthodes quantitatives, *Bull. Soc. Lang. Géogr.,* Montpellier, 1974, 8 (1), p. 3-20, fig.

BOAL (F.), Social space in the Belfast Urban area, *Irish geogr. Stud.,* Belfast, 1970, p. 373-393, fig.

BRUN (J.) et CHAUVIRÉ (Y.), La ségrégation sociale, observations critiques sur la notion et essais de mesure à partir de l'exemple de Paris (1962-1975), *Géographie sociale* (Actes du Colloque de Lyon, 1982), Paris, 1983, p. 102-133.

DREWE (P.), VAN DER KNAPP (G.), MIK (G.) et ROGERS (H.), Segregation in Rotterdam : an explorative study on theory, data and policy, *Tijdschr. Econ. Soc. Geogr.,* Rotterdam, 1975, 66 (4), p. 204-216, fig.

FOGGIN (P.) et POLESE (M.), La géographie sociale de Montréal en 1971, Montréal, *Et. Doc. I.N.R.S. Urbanis,* 1976, 1, p. 1-43, fig.

FREYSSENET (M.), REGAZZOLA (T.) et RETEL (J.), *Ségrégation spatiale et déplacements sociaux dans l'agglomération parisienne de 1954 à 1968,* Paris, Centre de Sociol. Urb., 1971, 161 p., fig.

JONES (E.), *A social geography of Belfast,* London, Oxford, Univ. Pr., 1961.

KRETH (R.), Sozialräumliche Gliederung von Mainz, *Geogr. Rundsch.,* Braunschweig, 1977, 29 (5), p. 142-149, cartes
Logement et différenciations sociales dans les villes européennes, *Esp. Popul. Soc.,* 1986, 1, 173 p.

NOIN (D.) et al., *Atlas des Parisiens,* Paris, Masson, 1984, 80 pl.

PAILHÉ (J.), Les transformations de la composition sociale de la ville de Bordeaux, *Rev. Géogr. Pyr. S.O.,* Toulouse, 1978, 49 (1), p. 11-28.

PEACH (C.), *Urban social Segregation,* London, 1975.

PUMAIN (D.), La composition socio-professionnelle des villes françaises : essai de typologie par analyse des correspondances et classification automatique, *Esp. géogr.,* Paris, 1976, 5 (4), p. 227-238, fig.

RAPETTI (D.), Fiscalité et hiérarchie sociale dans l'espace urbain et péri-urbain, test d'évolution sur l'agglomération nantaise, 1972-1980, *Géographie sociale* (Actes du Colloque de Lyon, 1982), Paris, 1983, p. 349-364.

RONCAYOLO (M.), La division sociale de l'espace urbain : méthodes et procédés d'analyse, *Bull. assoc. Geogr. fr.,* Paris, 1972, n° 395-6, p. 3-20, cartes.

VILLENEUVE (P.Y.), POLESE (M.) et CARLOS (S.), De la frontière à la métropole : la géographie sociale du Canada urbain, *Geogr. Canad.,* 1976, 1, p. 72-107.

10

Les structures démographiques des populations

Les caractéristiques démographiques constituent un autre élément majeur de différenciation des populations. Elles sont liées dans une large mesure aux caractéristiques économiques précédemment analysées mais elles sont mieux connues et plus significatives des niveaux d'évolution atteints par les diverses nations du globe ; pour beaucoup d'entre elles, les variations peuvent même être précisées pour diverses échelles à l'intérieur d'un pays, voire à l'intérieur d'une région ou d'une agglomération urbaine, ce qui est très précieux pour l'analyse géographique. Les données, tirées essentiellement des recensements et des services d'état-civil, sont en général abondantes et faciles à utiliser ; elles sont plus commodes à exploiter que les données économiques pour discerner les évolutions en cours ou pour prévoir certains changements.

Parmi les nombreuses données de structure susceptibles d'être analysées, deux sont particulièrement significatives en raison de leurs implications démographiques, économiques, sociales et psycho-sociologiques : le sexe et l'âge. Leur analyse géographique fournit un éclairage intéressant sur les populations.

Les structures par âge

Pour les populations comme pour les individus, l'âge est un aspect important à considérer. Certaines peuvent être qualifiées de « jeunes » car elles ont beaucoup de personnes jeunes et peu de personnes âgées, la qualification de « vieilles » étant réservée à celles qui présentent le rapport inverse. Les conséquences de ces différences sont importantes à bien des points de vue : elles ont d'évidentes répercussions sur la croissance démographique, sur la consommation, sur l'orientation des équipements ou sur les caractères de la population active.

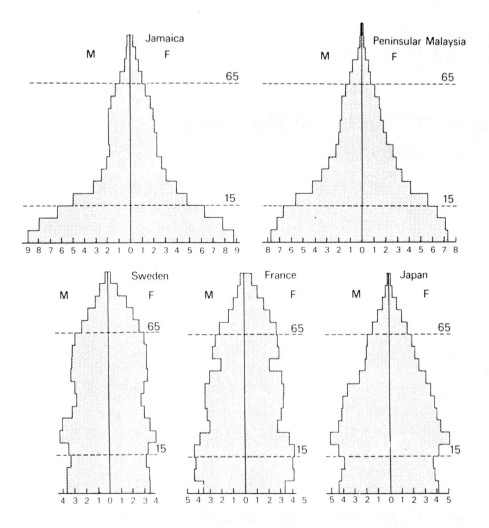

Fig. 47 – Pyramide des âges pour cinq pays vers 1970 (Jamaïque, Malaisie, Suède, France et Japon). Groupes quinquennaux exprimés en pourcentage de la population totale. (Source : W. Hornby et M. Jones, An introduction to population geography, 1980).

Les informations statistiques sur la structure par âge sont presque partout abondantes, voire surabondantes, mais leur qualité varie considérablement selon les pays : dans certaines nations du Tiers Monde, et plus particulièrement en Afrique, elles sont assez douteuses en raison des déformations provoquées par l'incertitude manifestée par une grande partie des personnes interrogées en ce qui concerne leur âge. Dans la plupart des pays, les services chargés des recensements fournissent sur la structure par âge des données plus ou moins détaillées, par tranches annuelles, quinquennales ou décennales et pour des niveaux administratifs variés. Pour simplifier cette information, on a depuis longtemps pris l'habitude de considérer les trois grands groupes d'âge correspondant en gros aux périodes de formation, d'activité et de retraite ; toutefois, la manière d'effectuer les regroupements varie d'un pays à l'autre : les *jeunes* sont tantôt compris comme les moins de 15 ans et tantôt comme les moins de 20 ans, les *personnes âgées* comme les plus de 60 ans ou les plus de 65 ans si bien que les *adultes* reçoivent, de ce fait, quatre définitions différentes ; les comparaisons internationales sont donc rendues malaisées.

Pour faciliter l'analyse de l'information, on a également pris l'habitude de la visualiser sous forme d'un graphique, simple mais suggestif, connu sous le nom de *pyramide des âges :* les tranches d'âge sont indiquées en ordonnée, pour l'ensemble de la population ou plus souvent pour chacun des deux sexes, et les effectifs en abscisse ; à chaque tranche correspond un rectangle plus ou moins long selon l'importance de l'effectif ; pour les comparaisons, utilisées fréquemment en géographie, il faut calculer la part de chaque tranche (en % ou ‰) dans l'ensemble de la population. L'image obtenue est plus ou moins détaillée et intéressante selon que les tranches considérées sont annuelles, quinquennales ou décennales ; son analyse permet de repérer l'effet de la différence de mortalité des deux sexes, le rôle des migrations et, éventuellement, des traumatismes subis par la population, car les événements essentiels d'un siècle d'histoire démographique s'y trouvent inscrits. Les formes obtenues offrent une certaine variété mais deux d'entre elles sont plus souvent représentées que d'autres : les populations jeunes sont figurées par de larges bases et un dessin grossièrement triangulaire tandis que les populations vieilles sont figurées par des formes plus hautes, plus étroites et plus rectangulaires à la base (fig. 47). Ce procédé de représentation offre un grand intérêt pour l'étude démographique mais il ne convient que partiellement à l'étude géographique, car les comparaisons sont difficiles dès que le nombre des pyramides est élevé. D'autres procédés doivent donc être utilisés pour l'étude des variations spatiales :

1. *Les méthodes d'analyse*

Pour faciliter les comparaisons, on peut utiliser de nombreux moyens graphiques ou statistiques : le graphique triangulaire, les profils comparatifs, les indices analytiques, les indices synthétiques et enfin les analyses multivariées.

Le *graphique triangulaire* est facile à établir et il a été maintes fois employé. Il est pratique dans la mesure où il permet de représenter par un seul point la part des jeunes, des adultes et des personnes âgées. Sa lecture ne présente aucune difficulté. Toutefois, le graphique ne fournit qu'une analyse assez grossière des structures par âge du fait de la division en trois groupes ; par ailleurs la distinction des types est peu rigoureuse car elle se fait par division du nuage de points. Le procédé n'est donc valable que si on le considère comme une simple approche.

Les *profils comparatifs* sont également faciles à construire et à interpréter. Ils supposent le choix d'une population de référence : par exemple celle du pays tout entier lorsqu'on veut analyser les variations régionales de la structure par âge ; pour chacune des sous-populations, on calcule ce que représente chaque tranche d'âge, quinquennale ou décennale, par rapport à la population-type ; les nombres ainsi calculés sont reportés sur un graphique où la ligne des abscisses représente la population de référence : le profil ainsi obtenu permet de juger du premier coup d'œil si la sous-population présente par rapport à elle, un excédent de jeunes ou de vieux ou d'adultes ou de personnes de tel ou tel âge. Toute l'information est ainsi conservée sans simplification mais, ainsi transformée, elle rend plus facile le travail de comparaison. Le procédé est intéressant si les sous-populations sont peu nombreuses ; si le nombre des profils est élevé, le classement est rendu malaisé.

Les indices analytiques sont utilisés depuis longtemps pour l'étude des structures par âge mais ils paraissent trop élémentaires aujourd'hui pour constituer autre chose qu'une approche. Ainsi le calcul du *pourcentage des jeunes ou des personnes âgées* dans la population fournit des éléments d'analyse souvent significatifs quand les structures sont suffisamment contrastées mais la perte d'information entraînée par ce procédé est considérable. On peut également calculer, avec les mêmes avantages et les mêmes inconvénients, un *indice de jeunesse* (nombre de jeunes pour 100 vieux), un *indice de vieillesse* (nombre de personnes âgées pour 100 jeunes), un *indice de dépendance* (nombre de personnes dépendantes, jeunes ou âgées, pour 100 adultes) ainsi que divers autres indices combinant deux ou trois des grands groupes d'âge.

Les indices synthétiques parlent moins à l'imagination que les précédents, car ils sont moins concrets, mais ils sont plus précis et plus rigoureux. Ainsi, l'*âge moyen* d'une population constitue un bon indice : pour le calculer, on multiplie l'effectif de chaque groupe d'âge par l'âge moyen de chaque groupe (2,5 ans pour le groupe 0-4 ans, 7,5 ans pour le groupe 5-9 ans...). On additionne pour obtenir le nombre d'individus-années, puis on divise par le nombre total de personnes. On peut également calculer l'*âge médian* d'une population : pour cela, on divise par 2 le nombre total de personnes, puis on cumule les effectifs des tranches d'âge jusqu'au chiffre obtenu ; l'âge exact est calculé par interpolation dans la tranche d'âge concernée ; pour l'âge moyen comme pour l'âge médian, on a évidemment avantage a utiliser un ordinateur si les séries à comparer sont nombreuses. Il existe d'autres indices tenant compte de l'ensemble de l'information et plus satisfaisants que les valeurs centrales : c'est le cas, par exemple, de l'*indice de structure* utilisé par M. Coulson (1968) pour l'étude de la population de Kansas-City ; cet indice résume par un seul chiffre l'histogramme de forme triangulaire représentant la structure par âge pour les deux sexes réunis ; la pente du triangle est plus ou moins forte selon que les populations sont jeunes ou vieilles ; dans la droite de régression de type $y = ax + b$ représentant les différentes valeurs observées pour les tranches d'âge, il suffit de retenir a qui indique la pente de la droite ; ici aussi, il est avantageux d'utiliser un ordinateur pour s'épargner de longs calculs.

Enfin, il est possible d'utiliser les analyses multivariées pour traiter les séries statistiques relatives aux âges. Par exemple, P. Foggin et Fr. Bissonnette (1976) ont effectué une analyse factorielle pour étudier les structures par âge dans la région Saguenay-Lac Saint-Jean au Québec ; les poids locaux des divers facteurs sont ensuite cartographiés... La méthode est ici utilisée pour une petite population mais elle pourrait être employée à une tout autre échelle.

● Les méthodes d'étude de la structure par âge sont donc assez nombreuses ; on a avantage à utiliser aujourd'hui une méthode qui soit synthétique et rigoureuse, qui conserve le maximum d'informations et qui réduise le plus possible la part de subjectivité. Dans tous les cas, l'analyse graphique ou statistique doit être considérée comme une simple étape : le but est en effet

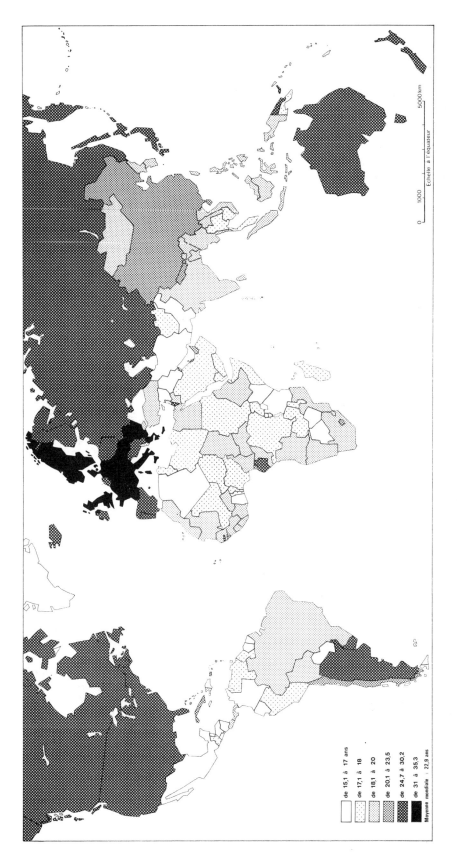

Fig. 48 – Age médian de la population pour les divers pays du monde en 1976. (Source des données : World Popul. data sheet).

d'établir une bonne carte des structures par âge de façon à pouvoir en étudier les variations spatiales.

2. Les variations de pays à pays

A l'échelle mondiale, les contrastes sont très accusés et l'identification des populations jeunes ou vieilles est aisée, quel que soit le procédé d'analyse retenu.

La part des jeunes de moins de 15 ans dans la population en 1976 montre une opposition très nette entre, d'une part, les pays sous-développés où elle est supérieure à 40 et parfois à 45 % et, d'autre part, les pays développés où elle est inférieure à 30 ou même à 25 % ; les différences sont très marquées entre certaines nations où les jeunes sont étonnamment nombreux (Algérie 48 %, Surinam 50 %) et certaines autres où ils sont au contraire en petit nombre (Suède 21 %, Hongrie 20 %). La part des personnes ayant plus de 65 ans dans la population révèle la même opposition en sens inverse puisqu'elle est inférieure à 5 % dans les pays en voie de développement et nettement supérieure à 10 % dans les pays développés, avec des contrastes tout aussi accusés entre les pays ayant peu de vieillards (Indonésie 2,5 %, Tanzanie 2,6 %) et ceux où ils constituent une proportion relativement importante des habitants (Belgique 13,9 %, Suède 15,1 %).

On obtient une appréciation un peu moins concrète peut-être, mais plus précise des structures par âge, en utilisant un indice synthétique comme l'âge médian (fig. 48). Dans *les pays du Tiers Monde* qui *sont uniformément jeunes,* celui-ci est inférieur à 20 ans en 1976 : 19,9 dans les Caraïbes, 19,2 en Asie méridionale, 18,6 en Afrique Centrale, 18,2 en Asie sud-occidentale, 18,1 en Amérique du sud tropicale, 18 en Afrique du nord, 17,7 en Afrique occidentale, 17,6 en Afrique orientale et seulement 16,9 en Amérique centrale qui, parmi les grands ensembles territoriaux, apparaît globalement comme ayant la plus grande jeunesse ; les populations les plus jeunes ont un âge médian inférieur ou égal à 16 ans, ce qui signifie – rappelons-le – que la moitié de la population a moins que cet âge ! c'est le cas notamment pour celles de l'Iraq, de la Syrie, du Nicaragua et du Surinam. Dans les pays développés, l'âge médian est supérieur à 25 ou 30 ans ; les différences sont ici nettement plus marquées : 25,7 ans en Amérique du sud tempérée, 27,3 en Australie et Nouvelle-Zélande, 27,9 en Amérique du nord, 29,6 au Japon, 29,7 en Union Soviétique, 31,1 en Europe méridionale, 31,4 en Europe orientale, 33,1 en Europe occidentale et enfin 33,4 en Europe du nord ; *les pays développés ne sont* donc *pas uniformément « vieux » ;* en outre, des différences assez nettes existent à l'intérieur des grands ensembles territoriaux : en Europe occidentale par exemple, l'âge médian est de 28,9 ans aux Pays-Bas et de 35,2 ans au Luxembourg ; en Europe orientale, il est de 28,4 ans en Pologne et de 34,5 ans en Allemagne de l'est ; en Europe méridionale, il est de 33,4 ans en Grèce mais seulement de 19,2 ans en Albanie qui a une structure par âge proche de celle des nations sous-développées. Entre les deux grands ensembles de pays formant le monde contemporain, rares sont ceux qui sont en situation intermédiaire et dont l'âge médian est proche de la moyenne mondiale (22,9 ans) : c'est le cas pour quelques îles dans les Antilles (La Barbade, Cuba, Porto-Rico) ou pour quelques pays d'Asie (Chine continentale, Hong-Kong).

Les différences entre pays apparaissent nettement quand on utilise le graphique triangulaire pour observer les structures par âge (fig. 49). Les nations du Tiers

Monde forment un nuage de poins assez gros et serré dans la partie « jeune »
du graphique car les trois grands groupes d'âge y ont partout des proportions
voisines :

	% Jeunes (15 ans	% Adultes (15-64 ans)	% Personnes âgées (65 ans)
Mali	49	49	2
Algérie	48	49	3
Kenya	46	51	3
Madagascar	45	52	3
Colombie	44	53	3
Bengladesh	43	54	3

(source : *World Population data sheet*, 1978)

Les pays développés, moins nombreux, forment un nuage plus étalé dans la
partie « vieille » du graphique car leurs caractéristiques sont moins homogènes
en ce qui concerne l'âge :

Australie	28	64	8
Uruguay	28	63	9
Portugal	27	63	10
France	24	62	14
Suède	21	64	15
R.D.A.	21	63	16

Quelques pays, peu nombreux, sont en train de passer d'une structure à l'autre :

Porto-Rico	35	58	7

Les différences qui apparaissent dans la structure par âge des nations reflètent
des différences d'évolution démographique. Les populations qui sont vieilles
aujourd'hui avaient autrefois des caractéristiques jeunes même si la proportion
des moins de 15 ans y était généralement un peu moins élevée que dans les
populations de l'actuel Tiers Monde :

France 1775	35	61	4
Angleterre 1821	38	58	4
U.S.A. 1820	44	54	2

Dans tous les pays développés, la proportion des jeunes a diminué depuis le
début de la révolution démographique, tandis que celle des personnes âgées a

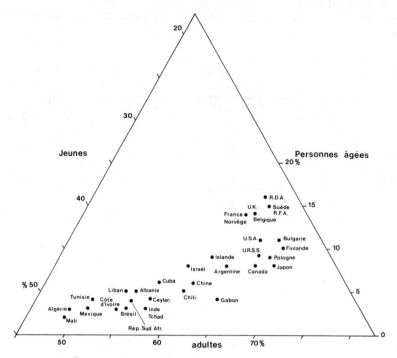

Fig. 49 – Répartition de la population en trois groupes d'âge pour divers pays en 1976.
(Source des données : World Popul. data sheet).

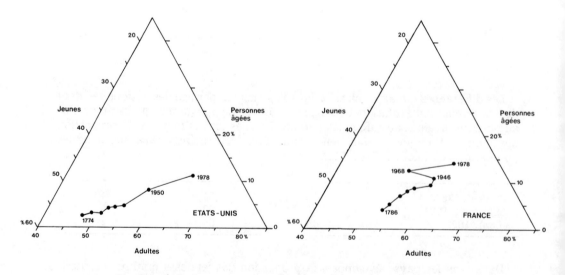

Fig. 50 – Évolution de la structure par âge en France et aux États-Unis.

augmenté (fig. 50). En France par exemple, la part des jeunes dans la population est passée de 35 à 24 % en l'espace de deux siècles, de 1775 à 1975, et celle des vieux de 4 à plus de 13 % ; aux États-Unis, l'évolution a été à peu près semblable mais elle a demandé à peine plus d'un siècle.

L'explication de ces variations – dans l'espace ou dans le temps – ne réside guère dans l'allongement de la vie humaine, contrairement à une idée répandue mais dans l'évolution de la fécondité. L'analyse du phénomène montre en effet que la baisse de la mortalité n'a qu'une faible influence sur la structure par âge car une telle baisse se traduit par des gains en vies humaines à tous les âges et particulièrement à celui de la petite enfance ; c'est essentiellement la baisse de la fécondité qui est à l'origine du vieillissement : la population âgée augmente relativement parce que l'apport de jeunes enfants diminue. Les mouvements de migration interviennent aussi pour influencer les structures par âge mais ce facteur joue peu à l'échelle des nations, mis à part le cas exceptionnel de pays très fortement marqués par l'émigration comme l'Irlande ou par l'immigration comme le Koweit.

3. *Les variations à l'intérieur d'un même pays*

Il en est de même à l'intérieur d'un même pays : *ce sont les différences de fécondité qui expliquent l'essentiel des variations de la structure par âge* bien que l'impact des migrations puisse être assez marqué localement.

Dans la plupart des pays développés, les différences régionales de la structure par âge sont assez nettes. En Italie par exemple, elles s'expliquent en dernière analyse par les écarts existant dans le niveau d'évolution des diverses provinces ; dans le Mezzogiorno, la population est encore relativement jeune : elle est liée à une fécondité qui est restée sensiblement plus élevée que dans l'ensemble du pays et au retard économique et social dont souffrent les provinces méridionales ; dans la plaine du Pô au contraire, la population est vieille et peu féconde car elle est démographiquement et économiquement évoluée. En France, des disparités assez fortes sont constatées entre le nord et le sud pour d'autres raisons : dans les régions du sud, la population est plus vieille, moins féconde car, mieux scolarisée, elle a adopté plus vite et plus largement les méthodes modernes de contraception. Les différences régionales sont parfois très fortes dans les pays vastes et hétérogènes : l'Union Soviétique offre à ce point de vue un cas extrême, car certaines de ses populations, comme celles des pays baltes ou de Biélorussie, sont déjà très vieilles tandis que d'autres, relativement attardées, en Sibérie orientale ou en Asie centrale par exemple, sont encore jeunes. Dans les pays du Tiers Monde, les différences régionales de structure par âge existent aussi, mais elles sont habituellement peu accusées, car les écarts dans les niveaux de la fécondité sont peu importants ; seuls les pays où la baisse de la fécondité se manifeste nettement présentent de notables différences de structure.

Presque partout dans le monde, villes et campagnes ont des structures par âge différentes. En règle générale, la population des villes est sensiblement moins âgée que celle des campagnes. Ces variations sont évidemment en rapport avec des différences de fécondité et plus précisément avec des différences de comportement des couples vis-à-vis des méthodes modernes de contraception, mais elles sont également liées aux mouvements de migration des jeunes adultes à la recherche d'emplois urbains. Parmi les villes, la population est toujours plus âgée dans les centres tertiaires que dans les centres industriels ou miniers ; les villes de retraite sont évidemment celles où la population est la plus vieille. En France par exemple, alors que l'âge médian est de 32,5 ans en 1975, il est de 31,6 ans dans les agglomérations urbaines et de 34,9 ans en milieu rural, il s'abaisse à 27,5 ans dans une ville d'industrie lourde comme Dunkerque mais s'élève à 41,2 ans à Nice où les retraités sont nombreux.

Quant aux différences de structure par âge qui sont presque partout observées au sein des villes, elles sont moins liées aux variations de la fécondité qu'aux disparités sociales. Dans les grandes cités d'Europe occidentale par exemple, les quartiers centraux ont une population beaucoup plus âgée que les banlieues. Ainsi l'âge médian est de 38,5 ans en 1975 pour la ville de Paris proprement dite alors qu'il est seulement de 30,5 ans en banlieue. Dans la partie centrale de l'agglomération, qui est chère, la proportion de foyers aisés et âgés est élevée alors que les jeunes ménages, les familles nombreuses et, d'une façon générale, les catégories sociales défavorisées habitent en banlieue, parce que le coût des logements y est moins élevé. Très curieusement, on retrouve la même configuration dans les villes nord-américaines, bien que la répartition spatiale des catégories sociales soit très différente (fig. 51) ; dans les quartiers centraux, peu plaisants, les immeubles collectifs anciens ont de petits logements qui attirent les personnes seules, les vieillards et les jeunes couples ; les banlieues qui sont beaucoup plus agréables et qui ont surtout des maisons individuelles, attirent les familles ayant des enfants.

Les structures par sexe

L'étude spatiale de la structure par sexe, comme celle de la structure par âge, révèle aussi certaines caractéristiques qui méritent d'être analysées. Cette autre distinction n'est pas moins importante que celle de l'âge, en raison des fonctions et des rôles joués – ou imposés – à chacun des deux sexes dans toutes les sociétés humaines.

Pendant longtemps, on a considéré qu'il y avait autant d'hommes que de femmes dans le monde. Au XVIIe siècle, les recherches de l'anglais J. Graunt, faites à partir des registres de baptême de plusieurs régions d'Angleterre, ont montré que les naissances masculines étaient un peu plus nombreuses que les naissances féminines, mais il a fallu attendre la fin du XIXe siècel ou même le XXe siècle pour mieux connaître la répartition des hommes et des femmes ; aujourd'hui encore, il s'en faut de beaucoup que cette connaissance soit bonne pour de nombreux pays en voie de développement : on constate en effet une sous-déclaration plus ou moins importante des femmes lors des recensements effectués dans ces pays (au Maroc par exemple, une femme sur 50 en 1960, une sur 10 dans certaines régions de montagne). Le phénomène n'est pas propre aux nations islamiques, on le trouve aussi, semble-t-il, dans le sud de l'Asie. Dans ces conditions, l'analyse des données statistiques doit être menée avec prudence,

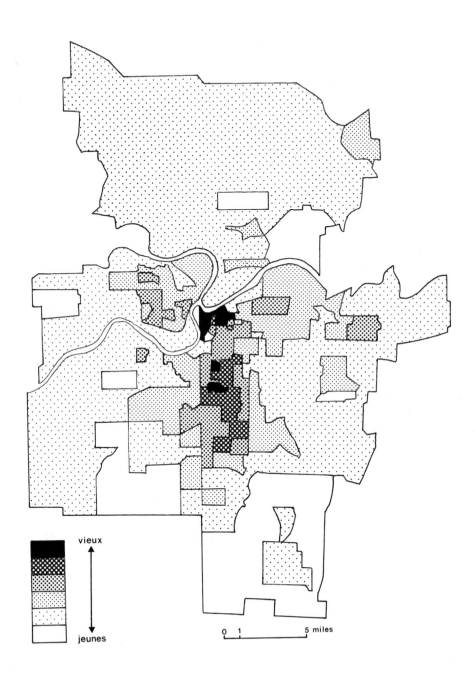

Fig. 51 – Structure par âge de la population dans l'agglomération de Kansas City.
(D'après M. Coulson, *Ann. Assoc. Amer. Geogr.,* 1968).

particulièrement dans les pays du Tiers Monde ; il est préférable de se fier aux résultats d'enquêtes précises, quand elles ont été faites, qu'à ceux des recensements.

En raison de l'imperfection des données, des mesures très simples suffisent. On en utilise deux :

1) Le *taux de masculinité* T_m (ou de *féminité* T_f) est le rapport de l'effectif de sexe masculin (ou féminin) à l'effectif total de la population ; il est exprimé pour 100 ou 1 000 persones.

2) Le *rapport de masculinité* R_m (ou de *féminité* R_f) est le rapport de l'effectif de sexe masculin (ou féminin) à celui de l'autre sexe ; on l'exprime habituellement pour 100 ou 1 000 personnes.

On passe facilement de l'un à l'autre par soustraction ; on passe également sans difficulté des taux aux rapports ; ainsi :

$$R_m = \frac{T_m}{100 - T_m}$$

La carte du rapport de masculinité dans le monde n'est pas présentée ici en raison de l'incertitude des chiffres. Dans le Tiers Monde, il y a une légère prédominance numérique du sexe masculin dans presque tous les pays : ainsi le rapport est de 109 en Mélanésie, de 107 en Asie du sud, de 104 en Chine, de 103 dans le Moyen-Orient et de 101 en Afrique du nord ou en Amérique centrale ; toutefois, il est inférieur à 100 en Asie du Sud-Est ainsi qu'en Afrique centrale et orientale ; il est difficile ici de faire la part des erreurs de dénombrement et des facteurs influençant le rapport numérique des deux sexes. Dans les pays développés, la situation est inverse : les femmes sont légèrement plus nombreuses que les hommes ; le rapport de masculinité est donc inférieur à 100 : 97 au Japon, 96 en Amérique du nord et en Europe du nord, 95 en Europe du sud, 94 en Europe de l'ouest et de l'est.

Des variations importantes peuvent également être observées à l'intérieur d'un même pays. Dans le Tiers Monde, on observe presque partout un léger excédent d'hommes dans les villes : au début des années 70, le rapport de masculinité aurait été de 111 dans les villes birmanes, de 116 dans les villes indiennes, de 130 dans les villes iraniennes et de 138 dans celles du Kenya ; toutefois le déséquilibre avait partout tendance à diminuer : à Manille par exemple, le rapport de masculinité, qui était de 102 en 1948 est passé à 98 en 1970 ; à Kinshasa, il est passé de 135 en 1955 à 110 en 1967 et à 102 en 1975. Dans les pays développés, les femmes sont généralement plus nombreuses que les hommes dans les villes : le rapport de masculinité est de 98 dans les villes japonaises, de 97 dans les villes canadiennes, de 93 dans les villes des États-Unis et de 92 dans les villes anglaises ; et la « féminisation » des populations urbaines a tendance à s'accuser par suite de vieillissement.

Les facteurs qui interviennent pour équilibrer ou déséquilibrer les effectifs des deux sexes sont variés. Les mouvements migratoires expliquent les principales différences observées au niveau régional : qu'ils soient temporaires ou de longue durée, ils concernent plus volontiers les hommes que les femmes dans les pays en voie de développement, en raison des freins sociologiques empêchant celles-ci de s'éloigner du cercle familial ; le fait est très net dans les pays arabes : le taux de masculinité est parfois très élevé dans certains lieux d'immigration (131 à

Koweit, 182 à Qatar) et, à l'inverse très faible dans certains lieux d'émigration temporaire (parfois moins de 60 dans certains villages de l'Anti-Atlas au Maroc) ; il n'en est pas de même dans les pays développés où les mouvements vers les villes concernent un peu plus fortement les femmes que les hommes, car les emplois féminins sont nombreux dans les villes ; les territoires en cours de mise en valeur dans lesquels la prédominance masculine est forte, comme l'Alaska constituent une exception. Par contre, ce sont les écarts dans les niveaux de développement qui expliquent l'essentiel des différences d'un pays à l'autre ou d'un groupe de pays à l'autre ; celles-ci ont un rapport très net avec l'âge des populations : dans les populations jeunes, la prédominance numérique des hommes s'explique aisément par le déséquilibre qui est observé à la naissance (105 garçons pour 100 filles) et qui se maintient, en s'atténuant peu à peu, chez les jeunes ou même chez les jeunes adultes ; dans les populations vieilles au contraire, la prépondérance numérique des femmes s'explique par la surmortalité masculine : celle-ci se manifeste à tous les âges, mais elle s'accentue nettement aux âges élevés, si bien que le rapport de masculinité est d'autant plus faible qu'une population est plus âgée. Un autre facteur intervient de façon plus exceptionnelle pour exliquer certaines anomalies du rapport de masculinité : ce sont les conflits qui, jusqu'à présent, ont toujours entraîné des pertes bien plus lourdes pour les hommes ; les effets de la Première Guerre mondiale sont désormais atténués mais ceux de la Deuxième Guerre sont encore nets dans des pays comme l'Allemagne, où le taux de masculinité est de 91, et surtout l'Union Soviétique, où il est seulement de 87.

A l'intérieur des agglomérations urbaines des pays développés existent également des variations dans le rapport numérique des sexes qui révèlent certains aspects de la structure sociale. Presque partout, on observe des différences sensibles entre quartiers centraux et banlieues périphériques : les premiers ont une population plus vieille, donc plus fortement féminine que les secondes, où la population est relativement jeune, donc plus nettement masculine ; le plus souvent, la répartition des sexes se fait selon une disposition concentrique avec un rapport de masculinité croissant vers l'extérieur : ainsi, dans l'agglomération parisienne, le taux est de 86 dans les arrondissements centraux de Paris, de 90 dans les arrondissements périphériques, de 97 dans la proche banlieue et de 101 dans la banlieue éloignée. Ce schéma est plus ou moins modifié par la configuration sociale de l'espace urbain : les femmes sont plus nombreuses que les hommes dans les quartiers aisés parce que la population y est plus vieille et parce que beaucoup de femmes seules cherchent à y résider car elles s'y sentent plus en sécurité ; il faut en outre ajouter le cas des bonnes qui habitent chez leurs employeurs ; en revanche, dans les quartiers défavorisés, les travailleurs célibataires, nationaux ou étrangers, trouvent des logements meilleur marché ; ainsi, dans l'agglomération parisienne, le taux de masculinité est de 80 dans les « beaux quartiers » de Paris et de 105 dans la banlieue nord qui est fortement industrielle.

Les déséquilibres existant dans le rapport numérique des deux sexes ont évidemment des conséquences sur le « marché matrimonial », dès lors qu'ils concernent les jeunes adultes et spécialement le groupe des 20-35 ans. Dans les pays développés où un déséquilibre se manifeste, le célibat est fréquent pour l'un ou l'autre sexe : dans les campagnes, beaucoup d'hommes sont condamnés à rester célibataires ; dans les grandes villes, c'est le cas pour de nombreuses femmes. Dans les pays sous développés où le célibat est généralement moins fréquent, une différence d'âge plus ou moins importante permet de retrouver un certain équilibre entre les gens mariables, spécialement dans les pays où la polygamie vient accentuer le déséquilibre.

Lectures

Sur les variations spatiales des caractères démographiques, des études extrêmement nombreuses ont été publiées par des géographes et des démographes

Ouvrages généraux consacrant un développement substantiel aux aspects géodémographiques.

BROEK (J.) et WEBB (J.) 1978, op. dit. – CLARKE (J.), 1972 – GEORGES (P.), 1959 – TREWARDTA (G.), 1969 – WILSON (M.), 1968 – WITTHAUER (R.), 1969.

La consultation des ouvrages de démographie est indispensable. Ceux-ci sont fort nombreux mais on trouve l'essentiel dans les études suivantes :

PRESSAT (R.), *Démographie sociale,* Paris, P.U.F. (coll. sup), 1971, 168 p. – *Démographie statistique,* Paris, P.U.F. (Coll. Sup), 1972, 194 p. – *Les méthodes en démographie,* Paris, P.U.F. (Coll. Qsj), 1981, n° 1964, 128 p.

SAUVY (A.)..., *Éléments de démographie,* Paris, P.U.F. (Coll. Thémis), 1976, 391 p.

TAPINOS (G.), *Éléments de démographie. Analyse, déterminants socio-économiques et histoire des populations,* Paris, A. Colin (Coll. V), 1985, 367 p.

The determinants and consequences of population trends (new summary of findings on interaction of demographic, economic and social factors), Nations Unies, New York, 1973, vol. 1, 661 p.

Les grands périodiques démographiques fournissent régulièrement des informations sur les évolutions en cours, particulièrement *Population* (Paris).

Sur l'histoire démographique, les publications sont de plus en plus nombreuses aussi. Pour une approche, on peut se contenter des travaux de synthèse :

REINHARD (M.), ARMENGAUD (A.) et DUPAQUIER (J.), *Histoire générale de la population mondiale,* Paris, Montchrétien, 3ᵉ ed. 1968, 708 p.

WRIGLEY (E.), *Société et population,* Paris, Hachette, 1969, 255 p.

Études sur les structures par sexe et par âge

ALEGRIA (M. F.), Estrutura etaria de la populaçaõ de Portugal continental en 1970, *Finisterra,* Lisboa, 1974, 9, n° 17, p. 161-169.

BÉTEILLE (R.), Le troisième âge en France, *Norois,* Poitiers, 1978, 1, p. 127-148;

CLARKE (J.), Rural and urban sex-ratios in England and Wales, *Tijdschr. econ. soc. Geogr.,* Rotterdam, 1960, 51, p. 29-40.

COULSON (M.), The distribution of population age structures in Kansas city, *Ann. Assoc. Amer. Geogr.,* 1968, 58, p. 155-176.

DEWDNEY (J.), Age-structure maps of the British Isles, *Trans. Inst. Brit. Geogr.,* 1968, 43, p. 9-18, cartes h.t.

FOGGIN (P.) et BISSONNETTE (FR.), La structure d'âge au Saguenay – Lac St-Jean, Québec, *Rev. Geogr. Montréal,* 1976, 30 (3), p. 253-261.

FRENETTE (J. V.), Le vieillissement de la population du Québec, *Rev. Géogr. Montréal,* 1976, 30 (3), p. 241-251.

GOMEZ MENDOZA (J.), Estructura por edad y sexo de la población española en 1965, *Estud. Geogr.,* Madrid, 1971, 32, n° 124, p. 409-441.

LAW (C.) et WARNES (A.), The changing geography of the elderly in England and Wales, *Trans. Inst. Brit., Geogr.,* 1976, 4, p. 453-471, fig.

Personnes âgées et vieillissement (Actes du symposium franco-britannique, Londres, juillet 1986), *Espace Popul. Soc.,* 1987 (1) (22 articles).

PITIÉ (J.), Les effets des migrations sur la répartition géographique des sexes, *Norois,* Poitiers, 1966, 51, p. 415-435, cartes.

PRUVOT (M.), Proposition d'un indice de jeunesse. Méthodes et applications à Montréal, *Rev. Géogr. Montréal,* 1970, 24 (1), p. 96-99, carte.

THUMERELLE (P. J.), Structure par âge de la région du Nord d'après le recensement de 1968, *Hom. Terres Nord,* Lille, 1971, 2, p. 49-63, fig.

VEYRET-VERNER (G.), Populations vieilles, *Rev. Geogr. alp.,* Grenoble, 1971, 59 (4), p. 433-456, fig.

WARNES (A.) ed., *Geographical perspectives on the elderly,* chichester, Wiley, 1987, 478 p.

11

La fécondité des populations

La fécondité des populations, qui a depuis longtemps attiré l'attention des démographes et des sociologues, est aussi devenue un objet de recherche, plus récemment, pour les géographes. Elle mérite beaucoup d'attention, non seulement parce qu'elle constitue un élément essentiel du dynamisme démographique, mais parce que ses variations dans l'espace fournissent, sur le niveau d'évolution des sociétés, un éclairage meilleur que celui fourni par les indices économiques comme le revenu par tête ou la consommation individuelle d'énergie ; le niveau de la fécondité est en effet un *très bon indicateur des mentalités et, en particulier, de l'attitude des populations face à la vie moderne.*

La mesure de la natalité et de la fécondité

L'étude de la fécondité est toutefois délicate, car les statistiques utiles pour mener à bien une étude géographique ne sont pas toujours disponibles. Tout d'abord parce que les naissances ne sont pas nécessairement bien déclarées, du moins dans les pays sous-développés où l'état-civil, relativement récent, fonctionne souvent dans des conditions difficiles et où tous les parents ne déclarent pas les enfants qui viennent de naître. Ce n'est pas suffisant : il faut que les naissances soient « domiciliées », c'est-à-dire inscrites ou calculées au lieu de résidence de la mère, car les accouchements se font de plus en plus dans les cliniques ou hôpitaux des villes ; pour une étude géographique précise, il faut qu'elles soient disponibles pour des circonscriptions de taille petite et moyenne ; pour donner de l'intérêt à l'analyse , il faut enfin connaître l'âge des parents, leur niveau d'instruction et les emplois qu'ils exercent. Ces conditions sont rarement réunies. Si l'enregistrement est partiel, mieux vaut le rejeter et utiliser les recensements : on peut en effet obtenir une évaluation du nombre des naissances, dans une circonscription donnée, en considérant l'effectif des enfants de O-4 ans et en tenant compte de la mortalité qu'a subi ce même groupe d'âge.

Les naissances de chaque circonscription étant connues ou évaluées, diverses mesures permettent de juger de l'importance de la *natalité* ou de la *fécondité :* les premières mettent les naissances en rapport avec l'effectif de la population ;

les secondes, plus précises, mettent les naissances en rapport avec l'effectif des femmes en âge de procréer : la période féconde varie légèrement selon les femmes mais on considère habituellement les tranches d'âge de 15-44 ou de 15-49 ans ; celle-ci ayant tendance à s'allonger dans les pays riches, avec l'amélioration des conditions de vie, on retient de plus en plus la période 15-49 ans.

Les mesures les plus couramment utilisées dans les études géographiques sont des mesures « transversales » ou « du moment », c'est-à-dire relatives à une année donnée. Les mesures « longitudinales » des démographes, relatives à une génération, ne sont pratiquement pas utilisées.

1) La mesure de la natalité est la plus simple. Le *taux brut de natalité* ou taux de natalité générale ou tout simplement taux de natalité est le rapport du nombre des naissances vivantes d'une année donnée à l'effectif de la population au milieu de la même année ; il est généralement exprimé pour 1 000 personnes : ainsi, en 1975, ce taux a été de 16,4 ‰ pour la France et de 49,5 ‰ pour le Maroc. Très souvent, c'est le seul taux fourni par les services de statistique pour un pays ou pour une circonscription. On ne peut que le regretter car le taux de natalité, fortement influencé par la structure par âge, est une mesure assez grossière du phénomène ; deux populations ayant le même comportement reproductif peuvent avoir des taux assez différents si l'une est jeune et l'autre vieille ; si la mesure est grossière, elle n'est jamais complètement erronée cependant, puisque natalité, fécondité et structure par âge sont trois variables ayant une assez bonne corrélation entre elles.

2) Les mesures de la fécondité permettent justement d'éliminer plus ou moins l'influence de la structure par âge car ce sont cette fois les effectifs féminins et non les effectifs totaux qui sont considérés.

– Le *rapport enfants-femmes* est très facile à calculer et il est très utile dans les pays à statistiques imparfaites où les données d'état-civil sont inutilisables ; on peut également avoir intérêt à s'en servir dans les pays développés si les données ne sont pas suffisamment détaillées pour une étude fine ; il offre en outre l'avantage de pouvoir être calculé avec les seules informations de recensements ; il permet aussi de mener des études rétrospectives qui souvent ne peuvent l'être autrement. Pour le calculer, il suffit de mettre en rapport le nombre des enfants de 0-4 ans aux femmes de 15-49 ans ; le résultat est exprimé pour 1 000, pour 100 ou sous forme décimale ; ainsi, le rapport enfants-femmes, pour l'année 1975, a été de 274 ‰ en France et de 832 ‰ au Maroc. C'est un assez bon indicateur de la fécondité mais qui n'élimine que partiellement l'influence de la structure par âge puisque le groupe des femmes considéré peut être relativement jeune ou relativement âgé.

– Le *taux de fécondité* – ou taux brut de fécondité ou taux de fécondité générale – est également un assez bon indice mais qui suppose l'utilisation de données provenant à la fois de l'état-civil et du recensement : c'est le rapport du nombre des naissances vivantes d'une année à l'effectif des femmes de 15-49 ans ; il est exprimé habituellement pour 1 000 femmes ; ainsi le taux de fécondité en 1975, a été de 60 ‰ pour la France et de 200 ‰ pour le Maroc. Il fournit des résultats qui sont très comparables au rapport enfants-femmes ; lui aussi n'élimine que partiellement l'influence de la structure par âge.

– Les *taux de fécondité par âge,* qui sont calculés le plus souvent par tranches d'âge quinquennales pour les mères âgées de 15-19 ans, 20-24 ans, etc., permettent d'éliminer complètement l'influence de la structure par âge, mais ils sont difficiles à utiliser : ils supposent des données très détaillées et ils ne peuvent être calculés pour de petites populations ; par ailleurs, ils conduisent à une démarche exagérément analytique : ils amènent à calculer une série de taux, sept en général. Ils peuvent néanmoins être intéressants pour l'étude géographique des comportements de fécondité, en particulier pour connaître les naissances précoces ou tardives.

– Le *taux comparatif de fécondité* a l'avantage d'être synthétique. Malgré son nom, c'est une mesure de la fécondité qui permet d'éliminer complètement l'influence de la structure par âge en supposant que toutes les circonscriptions étudiées ont la même ; pour cela il faut choisir une population-type (par exemple celle du pays tout entier dont on veut connaître les variations régionales de la fécondité), puis calculer le nombre des naissances qui serait ainsi observé dans chaque circonscription. Il est préférable d'utiliser un ordinateur, car les calculs sont longs. Le taux comparatif est un indice précis mais qui réclame évidemment des données très détaillées rarement disponibles pour de petites divisions administratives.

– Le *nombre moyen d'enfants par femme* ou somme des taux de fécondité ou somme des naissances réduites est, de toutes les mesures, la plus intéressante : elle est précise, synthétique et elle a, de plus, une apparence concrète ; elle peut être aisément perçue par des non-spécialistes. C'est le nombre moyen d'enfants qu'aurait une femme si, à chaque âge, elle avait le comportement de fécondité observé au moment étudié chez les femmes en âge de procréer ; c'est donc un nombre fictif, relatif au moment, qu'il faut distinguer du nombre réel d'enfants nés d'une génération de femmes (mais qui n'est connu qu'avec beaucoup de retard). Le nombre moyen d'enfants par femme est obtenu facilement en additionnant les divers taux par âge et en les divisant par 1 000 s'ils sont exprimés en 1 000 femmes ; par exemple, en 1975, il a été de 1,88 pour la France et de 5,83 pour le Maroc. Le calcul constitue une étape vers la connaissance du remplacement d'une génération par une autre. Pour qu'une population soit « remplacée », il faut qu'une femme, célibataire ou mariée, ait en moyenne non pas deux enfants, car il faut tenir compte de la mortalité qui affecte les jeunes avant leur arrivée à l'âge de la reproduction, mais un peu plus de deux enfants : 2,1 environ dans les conditions de mortalité qui sont celles de l'Europe occidentale aujourd'hui ; le niveau de la fécondité française en 1975 ne permet donc pas le remplacement de la population alors que, dans le cas marocain, il entraîne une augmentation rapide de la population.

– Le *taux brut de reproduction* peut également être calculé. Il a la même signification que l'indice précédent auquel il est très lié : c'est tout simplement le nombre moyen de filles par femme ; on l'obtient aisément en divisant par 2,05 le nombre moyen d'enfants par femme, de façon à tenir compte du déséquilibre des naissances masculines et féminines.

• Les mesures utilisables pour l'analyse de la natalité ou de la fécondité sont donc nombreuses. Devant cette abondance, le choix d'une mesure adéquate pour l'étude géographique peut sembler difficile à première vue. En fait, c'est rarement le cas : le choix est souvent limité par la nature des données disponibles. Pour certains pays du Tiers Monde, les informations sur les naissances sont défectueuses et les informations démographiques sont souvent trop générales ; pour juger des variations régionales de la fécondité, il faut donc avoir recours au rapport enfants-femmes – ou à un équivalent – mais avec des données par âge qui sont parfois incertaines. Dans les pays disposant de bonnes statistiques, tout dépend de l'échelle de l'analyse : pour de grandes circonscriptions, il est souvent possible d'obtenir ou de calculer des mesures précises et synthétiques comme le nombre moyen d'enfants par femme ; pour les petites circonscriptions, il faut souvent se contenter de mesures plus grossières comme le taux de fécondité, le rapport enfants-femmes ou même le taux de natalité ; les calculs doivent être effectués sur des populations ayant un certain effectif, plusieurs milliers de personnes au moins, de façon à éliminer les fluctuations interannuelles des naissances qui se produisent dans les petits groupes humains.

Les variations de la fécondité dans le monde

A l'échelle mondiale par exemple, le choix des instruments de mesure est fort réduit. Presque toujours, c'est le taux de natalité qui est utilisé pour apprécier les différences d'un pays à l'autre. A cette échelle, c'est d'ailleurs un indicateur acceptable, car les différences entre nations sont très grandes : autour d'une moyenne de 27 ‰ pour 1985, le taux varie en effet de 10 à 54 ‰ (*World population data sheet,* 1985) ; la distribution est nettement bimodale : la plupart des pays sous-développés ont en effet des taux compris entre 35 et 50 ‰ tandis que, pour la plupart des pays développés, les chiffres vont de 10 à 16 ‰ ; de ce fait, la distribution spatiale est simple car très contrastée. Les oppositions sont d'ailleurs accusées par ce taux imprécis, puisque les différences des taux de natalité recouvrent des différences de structure par âge.

Si on examine les variations de la fécondité avec un indicateur précis comme le nombre moyen d'enfants par femme, on s'aperçoit que les oppositions sont un peu moins fortes ; malheureusement cet indicateur n'est pas disponible pour de nombreux pays du Tiers Monde. A défaut, le taux de fécondité fournit des indications de valeur satisfaisante (*Annuaire démographique,* 1976). La carte établie à partir de cette source révèle les mêmes contrastes mais aussi beaucoup de nuances (fig. 52). On y observe non pas deux catégories de pays, à forte et à faible fécondité, mais au moins trois, même en simplifiant, car une catégorie intermédiaire est désormais identifiable :

1) *Presque tous les pays du Tiers Monde sont caractérisés par une fécondité élevée ou très élevée* dépassant 150 ou 200 ‰. Les chiffres les plus forts sont en Afrique et ils concernent souvent de vastes ensembles de pays contigus ; c'est le cas pour l'Afrique occidentale (215 à 230 ‰ pour la Guinée, la Côte d'Ivoire, le Ghana, le Togo, le Bénin et le Nigéria), pour l'Afrique orientale (215-220 ‰ pour l'Éthiopie, le Kenya et la Tanzanie) ainsi que pour l'Afrique septentrionale (210-220 ‰ pour le Maroc, l'Algérie et la Libye) ; des chiffres plus élevés sont parfois indiqués (Mali 263 ‰) mais qui semblent plus incertains ; en revanche,

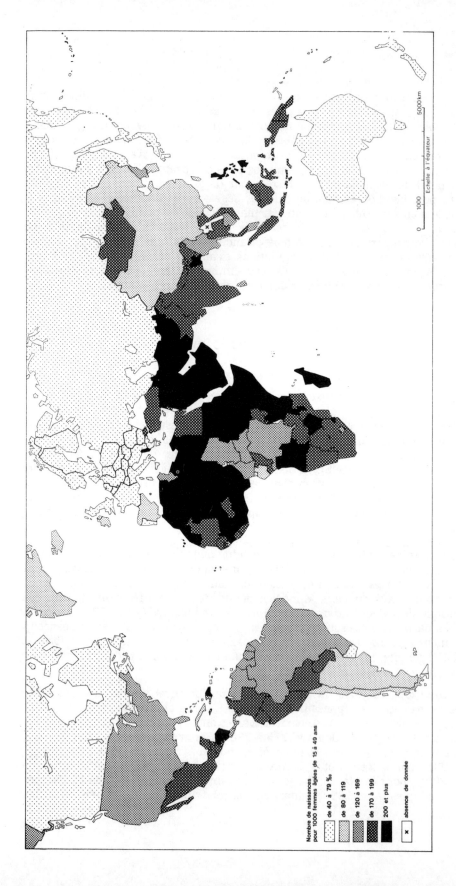

Nombre de naissances
pour 1000 femmes âgées de 15 à 49 ans

de 40 à 79 ‰
de 80 à 119
de 120 à 169
de 170 à 199
200 et plus

☒ absence de donnée

0   1000   5000 km

Echelle à l'équateur

*Fig. 52 – Taux de fécondité pour les populations des divers pays du monde au début des années 70.
(Source des chiffres : Nations Unies, Ann. Démogr., 1976).*

la fécondité est un peu moins forte en Tunisie, en Égypte, en Afrique du sud et dans la plupart des pays d'Afrique centrale (140 à 180 ‰ pour le Tchad, le Cameroun, la République Centrafricaine, le Congo, le Zaïre ; seulement 115 ‰ au Gabon). L'Asie sous-développée est également caractérisée par une forte fécondité mais moins que l'Afrique ; la situation varie beaucoup selon les pays ; les chiffres les plus élevés concernent incontestablement le Moyen-Orient (210-220 ‰ en Syrie, Jordanie, Arabie, Yemen, Iran et Afghanistan) et deux pays tropicaux (Bengladesh et Philippines) ; en revanche, les chiffres sont nettement plus faibles pour l'Indonésie et le Pakistan (175 ‰), Sri Lanka (156 ‰) et la Malaisie (136 ‰). Pour l'Amérique tropicale, le tableau est également très varié : les chiffres les plus forts concernent l'Amérique Centrale (au voisinage de 200 ‰ pour le Mexique et le Guatemala) ; ils sont déjà moins élevée dans les pays andins (180-190 ‰ pour la Colombie, l'Équateur, le Pérou et la Bolivie) et plus encore pour les pays de la façade orientale de l'Amérique du sud tropicale (140-160 ‰ pour le Brésil, les Guyannes et le Venezuela).

2) *Certains pays rattachés habituellement au Tiers Monde sont caractérisés par une fécondité nettement plus faible,* inférieure à la moyenne mondiale et parfois peu éloignée de celle des pays développés ; dans la mesure où l'absence de maîtrise de la croissance démographique est aujourd'hui considérée comme un critère essentiel du sous-développement, il faut donc s'interroger sur l'appartenance de ces pays au Tiers Monde, d'autant que, pour certains, la baisse de la fécondité s'est faite parallèlement à une véritable mutation économique. Parmi ces pays, on trouve la plus grande partie des Caraïbes (particulièrement Porto-Rico 102 ‰, Cuba 87 ‰ et la Barbade 84 ‰, le Chili (100 ‰), l'île Maurice (102 ‰), enfin plusieurs territoires d'Extrême-Orient : la Corée du sud (117 ‰), Taïwan (98 ‰), Hong-Kong et Singapour (76 ‰) ; il faut sans doute y ajouter la Chine ; les informations démographiques sur ce pays restent fragmentaires et incertaines, mais le ralentissement de la fécondité y est noté par de nombreux observateurs ; les démographes des Nations Unies indiquent le chiffre de 113 ‰ pour 1975 mais des rectifications dans le sens de la baisse ont été proposées depuis ; il est probable que la fécondité chinoise est devenue modérée aujourd'hui, et sans doute guère supérieure à 100 ‰, ce qui est assez étonnant compte tenu de la masse humaine concernée.

3) *Dans les pays développés, la fécondité est assez uniformément basse,* comprise presque partout entre 50 et 80 ‰. Les pays où le taux est un peu supérieur sont relativement peu nombreux : c'est le cas pour l'Espagne, l'Irlande, l'Argentine (un peu plus de 90 ‰). Dans les pays les plus peuplés, les chiffres sont faibles : 56 ‰ en Union Soviétique, 59 ‰ aux États-Unis, 63 ‰ au Japon. Le minimum de fécondité se situe au cœur du continent européen : c'est ainsi qu'on note en 1975 ou 1976, 54 ‰ en Belgique ou dans les Pays-Bas, 50 ‰ en Suisse, 46 ‰ au Luxembourg, 45 ‰ en R.D.A. et seulement 41 ‰ en R.F.A.

Un examen attentif de la carte montre des nuances plus nombreuses encore. A l'intérieur des grands ensembles territoriaux certaines exceptions apparaissent. Dans les aires de faible fécondité, des pays présentant des signes de retard économique conservent une fécondité élevée, signe manifeste de retard démographique : c'est le cas pour l'Albanie en Europe (203 ‰) et la République Dominicaine dans les Caraïbes (212 ‰). Inversement, dans les aires de forte fécondité, certains territoires font figure d'exception : c'est évidemment le cas de Hong-Kong et de Singapour en Extrême-Orient, de la Barbade dans les Antilles mais aussi de Costa-Rica en Amérique centrale, de la Tunisie en Afrique du nord et d'Israël dans le Moyen-Orient ; ces territoires présentent des signes d'avance démographique par rapport aux pays qui les environnent.

Pour pousser un peu plus loin l'étude des variations spatiales de la fécondité par pays, il faudrait analyser une série de cartes représentant la situation à divers moments : la fécondité des populations humaines est en pleine évolution depuis un siècle et elle continue de changer.

Les grands contrastes ne sont apparus qu'au cours de l'histoire contemporaine. Toutes les populations qui ont aujourd'hui une fécondité faible avaient autrefois une fécondité élevée. Celle-ci est bien connue par les études de démographie historique faite en Europe, notamment à partir des registres paroissiaux des XVIIe et XVIIIe siècles (Reinhard, Armengaud et Dupâquier, 1968 – Wrigley, 1969) : les femmes se mariaient tard, vers 25-26 ans ; elles mettaient au monde 8 ou 9 enfants en moyenne quand elles vivaient suffisamment longtemps pour terminer leur vie féconde ; comme elles mouraient souvent avant d'atteindre 50 ans ou comme les unions pouvaient être rompues par la disparition du mari, il y avait 4 ou 5 enfants par couple en moyenne (un peu plus de 4 en Angleterre, 4,8 en France) ; les taux de natalité étaient élevés (34 ‰ environ en Suède, 35 ‰ en Angleterre, 36 ‰ au Japon, 38 ‰ en Italie, 45 ‰ au Canada), quoique un peu inférieurs à ceux observés aujourd'hui en Afrique ou en Asie, sans doute à cause du caractère asses tardif des mariages.

Le déclin de la fécondité a commencé à des dates variées selon les pays et a duré plus ou moins longtemps, mais partout il a eu à peu près la même ampleur : il a fait passer le nombre moyen d'enfants par femme de 4 ou 5 à 2 ou moins de 2. Le mouvement est parti de France pour des raisons qui ne sont pas encore toutes élucidées : il a commencé, semble-t-il, dans l'aristocratie dès le XVIIe siècle, s'est étendu à la bourgeoisie dans le courant du XIIIe siècle, pour gagner enfin certains milieux populaires un peu avant la Révolution française ; dès la fin du XVIIIe siècle, la natalité commence à baisser ; le mouvement s'est poursuivi au XIXe puis au XXe siècle : la fécondité est même devenue très basse dans les années 30 en dépit des mesures prises par le gouvernement pour enrayer la dénatalité (environ 2 enfants par femme) ; après une surprenante remontée pendant la Deuxième Guerre mondiale et les vingt années qui ont suivi, le niveau de la fécondité est redevenu très faible (avec, cette fois, moins de 2 enfants en moyenne par femme). Le déclin de la fécondité a donc été exceptionnellement précoce en France mais il s'est étalé au moins sur un siècle et demi. De France, le mouvement a gagné peu à peu d'autres pays, en commençant toujours à se manifester dans les milieux aisés des villes : il a touché le nord-est des États-Unis dès le début du XIXe siècle, la Belgique et la Suisse à partir de 1830, la Scandinavie, à partir de 1850, le Canada vers 1860, l'Allemagne et l'Angleterre vers 1875, l'Australie vers 1880, l'Italie après 1885, le Tchécoslovaquie et la Pologne à partir de 1900, l'Espagne à partir de 1910, la Hongrie et la Roumanie vers 1914, la partie européenne de l'U.R.S.S. et le Japon à partir de 1920, l'Argentine après 1925, la Yougoslavie et la Bulgarie seulement à partir de 1930 ; plus récemment enfin, après la Deuxième Guerre mondiale, d'autres pays ont également été touchés par ce mouvement de baisse, dans les Caraïbes et en Extrême-Orient. Le passage des taux élevés aux faibles taux de fécondité a été plus ou moins rapide mais toujours plus vif qu'en France : il a demandé environ

80 ans en Suède, 70 ans en Italie, 60 ans en Angleterre ; ailleurs, il a été plus rapide encore : au Japon par exemple, le déclin a commencé à partir de 1920 mais très lentement ; il y a eu ensuite une remontée au niveau ancien après la Deuxième Guerre mondiale, pendant quelques années ; avec la législation de l'avortement et la diffusion des moyens contraceptifs en 1948, la chute a été très rapide ; le passage d'une situation à l'autre a demandé 40 ans environ ; la mutation démographique a été plus brutale encore à Hong-Kong où elle s'est faite en une vingtaine d'années entre 1955 et 1975 : nulle part ailleurs, elle n'a été aussi brusque.

Si la baisse de la fécondité a commencé à des dates variées et a été plus ou moins rapide, il est intéressant de noter qu'au cours du XXe siècle, son évolution a été grossièrement concordante dans les pays les plus développés. Le premier tiers du siècle a été caractérisé par une baisse, poursuivant le mouvement amorcé au XIXe siècle : presque partout, les femmes n'ont plus eu que 2 enfants en moyenne ; ensuite, à partir de 1933-1935, la fécondité s'est élevée de nouveau ; la Deuxième Guerre mondiale a affecté diversement les pays industriels mais, quel qu'ait été son effet, le nombre moyen d'enfants par femme est remonté à 2,5-2,8 ou même plus, et cette période de fécondité relativement forte s'est poursuivie jusqu'en 1964-1965 ; à partir de cette date, c'est à nouveau la baisse qui se manifeste, très rapidement et très fortement cette fois : presque partout, le nombre moyen d'enfants par femme tombe au-dessous du seuil permettant le remplacement de la population, et parfois même très au-dessous (en 1975, le nombre moyen est tombé à 1,79 en Angleterre-Galles, 1,67 aux Pays-Bas et à 1,45 seulement en R.F.A.). Très curieusement, cette période de baisse semble être désormais achevée et des signes de hausse se manifestent dans quelques pays. Les démographes s'interrogent sur ces mouvements et sur leur relatif synchronisme. L'hypothèse explicative la plus intéressante est celle de l'américain R. Easterlin qui met en relation l'évolution de la fécondité avec celle de la structure par âge : la fécondité serait liée au rapport qui s'établit entre deux groupes d'adultes, les jeunes qui arrivent sur le marché du travail et ceux qui sont déjà « installés » ; selon le rapport numérique des deux groupes, l'insertion des jeunes est facile ou difficile ; la propension à se marier et à avoir des enfants s'en ressentirait ; l'hypothèse a été testée avec succès pour plusieurs pays d'Europe et d'Amérique du nord (H. Léridon, 1978). Quoi qu'il en soit, les diverses nations du monde industriel tendent à avoir le même comportement démographique. Les différences de fécondité s'atténuent non seulement d'un pays à l'autre mais d'un milieu à l'autre au sein d'un même pays ; partout aujourd'hui, dans les villes comme dans les campagnes, dans les couches sociales favorisées comme dans les couches défavorisées, les couples souhaitent n'avoir qu'un petit nombre d'enfants, pas plus de deux en général ; et partout les naissances sont concentrées sur une courte période de la vie des femmes.

Le mouvement de baisse de la fécondité touche également le Tiers Monde, mais depuis peu, et de façon encore partielle. Il concerne plus particulièrement l'Extrême-Orient et les Antilles.

En Asie, il a commencé au milieu des années 50 dans les territoires les plus fortement influencés par les modes de vie occidentaux : à Hong-Kong et à Singapour ; de là, il s'est étendu à Taïwan, à la Corée du sud, à la Malaisie et, plus curieusement, à la Chine populaire où la politique démographique est devenue malthusienne au cours des années 60 pour le rester ensuite en dépit des fluctuations politiques ; en l'espace de vingt ans environ, le taux de fécondité diminué de moitié à Hong-Kong et à Singapour, de près de la moitié à Taïwan, d'un peu moins de la moitié en Chine, d'un bon tiers en Corée du sud et d'un quart en Malaisie ; dans les territoires influencés par l'Occident, la baisse est due à la diffusion de l'avortement et de diverses techniques contraceptives ; en Chine, ces moyens ont été utilisés mais c'est surtout l'élévation de l'âge du mariage qui a fait baisser rapidement la fécondité (au moins 23 ans pour les femmes de la campagne, 25 ans pour celles de la ville). En Asie du sud et du sud-est, l'évolution a été moins nette à l'exception toutefois de Sir Lanka où la diminution a été de près d'un quart en vingt ans ; en Thaïlande, elle est amorcée ; en Inde, au Pakistan, au Bangladesh, en Birmanie et en Indonésie, elle est encore peu sensible en dépit des efforts déployés par certains gouvernements pour promouvoir la limitation des naissances par tous les moyens possibles y compris la stérilisation masculine ou féminine. Elle est presque insensible en Asie occidentale, à l'exception d'Israël et de Chypre qui se rattachent aux pays développés ; la baisse a toutefois commencé dans les centres urbains, spéciale-ment en Turquie et au Liban.

Même tableau contrasté sur le continent américain : la baisse est déjà nette dans les Caraïbes, spécialement à la Barbade, Cuba et Porto-Rico où la diminution a commencé après la Deuxième Guerre mondiale, sous l'influence anglaise ou américaine, et où le taux de fécondité a diminué de moitié en 30 ans ; elle a commencé un peu plus tard à la Guadeloupe, à la Martinique, à la Jamaïque et à Trinidad ; elle est encore très faible à Haïti et en République Dominicaine. En Amérique centrale, la baisse est amorcée dans plusieurs pays, spécialement dans les états de Panama et de Costa-Rica. En Amérique du sud tropicale, le mouvement ne touche encore que les villes importantes et les régions les plus modernisées, comme le sud du Brésil et le Venezuela littoral.

L'Afrique est le continent le moins atteint par les changements démographi-ques, à l'exception de quelques îles ou archipels situés autour du continent comme Maurice, la Réunion ou les Seychelles ; la baisse a commencé en Égypte, en Tunisie et en République sud-africaine, mais elle reste surtout limitée aux villes ; seule la Tunisie a enregistré une baisse appréciable (d'un sixième environ en une dizaine d'années) ; la baisse commence également à toucher les grandes villes d'Afrique tropicale.

Les facteurs explicatifs des variations

La fécondité est un phénomène très complexe, à la fois biologique et social, et les facteurs qui permettent d'en expliquer les variations spatiales sont nombreux.

Un fait est cependant certain : ce ne sont pas les facteurs biologiques qui rendent compte des variations. Certes, il est difficile de savoir si les diverses populations du monde sont, naturellement, plus ou moins fécondes, puisque la fécondité n'est nulle part « naturelle » ; partout, elle est influencée par l'âge du mariage, la stabilité plus ou moins grande des unions, la durée de l'allaitement maternel, l'utilisation ou non de pratiques antinatales, etc. elle est donc partout inférieure à la fécondité potentielle. En tous cas, s'il y a des différences à ce point de vue entre les populations, elles sont probablement négligeables.

Ce sont les facteurs socio-culturels qui expliquent les variations spatiales de la fécondité. Des nombreux travaux effectués par les démographes, les sociologues, les historiens ou les géographes, il apparaît que le niveau de la fécondité varie selon la classe sociale, la catégorie socio-professionnelle, la durée des études, l'emploi des femmes, le revenu, la religion, l'ethnie, la race, le lieu de résidence et diverses autres variables (sur ces points, cf. *The determinants and consequences of population trends, 1973*).

Parmi ces variables, c'est la *limitation des naissances* qui, aujourd'hui, doit être mise au premier rang pour expliquer les variations spatiales de la fécondité d'un pays à l'autre ou d'un milieu à l'autre au sein d'un même pays. Certaines techniques de limitation des naissances sont connues de façon ancienne en Europe et en Extrême-Orient, depuis l'Antiquité sans doute, mais elles n'étaient mises en œuvre que dans des milieux extrêmement restreints ; d'une façon générale, elles étaient refusées à la fois pour des raisons religieuses et par absence de motivation. A partir du moment où de nombreux couples ont désiré limiter leur descendance, en France et aux États-Unis au début du XIXe siècle, la connaissance de ces techniques anciennes s'est répandue et d'autres techniques, plus sûres, ont été peu à peu mises au point ; pendant tout le XIXe et une partie du XXe siècles cependant, l'avortement est resté le moyen le plus fréquemment employé pour limiter les naissances en Europe ou en Amérique du nord ; la contraception ne s'est vraiment développée que dans le courant du XXe siècle ; avec l'apparition des contraceptifs hormonaux, mis au point par les laboratoires dans les années 60, l'avortement a fortement régressé au moment même où il devenait légal dans la plupart des pays développés, et il ne reste important qu'en U.R.S.S. et en Europe de l'est ; aujourd'hui, dans les pays avancés, la plupart des couples connaissent diverses techniques de limitation des naissances et sont capables de les utiliser de façon efficace. Avortement et contraception limitent plus ou moins fortement la descendance des couples : par rapport à ce qui était observé au XVIIIe siècle, on peut considérer que plus de la moitié des naissances sont évitées en Espagne, plus des 2/3 en France et plus des 3/4 en Allemagne.

L'adoption des techniques antinatales est elle-même fonction de toute une série de facteurs économiques, sociologiques et culturels qui, selon toute vraisemblance, sont plus ou moins liés entre eux, mais dont l'importance respective est encore difficile à préciser. Parmi eux, le développement économique est un facteur sans doute important, tant est forte la liaison existant entre niveau de développement et fécondité dans l'ensemble du monde, mais ce facteur ne joue pas de façon directe, mais sans doute par le biais de la scolarisation et du coût des enfants ; avec le développement économique en effet, la formation des individus devient beaucoup plus longue, la période de dépendance s'allonge, le coût de l'éducation s'alourdit ; il est probable que les couples ont donc ressenti peu à peu la nécessité de réduire le nombre de leurs enfants.

La réduction de la mortalité joue dans le même sens : elle augmente le nombre d'enfants à charge dans chaque foyer si elle n'est pas compensée par une baisse de la fécondité ; la relation est vérifiée dans le passé : France exceptée, la baisse de la mortalité a précédé au XIXe siècle celle de la fécondité ; elle semble encore plus forte aujourd'hui : les pays qui, en Extrême-Orient ou dans les Antilles, ont connu depuis vingt ans une diminution forte du nombre d'enfants par femme ont enregistré auparavant, juste après la Deuxième Guerre mondiale, une très nette baisse de la mortalité infantile.

Le degré de détachement de la population vis-à-vis de la religion est un autre facteur à considérer ; toutes les grandes religions ont eu une attitude nataliste et presque toutes l'ont encore ; de fait, pratique religieuse et forte fécondité relative restent associées dans les pays développés, les cas les plus extrêmes étant représentés par certaines sectes protestantes des États-Unis comme les Huttéristes, les Amish et les Mormons qui refusent toujours la limitation des naissances dans un pays où celle-ci est pourtant quasi-généralisée ; cependant le lien entre religion et fécondité s'est défait peu à peu et certains pays catholiques, où la pratique religieuse est encore forte, ont aujourd'hui une fécondité modérée en dépit de la position dogmatique conservée par la hiérarchie catholique.

Le niveau d'instruction enfin est un facteur sans doute important qui conditionne à la fois l'adoption des méthodes contraceptives, l'efficacité de leur emploi et la baisse de la mortalité infantile ; partout on constate une bonne corrélation entre l'élévation du niveau d'instruction et la baisse de la fécondité au XIXᵉ siècle en Europe et en Amérique du nord, au XXᵉ siècle dans les contrées où le changement démographique se manifeste ; partout également, on constate que le nombre d'enfants est inversement proportionnel à la durée des études faites par les femmes. Ce facteur explique non seulement les différences qui interviennent d'un pays à l'autre mais aussi les différences entre villes et campagnes ou entre les régions au sein d'un même pays.

Les facteurs de caractère sociologique sont moins importants mais ils expliquent néanmoins certaines des variations de la fécondité des populations, particulièrement là où elle est restée forte. Parmi eux, l'âge moyen du mariage compte beaucoup puisque le nombre moyen d'enfants mis au monde dépend largement de l'âge auquel les femmes se marient en régime de fécondité « naturelle » : or, les unions sont particulièrement précoces en Afrique tropicale, dans le sud de l'Asie et dans les pays musulmans du Maghreb et du Moyen-Orient ; en Guinée plus des 4/5 des femmes de 15-19 ans sont déjà mariées ; en Inde, plus des 7/10 ; l'âge du mariage a cependant tendance à s'élever, au moins dans les villes, du fait de l'influence occidentale ; en Chine c'est le retard imposé à l'âge du mariage qui a dans une large mesure fait diminuer la fécondité ; en Europe, l'âge moyen du mariage est nettement plus élevé que dans le Tiers Monde, en dépit de son abaissement au cours du XXᵉ siècle : en France, 6 % des femmes de 15-19 ans sont mariées, en Irlande 1 % seulement. L'importance du célibat a également une incidence sur la fécondité : or, il est rare ou très rare dans les pays sous-développés tandis qu'il est relativement fréquent dans les pays développés, spécialement dans ceux où le mariage est tardif ; en Inde, 2 % seulement des femmes de 35 ans ne sont pas mariées, en Irlande 29 %. La forme prise par les unions a également une certaine influence : contrairement à une opinion répandue, les ménages polygames sont moins féconds que les monogames car les femmes y sont moins exposées aux grossesses ; les unions par consensus sont moins fécondes que celles consacrées par un mariage, car elles sont beaucoup moins stables ; la liberté sexuelle existant dans certaines populations traditionnelles semble avoir augmenté fortement la diffusion des maladies vénériennes et, de ce fait, l'infécondité : c'est particulièrement net en Afrique centrale, au

Congo, au Zaïre, dans l'Empire Centrafricain, au Cameroun et au Gabon ; beaucoup de femmes y sont stériles ou n'ont qu'un seul enfant. Un autre facteur doit enfin être considéré : la durée plus ou moins longue de l'allaitement maternel ; celui-ci a une influence très nette sur la fécondité, puisqu'il allonge d'une année environ la période anovulaire qui suit un accouchement chez la plupart des femmes ; pendant longtemps, l'allaitement a donc constitué le principal frein de la fécondité en augmentant l'espacement des naissances ; en France par exemple, au XVIIᵉ siècle, les femmes du peuple qui allaitaient leurs enfants avaient en moyenne une descendance deux fois moins nombreuse que les femmes de la noblesse ou de la bourgeoisie qui mettaient leurs enfants en nourrice.

Au total, l'analyse géographique de la fécondité est intéressante mais délicate, car les facteurs susceptibles d'expliquer ses variations d'intensité sont nombreux, liés entre eux et souvent impossibles à séparer ; ce champ de recherche reste largement à explorer. L'étude des données statistiques portant à la fois sur la population, la structure sociale, le revenu, la santé et l'éducation est indispensable ; elle permet de découvrir certaines corrélations, mais elle ne suffit généralement pas à fournir des réponses satisfaisantes ; elle doit être poursuivie par l'étude des travaux effectués par les démographes, les sociologues et les médecins ou par l'organisation d'enquêtes appropriées.

Les variations de la fécondité à l'intérieur d'un pays

L'analyse géographique doit également être appliquée aux variations à l'intérieur d'un même pays, voire au sein d'une région ou d'une agglomération urbaine, car les études fines mettent en lumière certaines caractéristiques souvent imperceptibles à l'échelle mondiale.

Les études poursuivies sur ce thème depuis une quinzaine d'années ont porté essentiellement, mais pas uniquement, sur les pays développés qui disposent de données plus sûres et plus détaillées.

En France, par exemple, existent d'importantes différences de fécondité d'une partie à l'autre du territoire (D. Noin, 1973 – *Population et sociétés,* nº 67, 1974) comme le montre la carte du nombre moyen d'enfants par femme (fig. 53). Partout, les agglomérations urbaines avaient en 1962 une fécondité inférieure à celle des espaces environnants mais l'opposition essentielle n'est pas ici l'opposition villes-campagnes, classique dans tous les pays, mais le contraste nord-sud, de part et d'autre d'une ligne arquée allant du centre-ouest à la frontière suisse en passant par le coude de la Loire ; dans la partie septentrionale, la fécondité était relativement forte à cette date : le nombre moyen d'enfants par femme était supérieur à 3 et dépassait parfois 3,5 dans certains départements du nord-est ou dans quelques agglomérations comme Dunkerque ou Valenciennes ; la situation était très différente dans la partie centrale et méridionale, surtout dans le Limousin, le Languedoc et la Provence, où la fécondité était au contraire faible avec moins de 2,5 enfants par femme, parfois moins de 2,1 dans le département des Alpes-Maritimes et dans la ville de Nice ; quant à l'agglomération parisienne, elle était également caractérisée à l'époque par une

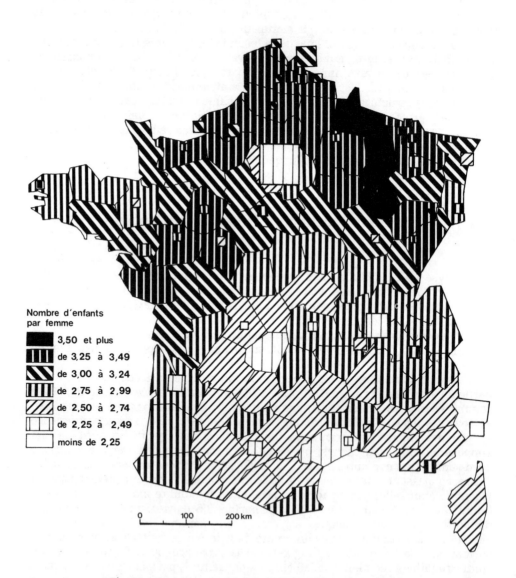

Fig. 53 – Variations spatiales de la fécondité en France (1962).
(D'après D. Noin, *Géographie démographique de la France,* 1973).

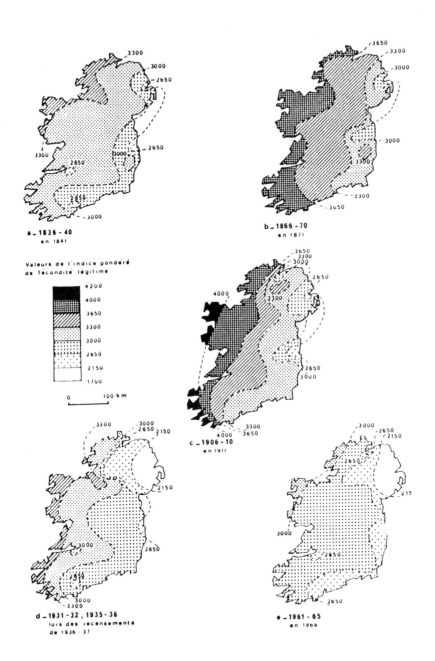

Fig. 54 – Variations géographiques d'un indice de fécondité légitime calculé à partir des recensements par l'Irlande entre 1835 et 1966.
(Source : J. Verrière, *La population de l'Irlande*, 1979).

faible fécondité (2,3 enfants par femme), contrastant vigoureusement avec celle du « croissant fertile » situé au nord. Depuis 1962, la fécondité a baissé fortement puisque le nombre d'enfants est passé de 2,8 à 1,9 mais les oppositions persistent, simplement atténuées. Pour les expliquer, de nombreuses hypothèses ont été avancées. Elles semblent dues, pour l'essentiel, aux différences existant dans les niveaux de scolarisation et d'instruction. Les cartes relatives à la scolarisation offrent en effet des ressemblances très nettes avec celles de la fécondité ; là où la scolarisation est prolongée, à Paris ou dans le midi de la France, la fécondité est faible car les jeunes filles se marient plus tard, sont mieux informées des méthodes contraceptives et savent les utiliser de façon correcte ; là ou la scolarisation est moins bonne, la fécondité est plus forte car les jeunes filles entrent plus tôt dans la vie active, se marient plus tôt et connaissent moins bien la contraception. L'opposition est liée beaucoup plus à la demande d'éducation qu'à l'offre : depuis longtemps, à Paris ou dans les départements méridionaux, on pousse les jeunes à suivre des études ; elle est révélatrice de mentalités ; elle n'est pas sans rapport avec les attitudes politiques.

Des contrastes du même type, plus ou moins marqués, ont été observés dans divers autres pays et notamment aux États-Unis où la qualité des données statistiques rend possible des études détaillées portant sur une longue période (Kiser, Grabill et Campbell, 1968 – Trewartha, 1978, ch. 8). Il en est de même pour l'Irlande : J. Verrière (1979) a ainsi calculé un indice de fécondité pour diverses dates entre 1835 et 1966 permettant de suivre l'évolution des disparités de fécondité entre l'est et l'ouest ainsi qu'entre l'Ulster et la République d'Irlande (fig. 54).

Des différences de fécondité ont également été notées dans les espaces plus petits, à l'intérieur de régions : par exemple en Bretagne (J.P. Larivière, 1979) ou en Alsace (S. Rimbert et Th. Vogt, 1975) dans le cas de la France où certains milieux sont restés natalistes tandis que d'autres sont très malthusiens (fig. 55) ; certaines analyses permettent de repérer des comportements différents à l'égard de la contraception ; ces études posent plus de questions qu'elle n'en résolvent mais elles devraient susciter de nouvelles enquêtes permettant de mieux saisir les comportements et dont l'attitude vis-à-vis de la contraception n'est que l'un des éléments révélateurs.

La fécondité varie enfin au sein des populations urbaines elles-mêmes. La mise en évidence des variations spatiales est ici plus difficile car les indicateurs les plus précis, comme le nombre moyen d'enfants par femme, ne peuvent être calculés pour les quartiers ou municipalités d'une agglomération ; il faut se contenter du rapport enfants-femmes ou du taux de fécondité, qui fournissent d'ailleurs des résultats significatifs et qui font bien apparaître, par ce biais, la division sociale. Une étude réalisée par M. Wilson sur Melbourne au moyen du rapport enfants-femmes illustre cet aspect (1968). La configuration spatiale, simple et régulière, ressemble à celle qu'on peut observer dans les grandes villes européennes : la fécondité, qui est faible dans les quartiers centraux, augmente vers la périphérie. Cette disposition est clairement en rapport avec les caractéristiques socio-économiques de la grande ville australienne : dans la partie centrale où prédominent les appartements et où les dépenses d'habitation sont élevées, vivent surtout des familles aisées ou âgées, à faible fécondité ; à la périphérie, où prédominent les maisons familiales, la structure sociale est variée mais avec une majorité de familles à revenu modeste ou moyen ayant une

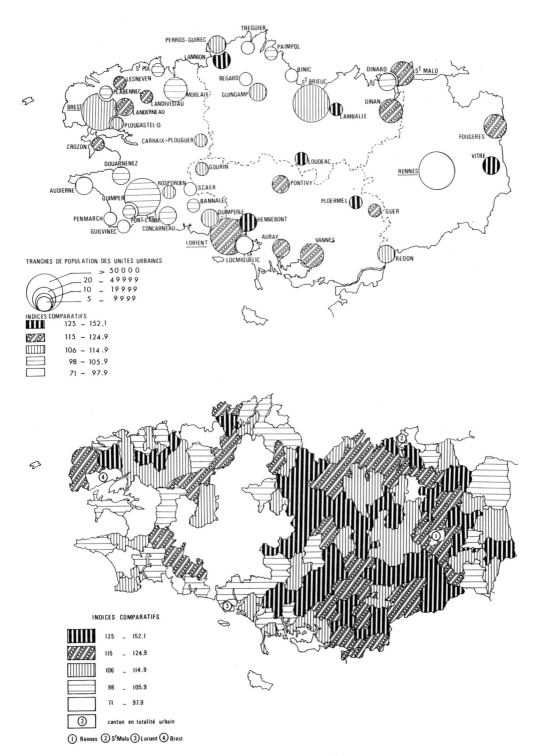

Fig. 55 – *Variations spatiales de la fécondité en Bretagne.*
(Source : J.-P. Larivière, *Norvois*, 1979).

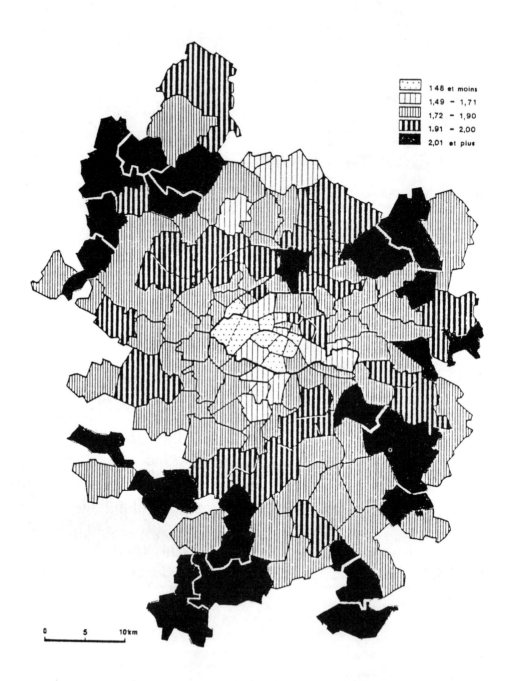

Fig. 56. – Indice conjoncturel de fécondité en 1975
dans les divers secteurs de l'agglomération parisienne.
(Source : Y. Chauviré et al., *La fécondité des Parisiennes*, 1981).

fécondité nettement plus forte. Cette situation est très fréquente. Dans l'agglomération parisienne, en 1975, le nombre moyen d'enfants par femme pouvait tomber à 1,4 dans certains arrondissements parisiens alors qu'il atteignait 2,4 dans certains secteurs périphériques de la banlieue (fig. 56). La configuration était grossièrement concentrique mais elle était néanmoins modifiée selon le niveau social : les différences étaient assez nettes à Paris, entre l'est et l'ouest, ou en banlieue, entre les parties aisées et populaires. Une analyse plus fine montrait que la fécondité des femmes françaises diminuait en gros du centre vers la périphérie en liaison avec le coût du logement, la structure des ménages, la structure matrimoniale et le niveau des diplômes alors que la fécondité des femmes étrangères présentait un schéma plutôt sectoriel en liaison avec le niveau social ; la présence de colonies étrangères à forte fécondité contribuait nettement à relever le nombre d'enfants par femme, spécialement dans les banlieues ouvrières du nord.

Lectures

ALIAS (P.), Les caractéristiques de la fécondité languedocienne entre 1960 et 1982, *Bull. Soc. Langued. Géogr.,* 1984, 1-2, p. 55-68.

BLAYO (Ch.) et FESTY (P.), La fécondité à l'est et à l'ouest de l'Europe, *Popul.,* Paris, 1975, 30 (4-5), p. 855-888.

BLAYO (Y.) et VERON (J.), La fécondité dans quelques pays d'Asie orientale, *Popul.,* Paris, 1977, 32 (4-5), p. 945-974.

CHASTELAND (J.-Cl.) et SZYKMAN (M.), Évolution récente de la fécondité dans le Tiers Monde, *Esp. Popul. Soc.,* 1985, 3, p. 489-514.

CHAUVIRÉ (Y.) et al., La fécondité des Parisiennes, Univ. de Paris 1, 1981, 111 p.

CHO (L.), Estimated refined measures of fertility for all major countries of the world, *Demogr.,* 1964, 1, p. 359.

CLERC (P.), *Les disparités géographiques de la fécondité* (histoire et problèmes des mesures locales de fécondité dans la grille des départements français), Paris, Univ. de Paris V (thèse), 1981, 2 vol., 869 p.

COALE (A.), *Estimations de la fécondité et de la mortalité en Afrique tropicale,* in *La population de l'Afrique tropicale* (J. Cadwell et Ch. Okonjo), p. 246-251.

COMPTON (P.), Festivity differentials and their impact on population, distribution and composition in Northern Ireland, *Environment and Planning,* 1978, p. 1397-1411.

GARCIA BALLESTEROS (A.), La natalidad de la población española en 1970, *Rev. Intern. de Sociologia,* 1976, 18-20, p. 49-62.

HERBIN (J.), Une méthode démographique pour estimer la fécondité d'une population. Son application à différents espaces régionaux, *Rev. Géogr. Alp.,* Grenoble, 1974, 4, p. 455-477.

196

KISER (C.), GRABILL (W.) et CAMPBELL (A.), *Trends and variations in fertility in the United States, Harvard Univ. Pr.,* Cambridge (Mass.), 1968.

LARIVIÈRE (J.-P.), La fécondité en Bretagne, 1974-1976, *Norois,* Poitiers, 1979.

LE BRAS (H.), Géographie de la fécondité française depuis 1921, *Popul.,* Paris, 1971, 26 (6), p. 1093-1123.

LERIDON (H.), Fécondité et structure démographique : une hypothèse sur l'évolution de la fécondité depuis 1940, *Popul.,* Paris, 1978, 33 (2), p. 441-446.

MARCHAL (F.) et RABUT (O.), Évolution récente de la fécondité en Europe occidentale, *Popul.,* Paris, 1972, 27 (4-5), p. 838-873.

MERRICK (J.), Interregional differences of fertility in Brazil, 1950-1970, *Demogr.,* 1974, 11 (3), p. 423-440.

NOIN (D.), La baisse de la natalité dans le monde, *Inform. Géogr.,* Paris, 1971, 5, p. 209-223, cartes.

PEREZ PUCHAL (P.), *La natalidad en España,* Univ. de Valencia, 1980, 69 p.

RIMBERT (S.) et VOGT (T.), Innovation et aires de comportement : la contraception en Alsace, *Esp. Géogr.,* Paris, 1975, 4, p. 271-277, fig.

ROMANIUK (A.), Infertility in tropical Africa, in *The population of tropical Africa* (J. Caldwell et Ch. Okonjo, 1968), p. 214-224.

SAUTORY (O.), Évolution des disparités de la fécondité [France], *Esp. Popul. Soc.,* 1986, 2, p. 37-46.

STAMP (L.), *The geography of life and death,* London, Collins, 1974, 160 p.

VERON (J.), Niveaux nationaux de la natalité et politique de limitation des naissances, *Popul.,* Paris, 1976, 31 (6), p. 1235-1246, fig.

VERRIÈRE (J.), *La population de l'Irlande,* Paris, Mouton, 1979, 580 p.

WILSON (M.), A spatial analysis of human fertility in Scotland : reappraisal and extension, *Scotlish Geogr. Nag.,* 1978, 94, p. 130-143.

Sur les politiques adoptées par les états pour faire face aux problèmes démographiques :

VERRIÈRE (J.), *Les politiques de population,* Paris, P.U.F., 1978, 207 p.

12

La mortalité des populations

Tout comme la natalité, la mortalité a depuis longtemps attiré l'attention des chercheurs en sciences humaines : les premières études statistiques, entreprises par J. Graunt sur les décès enregistrés à Londres, ne datent-elles pas de 1662 ?

La géographie de la mortalité est souvent révélatrice des inégalités qui existent entre les populations ou entre les groupes sociaux au sein d'une même population. On a montré dès le XIXe siècle que les humains sont inégaux face à la mort selon leur sexe, leur profession, leur rang social ou leur lieu de résidence. On ne meurt pas au même âge dans les pays pauvres et dans les pays riches, dans les régions attardées et dans les régions modernisées, dans les villes ouvrières et dans les villes « bourgeoises » ou même, au sein d'une agglomération, dans les quartiers aisés et dans les quartiers populaires. L'étude géographique de la mortalité ne s'est pourtant développée que lentement, à une date récente, car, pour être rigoureuse, elle suppose l'emploi de méthodes qui ne sont pas toujours aisées à mettre en œuvre compte tenu des données disponibles.

La mesure de la mortalité

Dans les pays développés, la collecte des informations est facile : l'enregistrement est exhaustif ; l'âge, la profession et le domicile de chaque personne décédée sont notés et apparaissent dans certaines statistiques ; les causes de décès sont connues avec une relative exactitude. Dans les pays en voie de développement, les informations sont beaucoup moins sûres, même si elles sont habituellement plus complètes que celles concernant les naissances ; leur valeur est en réalité très inégale selon les pays et, pour un même pays, selon le milieu rural ou urbain : si la mortalité est habituellement enregistrée dans les grandes villes, elle ne l'est pas toujours dans les petits centres et surtout dans les villages ; les décès de nouveau-nés sont particulièrement mal relevés ; tout ce qui concerne les causes de mortalité est incertain ; presque partout, il faut avoir recours aux enquêtes démographiques ou médicales pour compléter les données tirées de l'état civil.

A partir du nombre de décès et de l'âge des personnes décédées, les démographes ont mis au point divers moyens permettant de mesurer l'importance de la mortalité mais tous ne sont pas utilisables pour l'analyse géographique ; ainsi les indices concernant les générations n'ont guère d'intérêt pour les géographes qui, en pratique, n'utilisent que des indices du moment ; les moyens de mesure comportant un grand nombre de chiffres comme les tables de mortalité, les tables de survie ou les taux de mortalité par âge ne sont guère utilisés non plus car ils ne permettent pas la construction de cartes ou l'analyse des variations spatiales. Malgré cela, les indicateurs susceptibles d'être exploités restent cependant nombreux :

– Parmi eux, le *taux brut de mortalité*, ou taux de mortalité générale ou tout simplement taux de mortalité, est le plus fréquemment retenu. Hélas, car ce taux donne souvent lieu à des appréciations erronées. Il est pourtant calculé comme le taux brut de natalité : le nombre total des décès d'une année est rapporté à l'effectif de la population au milieu de l'année et exprimé pour 1 000 habitants ; mais comme le risque de décéder est largement fonction de l'âge, le calcul de ce taux pour des populations ayant des structures par âge différentes conduit à des résultats souvent aberrants : par exemple, le taux de mortalité en 1976 a été de 11 ‰ en Suède et de 10 ‰ en Malaisie. Faut-il en conclure que la situation sanitaire est plus mauvaise en Suède qu'en Malaisie ? Certainement pas : une analyse détaillée montre qu'à tous les âges, la mortalité est plus forte dans la population malaise que dans la population suédoise ; la différence est même importante mais la première est jeune alors que la seconde est « vieille ». Ce taux n'est donc pas utilisable pour comparer les populations de deux pays. Il ne l'est pas non plus pour comparer la mortalité de deux régions ou de deux villes à l'intérieur d'un même pays : ainsi les taux de Dunkerque (9,5 ‰) et de Nice (13,1 ‰) en 1968 ne sont en rien significatifs des niveaux réels de mortalité de ces deux villes, la seconde offrant à ses habitants des conditions bien plus favorables mais ayant une population beaucoup plus âgée en moyenne.

– Pour éliminer l'influence de l'âge, on peut calculer le *taux comparatif de mortalité* qui suppose que toutes les populations étudiées aient la même structure par âge. Le mode de calcul est donc le même que celui du taux comparatif de natalité, une population étant choisie comme terme de référence. Cette fois, les comparaisons peuvent être faites sur des bases rigoureuses ; par exemple, si la population de la Malaisie avaient en 1976 la même structure par âge que celle de la Suède, son taux de mortalité aurait été de 17 ‰ ; si les populations de Nice et de Dunkerque avaient la même structure par âge que celle de la France, les taux auraient été respectivement de 9,3 et de 13,6 ‰ en 1968. Comme ces taux sont fictifs, il est préférable d'utiliser des indices permettant d'évaluer les écarts par rapport à la population de référence ; on évite ainsi les confusions ; ainsi l'indice pour Nice en 1968 devient 84 et celui de Dunkerque 123, celui de la France étant égal à 100. Cet indicateur est précis, il autorise des comparaisons rigoureuses entre les lieux mais il suppose des données détaillées et il exige des calculs assez longs.

– Le *taux de mortalité infantile* élimine, lui aussi, l'influence de l'âge mais il est simple et il n'a pas le même caractère fictif. Pour le calculer, on rapporte habituellement le nombre de décès d'enfants de moins d'un an survenus au cours d'une année au nombre de naissances de la même année. Ce taux est souvent utilisé et il est considéré comme un bon indicateur des conditions sanitaires. De fait, il est assez significatif pour les comparaisons internationales : ainsi, les taux de mortalité infantile en 1976 sont de 9 ‰ en Suède et de 43 ‰ en Malaisie. Il ne faut pas l'utiliser aveuglément cependant ; sa signification tend à diminuer dans les pays les plus avancés, là où les décès infantiles représentent une très faible fraction des décès totaux (1 à 1,5 ‰) ; dans ces pays, il ne peut plus être calculé que pour des populations assez importantes en raison du petit nombre de ces décès.

– L'*espérance de vie à la naissance* ou durée moyenne de vie est un très bon indice qui élimine également l'effet de l'âge, mais sans avoir le caractère fictif du taux comparatif ou l'inconvénient de se rapporter à un seul groupe d'âge comme le taux de mortalité infantile ; il est précis, il autorise des comparaisons rigoureuses dans le temps et dans l'espace, et il a en outre un caractère sensible, concret, facilement perçu par les non-spécialistes. Son calcul est assez long, car l'espérance de vie est déduite de la table de mortalité du moment : c'est, pour chaque âge, le nombre d'années espéré pour chacun des survivants, en supposant que le nombre total d'années sera également partagé entre tous et que les conditions de mortalité observées se maintiendront. Pour les comparaisons, on utilise habituellement l'espérance de vie à la naissance ; celle-ci, par exemple, était en 1976 de 75 ans pour la Suède et de 59 ans pour la Malaisie, ce qui exprime bien l'inégalité des deux populations face à la mort.

● Le nombre des indicateurs utilisables pour l'analyse géographique de la mortalité est donc un peu plus réduit que pour celle de la fécondité. Une fois éliminé le taux brut, utile seulement comme composante de l'accroissement naturel, il en reste trois qui sont intéressants. Les meilleurs sont incontestablement le taux comparatif de mortalité et l'espérance de vie en raison de leur précision, mais ils ne sont pas toujours calculés, et ils ne peuvent pas toujours l'être, au niveau souhaité par le géographe ; même dans les pays ayant de bonnes données sur le sujet, le calcul ne peut être entrepris que pour des circonscriptions assez importantes ; la difficulté peut certes être tournée en retenant les décès de trois ou même de cinq années au lieu d'une seule (celles du recensement et celles qui l'encadrent) ; on peut ainsi obtenir des indices valables pour des populations plus réduites, de quelques dizaines de milliers d'habitants, mais les possibilités d'analyse géographique sont limitées.

Les inégalités internationales de la mortalité

Pour l'ensemble du monde, l'analyse ne présente guère de difficultés : pour presque tous les pays du monde, on dispose désormais de chiffres concernant la mortalité infantile et l'espérance de vie.

La mortalité infantile constitue un bon indicateur à cette échelle car elle est très contrastée. Dans les pays développés, elle est devenue faible ou très faible : 32 ‰ en 1985 en U.R.S.S., 18 ‰ en Europe orientale et méridionale, 10 ‰ en Europe occidentale, Amérique du nord, Australie et Nouvelle-Zélande, 9 ‰

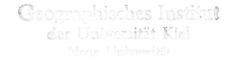

en Europe du nord et 6 ‰ au Japon ; les chiffres les plus bas sont aussi au voisinage de 6 ‰ dans plusieurs pays d'Europe occidentale et septentrionale. Dans le Tiers Monde, la mortalité infantile est beaucoup plus forte, mais elle varie beaucoup plus d'un groupe de pays à l'autre. L'Afrique a les chiffres les plus forts : 119 ‰ en Afrique occidentale et centrale, 109 ‰ en Afrique orientale. Les chiffres les plus élevés sont supérieurs à 150 ‰ ; dans plusieurs pays, un enfant sur quinze disparaît au cours du mois qui suit la naissance, un sur sept meurt au cours de la première année de vie et près d'un sur quatre n'atteint pas son cinquième anniversaire. La situation est moins mauvaise dans l'Asie du sud, en général, mais les différences d'un pays à l'autre sont assez grandes. Elle est moins défavorable en Amérique latine où les taux de mortalité infantile sont, à quelques exceptions près, assez nettement inférieurs à la moyenne mondiale : 70 ‰ en Amérique du sud tropicale, 55 ‰ dans les Antilles et l'Amérique centrale. Dans quelques pays des Caraïbes et d'Extrême-Orient, les taux observés sont maintenant proches de ceux des pays développés, notamment à Cuba, Porto-Rico, Hong-Kong, Singapour ou Taïwan.

Des observations comparables peuvent être faites en retenant l'espérance de vie comme indicateur. Les deux variables sont en effet très liées : l'espérance de vie est élevée là où la mortalité infantile est faible et inversement. Autour d'une espérance de vie évaluée à 62 ans pour l'ensemble de la population mondiale en 1985, on retrouve ici encore des oppositions importantes, en moyenne, entre pays développés et sous-développés. Le Tiers Monde offre à ce point de vue de grandes disparités, car certaines de ses parties ont une espérance de vie faible, tandis que d'autres ont une durée de vie proche de celle observée dans les pays industrialisés (fig. 57). Considérés par grands groupes de pays en 1985, les écarts vont de 48 ans en Afrique occidentale à 67 ans dans les Caraïbes en passant par 49 ans pour l'Afrique orientale, 52 ans pour l'Asie du sud, 59 ans pour l'Amérique du sud tropicale et 65 ans pour l'Asie orientale et l'Amérique centrale. Par pays, les variations sont assurément plus fortes : dans les plus défavorisés, qui sont ceux de l'Afrique sahélienne, l'espérance de vie n'est que de 35-38 ans ; dans les plus favorisés relativement, l'espérance de vie est désormais de 70-72 ans ; mais ces pays ont des traits démographiques évolués comme on l'a déjà noté à propos de la fécondité. Quant aux pays développés, ils ont une mortalité de même niveau ou presque : ainsi, l'espérance de vie est de 69 ans en U.R.S.S., de 71 ans en Europe orientale ; de 73 ans en Europe du sud, de 74-75 ans en Europe occidentale et septentrionale ainsi qu'en Amérique du nord et en Australie et Nouvelle-Zélande, elle est enfin de 77 ans au Japon ; les variations d'un pays à l'autre sont elles-mêmes modérées : en Europe du nord et de l'ouest, elle oscille de 73 ans en Autriche à 77 ans en Islande ; en Europe méridionale, elle varie de 70 ans en Yougoslavie à 74 ans en Italie ou en Espagne. En définitive, *il faut distinguer, pour la mortalité comme pour la fécondité, trois groupes de pays et non deux :* un important groupe de pays sous-développés ayant une faible espérance de vie, inférieure à 60 ou même à 50 ans ; un petit groupe de pays intermédiaires avec une espérance de vie comprise entre 60 et 70 ans ; enfin le groupe des pays développés avec une espérance de vie égale ou supérieure à 70 ans.

Les mêmes résultats apparaissent, à quelques détails près, quand on examine séparément l'espérance de vie à la naissance des hommes et des femmes. La durée moyenne de la vie est en effet plus élevée chez les femmes que chez les

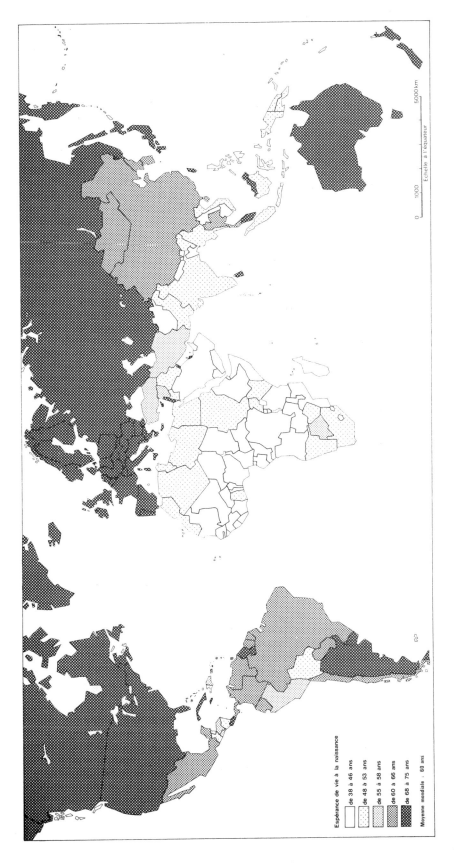

Espérance de vie à la naissance

- de 38 à 46 ans
- de 48 à 53 ans
- de 55 à 58 ans
- de 60 à 66 ans
- de 68 à 75 ans

Moyenne mondiale : 60 ans

0   1000   5000 km
Echelle à l'équateur

Fig. 57. – Espérance de vie pour la population des deux sexes dans les divers pays du monde en 1978. (Source des chiffres : World Popul. data sheet).

hommes : de 2 à 3 ans en général dans les pays en voie de développement (40,6 et 37,5 ans en Éthiopie vers 1975 ; 56,1 et 53,7 ans en Égypte), de 5 à 8 ans dans les pays développés (73,6 et 67,9 ans en Pologne à la même date, 76,8 et 70,5 ans en France). Dans ces derniers, l'écart a eu tendance à augmenter au cours du dernier siècle ; ainsi, en France, il était d'environ 3 ans vers 1860, de 4 ans en 1900, de 5 ans en 1935 et il a dépassé 8 ans en 1985 ; outre une plus grande sensibilité naturelle à certaines maladies, les hommes des pays développés voient leur espérance de vie réduite, par rapport à celle des femmes, par une plus grande exposition aux accidents du travail ou de la route et surtout par une plus forte consommation d'alcool et de tabac.

Les facteurs explicatifs des variations internationales

A l'échelle mondiale, la carte de la mortalité doit être interprétée à la lumière de son évolution historique tout comme celle de la fécondité : les variations spatiales constatées dans le présent représentent des décalages chronologiques dans le phénomène de *recul de la mortalité qui a commencé en Europe occidentale au XVIIIe siècle* et qui *s'étend aujourd'hui à l'ensemble du monde* par un processus lent mais régulier de diffusion.

Dans le passé, toutes les populations connaissaient une mortalité forte avec des pointes dues essentiellement aux épidémies. Il est difficile de connaître avec précision le niveau ancien de la mortalité mais les travaux de démographie historique effectués depuis une vingtaine d'années permettent d'affirmer que l'espérance de vie à la naissance dans les sociétés pré-industrielles de type européen devait probablement être de 30-35 ans (Reinhard, Armengaud et Dupâquier, 1968 – Wrigley, 1969) : elle était de 30 ans seulement dans le village de Crulai en Normandie pour la période de 1675-1775, de 33,5 ans dans la ville de Wroclaw (Breslau) en 1687-1691, de 35,2 ans pour l'ensemble de la population suédoise de 1751 à 1790, de 35,5 ans dans le Massachussets et le New-Hampshire avant 1789 ; le chiffre enregistré à Colyton (sud-ouest de l'Angleterre), 40 ans entre 1647 et 1769, semble plutôt exceptionnel.

Grâce aux progrès apportés par les révolutions scientifique et industrielle, la mortalité a commencé à reculer ; en l'espace d'un siècle ou deux, l'espérance de vie a doublé. Il est malaisé de préciser à quel moment s'est effectué ce recul par suite du manque d'informations statistiques et en raison des fluctuations spatiales et temporelles de la mortalité, mais il a concerné à coup sûr les classes favorisées en Angleterre et en France dans la deuxième moitié du XVIIIe siècle : ainsi, pour les aristocrates anglais, l'espérance de vie est passée de 34,2 ans en moyenne pour ceux nés entre 1600 et 1749 et 46,5 ans pour ceux nés entre 1750 et 1799, à 52,8 ans pour ceux nés entre 1800 et 1849, enfin à 59,6 ans pour ceux nés entre 1850 et 1899 ; pour l'ensemble de la population anglaise, les informations sont moins sûres mais l'espérance de vie a sans doute commencé à augmenter à partir de 1780 ; des observations comparables ont été faites en France et en Suède. Au XIXe siècle, le changement est certain et peut être suivi plus facilement ; pour l'Angleterre, la France, les Pays-Bas, le Danemark et la

Suède, la durée moyenne de vie, sans doute voisine de 35 ans encore en 1800 est passée à 41 ans environ en 1840, à 43 ans en 1860, à 45 ans en 1880 et à 50 ans en 1900. La mortalité infantile a commencé à diminuer à partir de 1800 en Suède : de 200 ‰ environ à cette date, le taux passe à 150 ‰ environ en 1850 et à 96 ‰ en 1900 ; en France, de 200 ‰ également au début du XIXe siècle, il est passé à 168 ‰ en 1861 et à 45 ‰ en 1900 ; et l'évolution dans le sens de la baisse s'est poursuivie au cours du XXe siècle jusqu'à atteindre, pour ces mêmes pays, 25 et 37 ‰ en 1950 puis 7 et 9 ‰ en 1985. Le recul de la mortalité a gagné peu à peu les autres pays : pour autant que les informations statistiques permettent d'en juger, il a commencé au tout début du XIXe siècle aux États-Unis et au Canada, vers 1830 en Allemagne et 1850 en Italie, vers 1870 en Autriche et en Tchécoslovaquie, au début du XXe siècle au Japon, dans la partie européenne de l'Union soviétique, dans certaines Antilles, au Mexique et en Argentine ; à partir de la Première Guerre mondiale à Singapour, à Hong-Kong et dans divers pays d'Amérique latine comme le Brésil et le Chili, vers 1930 en Inde, à Sri Lanka, à Taïwan, en Afrique du nord et dans le Proche-Orient ; pendant ou après la Deuxième Guerre mondiale en Afrique noire ; le recul vient seulement de commencer dans certains pays d'Afrique occidentale et équatoriale. Est-ce dire que le retard dans l'évolution de la mortalité est ici de deux siècles ? Certainement pas car le changement a été d'autant plus rapide qu'il a été tardif ; ainsi, le doublement de l'espérance de vie – de 35 à 70 ans environ – a demandé à peu près deux siècles en Angleterre, un siècle et demi en Suède, moins d'un siècle au Japon et moins d'un demi-siècle à Sri Lanka.

Le changement, dû à une augmentation de petites et grandes améliorations, a été fort complexe. On considère habituellement qu'il s'explique par les progrès de la médecine : de fait, ceux-ci ont été considérables ; les vaccinations qui ont été successivement mises au point ont permis de faire reculer de nombreuses maladies contagieuses et même de faire disparaître certaines d'entre elles comme la variole qui, naguère, faisaient de grands ravages ; les progrès ont été nombreux au cours du XXe siècle, plus particulièrement depuis une trentaine d'années. Les antibiotiques notamment ont permis de vaincre un grand nombre de maladies infectieuses. Pourtant, les progrès n'ont pas été seulement ceux de la médecine. Ils ont été aussi importants pour diverses sciences qui ont aidé aux progrès des thérapeutiques et tout spécialement pour la chimie : l'utilisation qui en est faite aujourd'hui est parfois abusive mais des centaines de millions de vies humaines ont été sauvées grâce aux spécialités pharmaceutiques élaborées depuis la Deuxième Guerre mondiale ou grâce aux insecticides de contact qui ont fait reculer certaines affections graves et tout spécialement le paludisme. Les progrès ont été dus aussi aux médecins et aux équipements sanitaires de toutes sortes, dont le nombre et la qualité ont peu à peu augmenté : dans les pays développés la situation est devenue presque partout satisfaisante à ce point de vue, avec un médecin pour 500 à 800 habitants et un lit d'hôpital pour 200 à 500 habitants ; dans les pays sous-développés, elle est très variable : relativement bonne dans les nations latino-américaines, assez mauvaises encore pour les pays du nord de l'Afrique, du Proche-Orient et de l'Asie orientale, très mauvaises dans les pays d'Asie méridionale et surtout d'Afrique tropicale : dans ces derniers, il n'y a parfois qu'un médecin pour 50 000 habitants ; encore s'agit-il de noyennes dont la signification est limitée car les médecins et les hôpitaux sont concentrés dans les villes principales ; dans l'Afrique sahélienne, on estime que 10 à 15 %

seulement de la population bénéficie d'une protection sanitaire. Les progrès ont été également dus à l'amélioration de l'alimentation dans les pays européens à partir du XVIIIe ou du XIXe siècle, grâce à l'augmentation des rendements agricoles et au développement de l'élevage. L'élévation du niveau d'instruction a aussi joué un rôle important, car le maintien de la santé est largement fonction d'une bonne hygiène de vie et surtout d'une bonne utilisation des thérapeutiques qui, l'une et l'autre, supposent l'acquisition d'un minimum de connaissances ; le recul de la mortalité infantile, en particulier, semble nettement en rapport à l'élévation du niveau d'instruction des mères. On ne peut enfin oublier la contribution des états ou des municipalités urbaines à cet effort, avec les mesures de protection prises contre les épidémies dès le XVIIe siècle ou le XVIIIe siècle dans les pays européens, et les mesures d'hygiène publique, comme l'épuration des eaux ou le ramassage des ordures au cours du XIXe siècle, en Europe également.

Il est difficile d'apprécier la part des divers facteurs ayant contribué à diminuer la mortalité. Les causes ont d'ailleurs varié dans le temps et dans l'espace. En Europe, la baisse de la mortalité à la fin du XVIIIe ou dans la première moitié du XIXe siècle, lente, a sans doute été due essentiellement à l'amélioration des conditions de vie et à la lutte contre la variole ; dès la fin du XIXe siècle à la Deuxième Guerre mondiale, la baisse, nettement plus rapide, a surtout été le fait des progrès dans le domaine des vaccins, de la chirurgie et de l'hygiène ; depuis la Deuxième Guerre mondiale, la baisse, assez brusque, est due surtout à l'essor des thérapeutiques anti-infectieuses. Dans les pays sous-développés, la baisse importante qui est intervenue depuis la Deuxième Guerre mondiale est due avant tout à l'introduction de techniques mises au point dans les nations avancées comme les vaccinations, les insecticides ou l'assainissement des eaux dans les villes, sans qu'il y ait toujours une nette amélioration des conditions de vie et sans que les équipements sanitaires soient très fournis. Certains démographes ont cependant cherché à évaluer de façon précise le rôle des divers facteurs contribuant à déterminer le niveau de la mortalité ; parmi eux, S. Lederman a fourni une étude élaborée sur ce problème (1959) ; en utilisant la technique de l'analyse factorielle à l'étude de 157 tables de mortalité, il a montré que plusieurs facteurs intervenaient ; le niveau de l'espérance de vie est déterminé avant tout par les « équipements » mis à la disposition de la population (par là, il faut entendre à la fois les centres de soin, les mesures de protection sanitaire, les vaccinations, les travaux d'assainissement et, bien sûr, tout le personnel médical, paramédical ou social) ; ainsi dans le cas de la France en 1962, les équipements constituent de loin la composante fondamentale de la mortalité puisqu'ils indiquent une espérance de vie de 74,5 ans pour les femmes (au lieu de 74 ans observés réellement) et de 70,9 ans pour les hommes (au lieu des 67 ans observés) ; cette composante fondamentale, calculée à partir des taux de mortalité féminine pour le groupe des 5-34 ans, est modifiée par quatre composantes moins importantes : celle des nouveau-nés, celle de l'âge adulte, celle des gens âgés, enfin celle qui concerne spécialement le sexe masculin ; ces autres composantes n'apportent que des variations de faible amplitude autour du niveau déterminé par les « équipements ».

Le recul de la mortalité se poursuit dans l'ensemble du monde : rapidement dans les pays en voie de développement où l'espérance de vie a augmenté de 2 à 5 ans pour la plupart d'entre eux au cours de la dernière décennie, lentement dans les pays développés où elle a augmenté d'environ une année pendant le même temps. D'importants progrès peuvent encore être enregistrés dans les premiers pour un coût relativement faible, grâce aux mesures de prévention ou aux conseils diffusés à la population par la radio. Dans les seconds, les améliorations sont désormais difficiles et onéreuses pour la collectivité, car l'essentiel des effets porte maintenant sur les maladies liées au vieillissement ; l'espérance de vie a même stagné dans de nombreux pays industriels au cours des années 60 avant d'augmenter à nouveau, légèrement, dans les années 70. Selon les spécialistes, plusieurs années pourraient être gagnées par une nette régression de la consommation d'alcool et de tabac.

Les causes de décès ne sont évidemment pas les mêmes dans les pays à forte et à faible mortalité. Dans les premiers, la pathologie reste encore proche du type ancien en dépit de la régression de certaines maladies, grâce aux vaccinations ou à la disparition partielle des anophèles ; les affections contagieuses et les parasitoses touchant essentiellement les systèmes digestif et respiratoire sont encore les principales causes de décès. Dans les seconds au contraire, la pathologie est due surtout à des affections andogènes et non pas exogènes ; les maladies contagieuses ont presque disparu, à l'exception des grippes ; en revanche, les maladies cardiaques, vasculaires et cellulaires qui touchent les personnes adultes ou âgées ont pris beaucoup d'importance ; les accidents y sont beaucoup plus fréquents, particulièrement ceux provoqués par la circulation automobile. L'étude des maladies affectant les populations a fait naître une nouvelle branche de la recherche géographique : la *géographie médicale* ; cette direction de recherche offre de nouvelles perspectives pour l'analyse de la mortalité à l'échelle nationale ou régionale (G. Howe, 1977 – A. Learmonth, 1978) et elle a déjà suscité des travaux très attachants comme celui de H. Picheral (1976) sur la France méditerranéenne.

Les inégalités régionales ou locales de la mortalité

L'analyse géographique de la mortalité à moyenne ou grande échelle est rendue difficile au plan méthodologique mais offre un grand intérêt : elle donne un éclairage souvent révélateur sur les inégalités spatiales ou sociales.

Si les études entreprises dans les pays développés disposant des meilleures statistiques montrent une tendance à la réduction de ces inégalités depuis la Deuxième Guerre mondiale, celles-ci sont loin d'avoir disparu. En Italie par exemple, la mortalité reste nettement plus forte dans le Mezzogiorno que dans les provinces septentrionales. En France, les différences restent toujours sensibles entre le nord du pays où l'espérance de vie est inférieure à la moyenne nationale et le sud où elle est au contraire nettement supérieure ; les écarts sont même importants ; l'espérance de vie à la naissance était d'environ 68 ans en 1968 pour les deux sexes dans certaines villes ouvrières du Nord, spécialement dans le bassin minier, et supérieure à 73 ans dans certaines villes tertiaires du Midi comme Toulouse, Montpellier ou Nice. Dans le Royaume-Uni, l'ampleur des variations est à peu près comparable (fig. 58) ; en 1959-63 par exemple, la

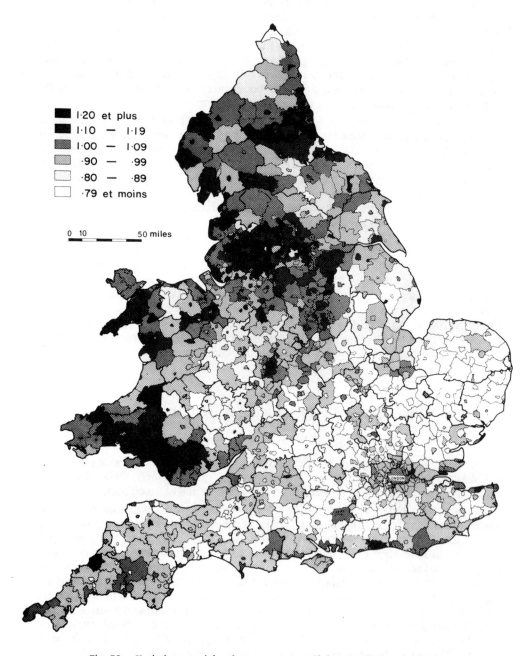

Fig. 58 – Variations spatiales du taux comparatif de mortalité en Angleterre.
(Source : M. Murray, *Ann. Assoc. Amer. Geogr.*, 1967).

mortalité était supérieure à la moyenne dans les vieilles régions industrielles comme les Lowlands d'Écosse, spécialement au voisinage de Glasgow, la zone manufacturière du Lancashire-Yorkshire, à Birmingham et dans les pays noirs des Midlands, dans la région de Newcastle et dans la zone urbaine de Belfast ; elle était voisine de la moyenne dans l'agglomération de Londres mais avec des inégalités assez marquées ; elle était partout inférieure à la moyenne dans le bassin de Londres, dans le sud-ouest et, çà et là, dans les zones peu peuplées du nord ou de l'ouest. Dans les pays en voie de développement, les études sur la mortalité ont été peu nombreuses faute de documentation appropriée mais celles qui ont été faites, par exemple, au Brésil, au Mexique ou au Maroc, ont montré des différences très importantes pouvant dépasser dix années d'espérance de vie entre les campagnes les plus défavorisées et les grandes villes relativement bien équipées.

Les causes de ces variations régionales sont complexes. Niveau de vie, qualité et proximité des équipements sanitaires, qualité et quantité du personnel de santé, niveau d'instruction, type d'alimentation, importance de la consommation d'alcool ou de tabac, bonne ou mauvaise qualité de l'environnement, tous ces facteurs jouent un rôle. Dans le cas de la France, c'est surtout la façon dont les équipements sont utilisés par la population, en fonction de son niveau d'instruction, qui explique l'essentiel des variations (D. Noin, 1973) ; les régions méridionales sont en effet mieux scolarisées que celles du nord. Dans une large mesure, il en est de même en Grande-Bretagne, mais ce sont les vieilles régions industrielles qui sont ici désavantagées, à ce point de vue comme à bien d'autres : cependant, les analyses faites sur les diverses causes de mortalité montrent la complexité des faits ; les cartes établies par G. Howe (1970) montrent de nombreuses variations dans la répartition spatiale des diverses affections ; les cancers des voies digestives sont sans doute liés à l'excès de consommation de boissons alcooliques ; les cancers des voies respiratoires sont largement liés à la consommation de cigarettes.

Certains chercheurs se sont également intéressés aux variations de la mortalité à l'intérieur des agglomérations depuis qu'E. Levasseur, à la fin du siècle dernier, a constaté que la mortalité était nettement plus élevée dans les quartiers pauvres de Paris que dans les quartiers riches. Les observations faites dans ce domaine ne sont valables que si elles utilisent le taux comparatif de mortalité, la durée de l'espérance de vie ou encore la mortalité infantile. Les cartes établies à partir de ces indices dans les villes européennes ou américaines font clairement apparaître le niveau social des quartiers. Le fait est particulièrement net dans une ville comme Marseille où les disparités sociales sont accusées par la présence d'une importante colonie nord-africaine : en 1965-69 par exemple, la mortalité infantile, qui était de 21 ‰ dans l'ensemble de la ville, s'abaissait à 14 ‰ dans le quartier le plus favorisé mais s'élevait à 30 ‰ dans les quartiers les plus défavorisés où résidaient le plus souvent les familles algériennes (H. Picheral, 1976). Pour l'agglomération parisienne, l'opposition était également assez nette en 1975, même si certaines irrégularités venaient troubler le caractère grossièrement sectoriel du schéma (fig. 59). Dans Paris même, l'opposition était nette entre les arrondissements les plus favorisés (7e, 8 et 16e) et les plus défavorisés (1er, 2e, 10e, 11e et 20e) : le contraste était à mettre en rapport avec la composition socio-professionnelle, le niveau de revenu et le niveau d'instruction. Hors de Paris, les secteurs où la mortalité était la plus faible correspondaient

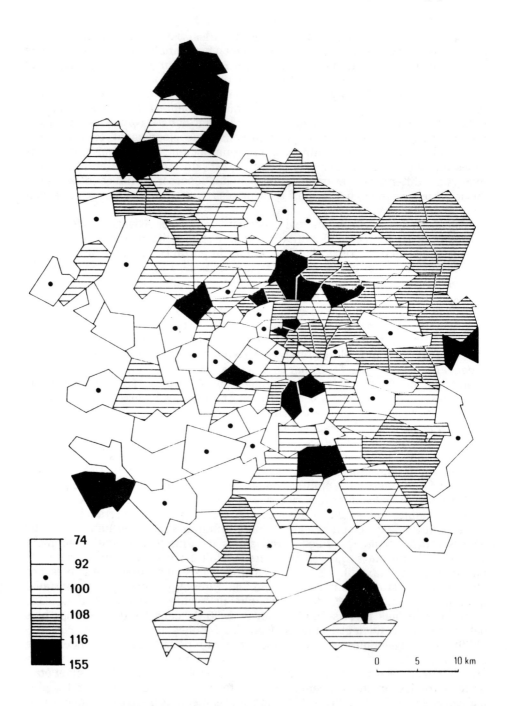

Fig. 59 – Indice comparatif de mortalité pour les divers secteurs de l'agglomération parisienne en 1975.
(Source : Y. Chauviré, *Espace Popul. Soc.,* 1984, 3).

généralement aux banlieues aisées (Neuilly, la Celle-Saint-Cloud, Marly) ; ceux où la mortalité était la plus forte correspondaient aux vieilles banlieues ouvrières (Ivry, Clichy, Saint-Denis, Aubervilliers, Nanterre) (Y. Chauviré, 1984).

Lectures

ANDRÉ (R.), Mortalité régionale en Belgique, *Bull. cl. Lettres Sc. mor. pol.* (Acad. roy. de Belgique), 1982, 7-9, p. 299-351.

CASELLI (G.), Les causes de décès en France. Un effort d'interprétation des différences géographiques, *Population,* 1984, 6, p. 1011-1044.

CHAUVIRÉ (Y.), La mortalité dans l'agglomération parisienne : Les disparités géographiques et leur évolution de 1962 à 1975, *Esp. Popul. Soc.,* 1984, 3, p. 192-201.

COALE (A.), Estimations de la fécondité et de la mortalité en Afrique tropicale, in *La population de l'Afrique tropicale* (J. Cadwell et Ch. Okonjo), p. 246-251.

LE BRAS (H.), La mortalité actuelle en Europe, *Popul.,* Paris, 1972, 27 (2), p. 271-293 et 1975, 30 (3), 479-507.

(La) mortalité adulte dans les pays industrialisés, *Esp. Popul. Soc.,* (1984, 3, 246 p. (13 articles).

MURRAY (M.), The geography of death in the United States and the United Kingdom, *Ann. Assoc. Amer. Geogr.,* Washington, 1967, 57, p. 301-314.

NOIN (D.), THUMERELLE (P.J.) et KOSTRUBIEC (B.), Analyse géographique des causes de décès en France, *Esp. Popul. Soc.,* , 1986, 2, p. 69-84.

PRESTON (S.), *Mortality patterns in national populations,* New York, Academic Press, 1976, 202 p.

STAMP (L.), *The geography of life and death,* London, Collins, 1974, 160 p.

THUMERELLE (P.J.), La mortalité en France, *Esp. Popul. Soc.,* 1984, 3, p. 203-218.

VALLIN (J.), La mortalité dans les pays du Tiers Monde, *Popul,* Paris, 1968, 23 (5), p. 845-868 – La mortalité infantile dans le monde. Évolution depuis 1950, *Popul,* Paris, 1976, 31 (4-5), p. 801-838 – Tendances récentes de la mortalité française, *Popul.,* 1983, 1, p. 77-106.

VALLIN (J.), La mortalité dans les pays en développement, *Esp. Popul. Soc.,* 1985, 3, p. 515-540.

VALLIN (J.) et CHESNAIS (J.-Cl.), Évolution récente de la mortalité en Europe, dans les pays anglo-saxons et en Union Soviétique, 1960-1970, *Popul.,* Paris, 1974, 29 (4-5), p. 861-898, fig.

Sur la géographie médicale, des travaux intéressants ont été publiés au cours des dernières années :

HOWE (G.), *National atlas of disease mortality in the United Kingdom,* London, Nelson, 1970 – *A world geography of human diseases,* London, Acad. Pr., 1977, 621 p.

LEARMONTH (A.), *Patterns of disease and hunger : a study of medical geography,* London, 1978, 256 p., fig.

PICHERAL (H.), *Espace et santé, Géographie médicale du Midi de la France,* Montpellier, 1976, 425 p.

Les stades d'évolution démographique des populations

La transition démographique

Les développements consacrés à la natalité et à la mortalité ont montré que leurs variations spatiales pouvaient être interprétées, pour l'essentiel, comme des différences d'évolution démographique. De fait, *le changement s'est fait partout dans le même sens dans les pays développés* : tous sont passés d'une situation démographique ancienne caractérisée par une fécondité et une mortalité élevées à une situation démographique nouvelle caractérisée par une fécondité et une mortalité faibles.

Cette constatation, faite sur un grand nombre de pays avancés, a donné naissance à une théorie évolutive généralement connue sous le nom de *théorie de la transition démographique*. Elle a été élaborée par des démographes anglo-saxons : on en trouve l'origine dans les travaux du démographe français A. Landry (1909) mais elle a été formulée au lendemain de la Deuxième Guerre par F. Notestein (1945). Le schéma qui en a été tiré est fort simple ; trois courbes figurant de façon simplifiée le déclin de la mortalité, le déclin de la natalité et l'évolution de l'accroissement naturel, suffisent pour l'illustrer (fig. 60). Plusieurs périodes doivent être distinguées :

1) La *situation ancienne* ou traditionnelle est caractérisée par des taux élevés de natalité et de mortalité ; ces derniers sont assez fluctuants en réalité car ils offrent des pointes lors des famines et surtout des épidémies. L'accroissement de la population est nul ou très faible.

2) La *transition démographique* proprement dite est la période des changements. Trois phases peuvent être différenciées. Dans la première phase ou début de la transition, la mortalité commence lentement à baisser tandis que la natalité reste forte ou même s'élève encore du fait de l'amélioration de l'état de santé des femmes ; la croissance de la population commence. Dans la seconde phase ou milieu de la transition, la mortalité continue de décliner tandis que la natalité,

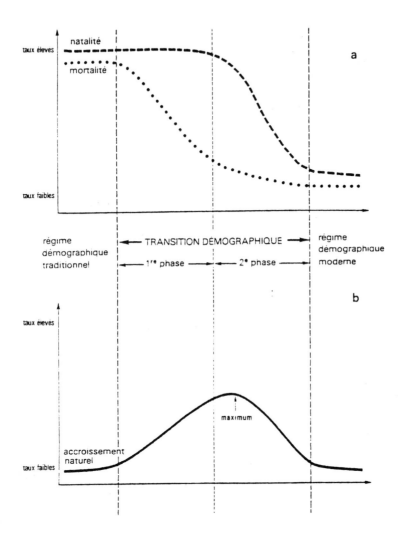

Fig. 60. – Schéma de la transition démographique.
(Source : D. Noin. *La transition démographique dans le monde.* 1983).

TAUX DE NATALITÉ ET DE MORTALITÉ (‰)

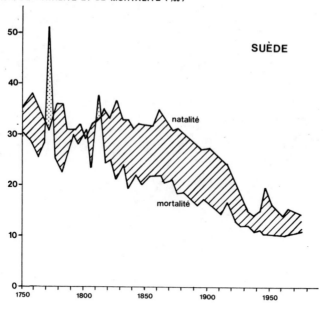

SUÈDE

TAUX DE NATALITÉ ET DE MORTALITÉ (‰)

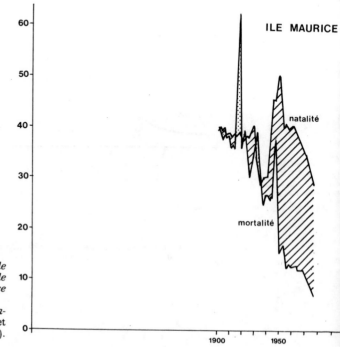

ILE MAURICE

Fig. 61. – Évolution des taux de natalité et de mortalité pour la Suède depuis 1750 et pour l'île Maurice depuis 1900.
(D'après J. Broek et J. Webb, *Geography of Mankind,* McGraw Hill, et *Ann. Démogr.,* 1976, Nations Unies).

à son tour, se met à diminuer lentement ; pendant cette phase, la croissance de la population est très forte car l'écart entre les taux de natalité et de mortalité passe par un maximum à un moment donné. Lors de la troisième phase ou fin de la transition, la mortalité est devenue basse ; elle décline maintenant avec plus de lenteur ; en revanche la natalité diminue rapidement ; de ce fait, on observe une décélération progressive de la croissance démographique.

3) La *situation évoluée,* une fois terminée la transition, est caractérisée par des taux faibles de natalité et de mortalité ; désormais, c'est la natalité qui connaît certaines fluctuations avant de se stabiliser, la mortalité est à peu près égale d'une année à l'autre car il n'y a pratiquement plus de poussées épidémiques avec la disparition des maladies contagieuses ; la croissance de la population devient faible ou nulle.

De fait, les changements qui ont été enregistrés dans de nombreux pays correspondent bien à ce schéma. En Suède par exemple, la situation traditionnelle, qui s'est maintenue jusque vers 1800, était caractérisée au XVIIIe siècle par un taux de natalité de 33-35 ‰, par un taux de mortalité de 30-32 ‰ en moyenne mais avec des « pics » dans les années difficiles et par un accroissement naturel faible de 0,3 ‰ par an environ (fig. 61a). La mortalité ne commence à diminuer qu'au début du XIXe siècle, assez régulièrement, tandis que ses fluctuations s'atténuent peu à peu avec l'amélioration de la situation sanitaire et l'élévation du niveau de vie : le déclin s'est poursuivi jusqu'à ce qu'il atteigne 10 ‰ en 1950, après quoi on observe une légère remontée (11 ‰) due au vieillissement de la population ; la natalité ne commence à diminuer que 60 ans après la mortalité ; le déclin est rapide et, en dépit de deux épisodes de reprise, il s'est poursuivi jusqu'à nos jours où il tend, semble-t-il, à s'arrêter. Le recul de la mortalité a duré un siècle et demi et celui de la natalité environ un siècle. L'augmentation de la population est passée par un maximum de 1,3-1,4 % par an à la fin du XIXe siècle, qui a eu pour effet de susciter une forte émigration en direction de l'Amérique du nord ; elle est redevenue très faible aujourd'hui avec seulement 0,2 % par an et elle va continuer de s'affaiblir dans les années qui viennent. L'évolution a été comparable dans les autres pays d'Europe ou d'Amérique du nord ; la transition y a été tantôt plus précoce et tantôt plus tardive ; elle y a été tantôt plus lente et tantôt plus rapide ; les points de départ et d'arrivée n'ont pas toujours été situés aux mêmes niveaux ; mais il n'en reste pas moins vrai que l'évolution démographique a été partout la même. La baisse de la fécondité s'est faite lentement, selon un processus de diffusion, à partir de la France qui a joué le rôle de pionnier dans ce domaine dès la première moitié du XVIIIe siècle et peut-être même avant alors que, dans les autres pays européens, elle n'a commencé que dans le dernier quart du XIXe siècle, parfois seulement au début du XXe siècle. En 1900, l'indice de fécondité légitime, déjà faible en France, avait commencé à diminuer en Angleterre, en Belgique, en Suisse, en Italie du nord et dans une partie de l'Allemagne mais il restait encore élevé dans les autres pays européens, surtout à l'est et au nord du continent (fig. 62). En France même, le phénomène de baisse s'est poursuivi jusqu'au voisinage de la Première Guerre mondiale dans les fiefs catholiques du sud du Massif Central et de Bretagne. En Italie, la baisse s'est propagée plus rapidement : à partir du Piémont, elle a gagné peu à peu l'Italie centrale puis l'Italie méridionale ; la Sardaigne a été la dernière province touchée (fig. 63).

En est-il de même dans les pays du Tiers Monde ? L'application du modèle de la transition démographique ·y a été parfois critiquée. Il faut pourtant reconnaitre que les pays relativement avancés parmi eux, ont connu une histoire démographique comparable à bien des égards à celle de l'Europe au cours du dernier siècle. A l'île Maurice par exemple, la situation traditionnelle, qui s'est maintenue jusqu'en 1920, n'était pas très différente de celle que l'Europe a connue : le taux de natalité, de l'ordre de 37-38 ‰, y était un peu plus fort ; le taux de mortalité y était également plus élevé et, bon an mal an, à peu près voisin de celui de la natalité, si bien que l'accroissement de la population était quasiment nul (fig. 61b) ; la mortalité connaissait d'importantes fluctuations d'une année à l'autre comme le montre, par exemple, le « pic » de 1919 dû à une épidémie de grippe. La transition démographique n'y a pas été bien différente dans son mécanisme de celle de l'Europe ; elle a d'abord été lente entre les deux guerres mondiales : la mortalité a commencé à baisser peu à peu tandis que la natalité a, un peu plus tard, esquissé une faible baisse ; la population, naguère stagnante a donc commencé à augmenter ; le grand changement s'est produit à partir de 1945 : les progrès ont eu pour résultat de faire baisser rapidement la mortalité et d'augmenter temporairement la fécondité du fait de l'amélioration de la situation sanitaire ; à partir de 1950 cependant, la natalité diminue rapidement jusqu'à atteindre 26 ‰ en 1978. La croissance de la population est, ici aussi, passée par un maximum (3,5 % par an dans les années 50) pour redevenir un peu plus modérée aujourd'hui (1,8 % en 1978) ; elle est encore forte cependant ; cette augmentation de la population a provoqué une situation difficile, particulièrement dans les campagnes qui sont surpeuplées, et une importante émigration vers la France ou l'Australie ; mais les possibilités d'accueil outre-mer sont beaucoup plus réduites pour les Mauriciens dans les années 50 à 70 que pour les Suédois à la fin du siècle dernier. Avec ses 900 000 personnes, l'île porte aujourd'hui trois fois plus d'habitants qu'au début de la transition ; on peut heureusement prévoir que celle-ci sera achevée avant la fin du siècle avec la décélération de la croissance.

Une évolution comparable s'est produite dans la plupart des Antilles et dans quelques pays d'Extrême-Orient ; dans la plus grande partie du Tiers Monde cependant, l'évolution a été beaucoup moins nette qu'à l'île Maurice et la situation démographique y présente des traits originaux. Les taux de natalité y sont plus élevés que ceux des pays européens au XVIIIᵉ siècle et l'accroissement de la population y est beaucoup plus fort que celui de l'Europe au XIXᵉ siècle. Néanmoins, on ne voit pas pourquoi ces différences, aisément explicables d'ailleurs, seraient en contradiction avec le schéma de la transition démographique. Du reste, les différences ne sont pas aussi importantes qu'on a coutume de le souligner dans les études consacrées au sous-développement. Les taux de natalité ne sont pas uniformément élevés dans le Tiers Monde, tandis que certaines populations des pays développés ont connu dans le passé une fécondité exceptionnellement forte : la population du Québec n'a-t-elle pas connu, à certains moments de son histoire, un taux de natalité supérieur à 60 ‰ et un accroissement naturel annuel supérieur à 3 % ? Certains territoires, aujourd'hui développés, ont connu au XIXᵉ siècle une véritable explosion démographique et une augmentation considérable du nombre de leurs habitants ; la population anglaise ou de souche anglaise n'a-t-elle pas été multipliée par 15 depuis le début de la transition démographique ? Inversement, l'évolution enregistrée au cours

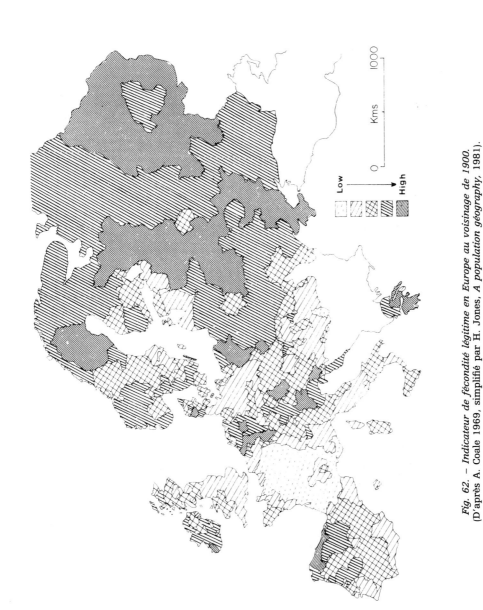

Fig. 62. – Indicateur de fécondité légitime en Europe au voisinage de 1900.
(D'après A. Coale 1969, simplifié par H. Jones, *A population géography*, 1981).

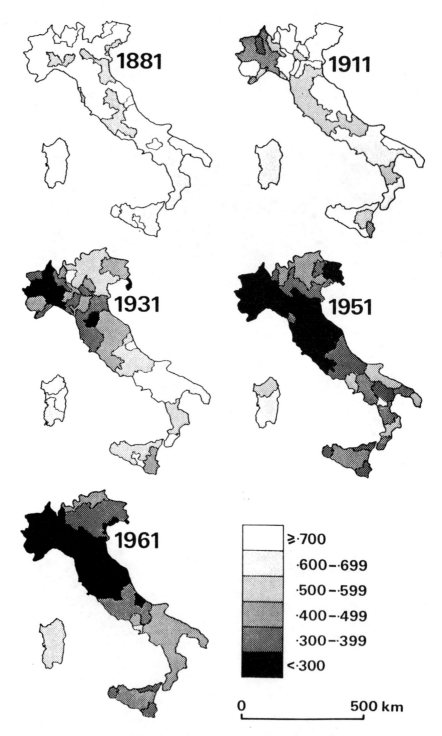

Fig. 63. – Indicateur de fécondité légitime pour l'Italie de 1881 à 1961. Les valeurs fortes de la carte soulignent ici, à l'inverse de la fig. 62, les valeurs faibles de l'indicateur.
(D'après M. Livi-Bacci 1977, modifié par R. Woods, *Population analysis in geography*, 1979).

des dernières années dans certains pays d'Asie ou d'Amérique latine ou qui commence à se produire dans quelques pays d'Afrique ou du Proche-Orient se fait dans le même sens qu'en Europe ou qu'en Amérique du nord au siècle dernier, ce qui confirme la validité du schéma de la transition démographique. En ce qui concerne la population, le sous-développement apparaît donc essentiellement comme un décalage dans l'évolution historique.

Il ne faut pourtant pas en conclure que tous les pays connaissent ou connaîtront nécessairement la même transformation. Les mécanismes de l'évolution ne sont pas les mêmes aujourd'hui qu'il y a un siècle : les moyens de lutte contre la mortalité sont incomparablement plus efficaces, les méthodes utilisées pour maîtriser la fécondité sont infiniment plus sûres. Le passage de la situation traditionnelle à la situation évoluée peut donc s'opérer en beaucoup moins de temps, trois ou quatre fois moins, que dans les pays pionniers de l'Europe occidentale. L'analyse de l'histoire démographique des pays européens montre d'ailleurs que tous n'ont pas suivi exactement le même chemin. Deux pays, parmi eux, ont connu une évolution un peu particulière : l'Irlande et la France. Le cas de l'Irlande qui, au lieu d'enregistrer une forte expansion démographique a connu un long déclin, est assez facilement explicable par les perturbations entraînées par une émigration massive. Le cas de la France est beaucoup plus curieux puisque la natalité y a diminué de façon exceptionnellement précoce et que l'accroissement de la population y a été étonnamment faible ; historiens et démographes s'interrogent encore sur cette évolution anormale ; il convient pourtant de noter que la France a connu malgré tout, comme tous les autres pays, le phénomène de diminution de la natalité et de la mortalité ; c'est simplement le mécanisme de la transition qui a été différent.

En définitive, la théorie de la transition démographique est plutôt un *modèle d'évolution,* avec les avantages et les inconvénients qu'offre toute simplification. Comme il arrive dans les phénomènes humains où interviennent un grand nombre de facteurs, les évolutions obéissent à des lois générales sans pour autant que l'enchaînement des événements et de la vitesse des changements soient partout identiques.

Les situations démographiques

L'étude géographique permet-elle également de confirmer le schéma ? Retrouve-t-on dans le monde actuel des divers stades de la transition démographique ? La réponse est incontestablement affirmative.

Seule la situation traditionnelle, antérieure à la transition, ne se rencontre plus aujourd'hui, même dans les petits groupes humains très isolés de l'Amazonie, de l'Afrique équatoriale ou des montagnes de l'Asie du sud-est. Les techniques de lutte contre la maladie et la mort ont pénétré à peu près partout dans le monde ; même dans les pays africains ou asiatiques les plus défavorisés, des campagnes de vaccination ou de lutte anti-malarienne ont été entreprises, si bien que l'espérance de vie tout en restant très basse (35-38 ans seulement dans certains cas) est de plusieurs années supérieure à ce qu'elle était autrefois dans ces mêmes pays.

Divers chercheurs, démographes ou géographes, ont cherché à classer les nations selon leurs caractéristiques démographiques de façon à les situer par rapport aux diverses phases de la transition. La plupart des études sont malheureusement critiquables car elles retiennent un très petit nombre de critères et utilisent le taux brut pour mesurer la mortalité. La plus satisfaisante à ce point de vue est celle publiée par P. Boyer et A. Richard (1975) : 14 variables significatives ont été retenues pour 89 pays, dont 66 pays sous-développés et 23 pays développés ; les variables sont relatives à la fécondité, à la mortalité, à l'accroissement naturel, à la structure par âge, aux équipements de santé, à l'urbanisation et à la consommation ; les chiffres utilisés s'échelonnent entre 1966 et 1971. Une analyse en composantes principales a permis aux auteurs de repérer la position des divers pays par rapport à l'ensemble des variables retenues, plus précisément par rapport aux axes factoriels. En l'occurrence, il suffit de considérer les deux premiers axes qui représentent l'essentiel de l'information (fig. 64) ; le principal est, de loin, l'axe horizontal qui fournit une mesure du développement

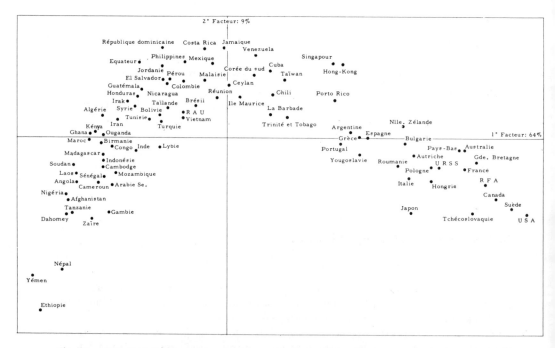

Fig. 64. — Situation de divers pays par rapport à 14 variables démographiques, économiques et sociales (plan factoriel, selon les deux premiers axes, d'une analyse en composantes principales).
(D'après P. Boyer et A. Richard, *Popul.*, 1975).

économique et de l'évolution démographique : les pays ayant la fécondité la plus forte, la mortalité la plus élevée et les plus mauvais indices de développement sont situés le plus loin possible vers la gauche tandis que ceux dont la fécondité est basse, la mortalité faible et l'économie développée sont situés le plus loin possible vers la droite ; l'axe vertical, beaucoup moins important est surtout en rapport avec le dynamisme démographique : les pays ayant l'accroissement le plus rapide sont placés vers le haut. Le nuage de points a une forme d'arc de cercle où on peut distinguer quatre groupes de pays ayant des caractéristiques voisines :

1) Le *premier groupe,* situé en bas et à gauche, est caractérisé par des indices élevés de mortalité et de fécondité, par un dynamisme démographique modéré, par un niveau d'instruction faible, par une urbanisation très limitée et par une économie essentiellement agricole. Il correspond à *l'amorce de la transition.* S'il n'est composé ici que d'un petit nombre de pays, c'est parce que les données statistiques sur ce groupe sont rares mais, dans la réalité, il est beaucoup plus nombreux ; il est formé essentiellement de pays africains. A titre d'illustration, voici pour 1985 les caractéristiques démographiques essentielles de l'un d'entre eux, le Burkina-Faso (ex Haute-Volta) :

Taux de natalité	48 ‰
Proportion des moins de 15 ans	44 %
Mortalité infantile	149 ‰
Espérance de vie à la naissance	44 ans
Accroissement naturel	2,6 %
Produit national par habitant	180 $
Taux d'urbanisation	8 %
Taux d'analphabétisme des adultes	87 %

2) le *second groupe,* situé un peu plus haut et un peu plus à droite correspond approximativement au *milieu de la transition.* Il est caractérisé par une fécondité très élevée, une mortalité en baisse, une structure par âge très jeune et un dynamisme démographique très marqué ; l'instruction y est plus répandue, l'urbanisation est plus importante et l'économie est moins attardée que dans le groupe précédent mais les différences sont importantes entre les pays africains qui sont encore proches de la situation précédente comme la Tanzanie, le Bénin ou le Zaïre et les pays d'Amérique latine qui sont déjà très engagés dans la transition comme le Brésil, le Mexique ou la Colombie :

	Zaire	Colombie
Taux de natalité	45 ‰	28 ‰
Proportion des moins de 15 ans	45 %	37 %
Mortalité infantile	106 ‰	51 ‰
Espérance de vie à la naissance	50 ans	64 ans
accroissement naturel	2,9 %	2,1 %
Produit national par habitant	160 $	1 400 $
Taux d'urbanisation	34 %	67 %
Taux d'analphabétisme des adultes	59 %	25 %

3) Le troisième groupe, situé un peu plus à droite sur le plan factoriel, correspond aux pays qui arrivent à la *fin de la transition démographique :* la mortalité est devenue faible, la fécondité est en baisse, l'accroissement naturel est encore élevé mais en voie de diminution ; l'instruction est développée et l'urbanisation est devenue importante ; l'économie est déjà plus évoluée et en partie industrielle. Ce groupe, plus homogène que le précédent, est formé de pays qui commencent à sortir de la situation de sous-développement. Le cas de Taïwan est assez caractéristique de cet ensemble :

Taux de natalité	21 ‰
Proportion des moins de 15 ans	31 %
Mortalité infantile	28 ‰
Espérance de vie à la naissance	73 ans
Accroissement naturel	1,6 %
Produit national par habitant	2 200 $
Taux d'urbanisation	71 %
Taux d'analphabétisme des adultes	9 %

4) Le *quatrième groupe,* situé plus à droite encore dans le nuage de points, est celui des *pays développés paraissant avoir achevé leur transition démographique.* Ici la mortalité est faible, la fécondité basse, l'accroissement naturel de plus en plus réduit ; l'urbanisation est forte, l'économie est industrielle et tertiaire, le niveau d'instruction est élevé. Ce groupe est relativement différencié car l'évolution s'est faite à des dates variées mais les dissemblances sont beaucoup plus marquées au plan économique qu'au plan démographique :

	Bulgarie	France
Taux de natalité	14 ‰	14 ‰
Proportion des moins de 15 ans	22 %	22 %
Mortalité infantile	12 ‰	9 ‰
Espérance de vie à la naissance	72 ans	75 ans
Accroissement naturel	0,2 %	0,4 %
Produit national par habitant		9 500 $
Taux d'urbanisation	65 %	73 %
Taux d'analphabétisme des adultes	3 %	

Une nouvelle analyse multivariée faite avec les mêmes variables mais avec des chiffres récents ferait peut être apparaître quelques changements dans la position des divers pays par rapport aux stades de la transition démographique, mais sans doute très limités ; même dans ceux où elle a été exceptionnellement rapide, elle a tout de même demandé un demi-siècle ou plus ; on ne peut donc attendre des changements importants en l'espace d'une dizaine d'années.

Lectures

Sur la transition démographique :

BEAVER (S. T.), *Demographic transition theory reinterpreted : and application to recent natality trends in Latin América,* Lexington (Mass.), 1975, 177 p.

BOYER (P.) et RICHARD (A.), Éléments d'analyse de la transition démographique, *Popul.,* Paris, 1975, 30 (4-5), p. 825-848, fig.

CHESNAIS (J.-Cl.), *La transition démographique. Etapes, formes, implications.* Étude de séries temporelles (1720-1984) relatives à 67 pays. Paris : P.U.F. (Trav. et Doc. de l'INED), 1986, 580 p.

CHUNG (R.), Space-time diffusion of the transition model : the twentieth century patterns, in *Population Géography :* a reader (G. Demko...), op. cit. p. 220-238.

CLUFF (D. J.), The économic dimension of demographic transition, *J. Geogr.,* 1973, 72 (2), p. 11-16.

COALE (A.) et WATKINS (S.), *The decline of fertility in Europe,* Princeton : Princeton Univ. Pr., 1986.

JAKUBOWSKI (M.), The theory of demographic transition and studies of the spatial differenciation of population dynamics, *Georgr. Polon.,* Warszawa, 1977, 35, p. 73-89, fig.

NOIN (D.), *La transition démographique dans le monde,* Paris : P.U.F., 1983, 214 p.

SCHNELL (G.), Demographic transition : threat to developing nations, *J. Georgr.,* 1970, 69 (3), p. 164-171.

STOLNITZ (G.), The demographic transition : from high to low birth rates death rates, in R. Freedman, *Population : the vital revolution,* Garden City N.Y., Doubleday, 1964, p. 30-46.

Les études démographiques ou géodémographiques sur certaines parties du monde sont extrêmement nombreuses. On ne peut en citer ici qu'un petit nombre :

BRASS (W.) et COALE (A.), *The démography of tropical Africa,* Princeton Univ. Pr., 1968.

CALDWELL (J. C.) et OKONJO (Ch.), *The population of tropical Africa,* London,V. Clowes, 1968, XIV-157 p., cartes.

CHESNAIS (J.-Cl.), et VALLIN (J.), Les populations au sud de l'Himalaya, *Popul.,* Paris, 1975, 30 (6), p. 1059-1110.

CLARKE (J.), *Population geography and the developing countries,* London, Pergamon, 1971, 282 p., fig.

CLARKE (J.) et FISHER (W.), *Populations of the middle East and North Africa, a geographical approach,* London, Univ. of London Pr., 1972, 432 p. (16 articles).

COURBAGE (Y.) et FARGUES (Ph.), La population des pays arabes d'Orient, *Popul.,* Paris, 1975, 30 (6), p. 1111-1142.

MOINDROT (CL.), et al., *Les populations européennes,* Paris, éd., Marketing (Coll. Profils économiques), 1985, 127 p.

NOIN (D.), *Géographie démographique de la France,* Paris, P.U.F., 1973, 160 p., fig.

NOIN (D.) (Coll. Y. CHAUVIRÉ), *La population de la France,* Paris, Masson, 1986, 203. p.

PAILLAT (P.) et SAUVY (A.), La population de la Chine, évolution et perspectives, *Popul.,* Paris, 1974, 29 (3), p. 535-552.

PRESSAT (R.) (sous la dir. de), La population de la France, *Popul.,* Paris, 1974, nº spécial, 356 p.

SAMMAN (M. L.), La population de la Syrie, étude géo-démographique, *Trav., Doc., O.R.S.T.O.M.,* Paris, 1978, nº 59, 302 p. – Aspects de l'évolution démographique récente dans les pays du Moyen-Orient arabe. *Esp. Popul. Soc.,* 1985, 3, p. 541-562.

TREWARTHA (G.), *The less developed Realm : a geography of its population,* New York, Wiley, 1972, 449 p. – *The more developed Realm :* a geography of its population, New York, Wiley, 1978, 275 p.

VERRIÈRE (J.), *La population de l'Irlande,* Paris, Nouton, 1979, 580 p. – Visages de la population de la France (Actes du Colloque de Poitiers), *Esp. Popul. Soc.,* 1986, 2, 386 p.

La mobilité spatiale
des populations

Quatrième partie

14

Les formes de mobilité des populations

Jusqu'à présent, les populations ont été considérées en faisant abstraction des mouvements qui les agitent ; ceux-ci sont pourtant incessants. Le fait est particulièrement manifeste dans les pays développés où le coût des déplacements est relativement faible et où ils prennent un caractère massif et rythmé selon les jours ou les saisons. Outre ces mouvements de faible durée amenant les personnes à revenir à leur point de départ après une absence de quelques heures ou de quelques jours, d'autres mouvements les amènent cette fois à changer carrément de lieu, de façon définitive ou pour une longue durée ; la plupart des personnes changent plusieurs fois de résidence au cours de leur vie : parfois lors de l'entrée à l'université, presque toujours à l'âge du mariage ou à l'entrée dans la vie professionnelle, à plusieurs reprises au cours de la vie active, souvent enfin à l'âge de la retraite. Si l'ampleur des mouvements est nettement moins forte en général dans les pays en voie de développement, leur variété n'est pas moindre.

Quels qu'ils soient, les déplacements des populations intéressent les géographes autant ou plus que les économistes, les démographes ou les sociologues. De fait, les études sur les migrations sont extrêmement nombreuses ; si F. Ratzel, au siècle dernier, a été un des premiers à les entreprendre, il a eu d'innombrables successeurs.

L'information accumulée sur les déplacements est, de ce fait, surabondante. Elle concerne à peu près tous les types de mouvements. On peut seulement regretter la prédominance des études monographiques, la rareté des études comparatives et l'insuffisance des efforts de généralisation.

La classification des formes de mobilité

L'extraordinaire variété des formes de mobilité oblige à faire d'abord une réflexion taxonomique.

La classification peut tenir compte de la durée : on peut ainsi distinguer les mouvements qui se produisent chaque jour ou en fin de semaine ou pendant les vacances, ceux qui ont un caractère saisonnier ou temporaire, ceux enfin qui sont définitifs ou de longue durée. Elle peut aussi tenir compte de la distance : on peut ainsi différencier les mouvements à petite distance, à moyenne ou à grande distance ou bien les mouvements intra-urbains, intra-régionaux, inter-régionaux et internationaux ou encore les migrations internes ou externes. Elle peut aussi tenir compte du degré de liberté des personnes qui bougent : on peut ainsi parler de mouvements libres, sélectifs, planifiés ou forcés. La classification peut également tenir compte de la cause essentielle des changements de lieu : on peut alors envisager les mouvements liés au travail, à la retraite, aux loisirs. En dépit de leur intérêt, ces distinctions – ou d'autres distinctions susceptibles d'être utilisées – ne fournissent pas des typologies satisfaisantes. Il est certes intéressant de connaître la cause essentielle des mouvements mais comme la plupart d'entre eux ont un caractère économique, il reste à différencier les multiples formes de mobilité qui sont, d'une manière ou d'une autre, liées à l'activité ; il est utile de savoir s'il y a ou non franchissement d'une frontière mais ce n'est pas forcément un critère essentiel car certains mouvements frontaliers sont brefs et intégrés à la vie quotidienne, tandis que certaines migrations intérieures peuvent constituer de pénibles ruptures et représenter de grandes distances géographiques et psychosociologiques ; la durée est évidemment importante à considérer mais la distinction des mouvements temporaires, définitifs ou de longue durée est souvent difficile ; le degré de liberté n'est pas moins malaisé à distinguer et, dans beaucoup de mouvements effectués librement, les contraintes économiques pèsent lourdement.

En fait, il ne faut pas tenir compte d'un critère, mais de plusieurs critères, pour classer valablement les mouvements. C'est du reste ce qu'ont fait la plupart des sociologues qui ont proposé des classifications depuis une vingtaine d'années. Ainsi, la classification de W. Petersen (1975), l'une des plus couramment utilisées, repose sur trois critères qui, combinés entre eux, forment une typologie en cinq groupes, eux-mêmes divisés en sous-groupes.

Malheureusement, aucune de ces classifications n'est vraiment satisfaisante, car certains des types retenus n'existent plus tandis que certains mouvements ayant pris de l'importance dans le monde actuel n'y figurent pas. Pour une étude géographique, mieux vaut partir de l'observation des mouvements qui existent aujourd'hui.

Or, qu'observe-t-on ? *Des mouvements qui varient beaucoup selon le niveau de développement des divers pays.* Dans les pays développés par exemple, d'intenses mouvements agitent la population chaque jour, chaque week-end ou chaque période de congé ; un autre phénomène très visible est la présence dans les villes d'importantes colonies de travailleurs étrangers ; moins perceptibles mais importants à considérer pour l'étude de l'évolution des villes ou des régions sont les changements de résidence qui amènent les personnes à quitter la campagne pour la ville, la ville pour la campagne ou, plus souvent, qui les amènent à changer de ville. Dans les pays sous-développés, les déplacements rythmés de faible durée ont généralement peu d'importance ; ici, c'est surtout l'exode rural qui attire l'attention bien que d'autres mouvements, le plus souvent à caractère définitif, existent aussi ; les mouvements saisonniers liés à l'activité agricole subsistent encore, de même que les mouvements temporaires vers les villes, mais ils sont en diminution ; il en est de même pour les mouvements pastoraux ; en revanche les déplacements internationaux vers les pays riches ou vers certains pays du Tiers Monde en cours de développement rapide prennent une importance croissante.

Un bref inventaire des mouvements existant actuellement dans le monde conduit donc à opérer une distinction entre *deux grands types de déplacements,* entre ceux qui sont habituels, liés aux « genres de vie » et ceux qui sont motivés par la recherche d'une vie meilleure ; à bien des points de vue – psychologique, social, économique et géographique –, cette distinction est essentielle. Dans le premier cas, on a affaire à des *mouvements habituels,* répétitifs, souvent rythmés, presque toujours de faible durée ; ce sont des mouvements de va-et-vient, des oscillations ; ils n'expriment aucun déséquilibre essentiel ; ils n'impliquent aucun changement d'activité, aucune rupture pour les individus. Dans le second cas, on a affaire véritablement à des *mouvements migratoires :* ce sont des déplacements de plus longue durée qui, à la limite, peuvent être faits sans esprit de retour ; ils s'accompagnent assez souvent d'un changement d'activité et sont presque toujours l'expression d'un déséquilibre entre les conditions de vie offertes au lieu de départ et celles qui existent ou qui sont espérées au lieu d'arrivée ; ils annoncent donc une mutation plus ou moins forte dans la vie des personnes concernées. Ils constituent un des mécanismes essentiels du changement au sein des sociétés.

A l'intérieur de ces deux grands types de mouvements, des *sous-types* doivent être considérés. Dans le cas des mouvements habituels, c'est la raison d'être du déplacement qui constitue évidemment la distinction essentielle ; ces raisons sont extrêmement variées mais dans les sociétés traditionnelles, il faut au moins distinguer les mouvements liés à l'activité pastorale, à l'activité agricole, à l'activité commerciale ou à la pratique religieuse ; dans les sociétés industrielles ou tertiaires, il faut distinguer ceux qui sont liés à l'exercice d'un métier, aux achats et aux loisirs. Dans le cas des mouvements migratoires proprements dits, distance et durée sont les critères essentiels de différenciation ; en revanche, les motivations sont presque toujours les mêmes ; si la distinction entre migrations internes et externes est discutable, elle doit être conservée car, dans presque tous les cas, la rupture entraînée par le franchissement d'une frontière est plus grande que dans le cas d'un simple déplacement à l'intérieur d'un pays ; presque toujours, ce mouvement amène un changement dans les habitudes de vie et parfois dans la langue utilisée. Dans le cas des migrations internes, la distinction entre pays développés et sous-développés s'impose : dans le Tiers Monde, il convient de distinguer les migrations saisonnières, les migrations temporaires et les migrations définitives vers les centres d'agriculture moderne ou vers les villes ; dans le monde industriel, il faut surtout envisager les migrations liées à l'activité et les migrations de retraite.

Les sources d'information sur la mobilité

L'étude géographique de ces divers types de mouvements est souvent très attachante, mais elle est difficile en raison des insuffisances du matériel statistique disponible. De toutes les activités humaines, la mobilité est une des moins bien enregistrées.

Dans le meilleur des cas, les informations chiffrées permettent une évaluation et une cartographie des flux de personnes, mais le fait est rare ; même ainsi, d'autres indications doivent être recueillies sur les motivations des migrants, leurs caractéristiques sociales et économiques, les modalités des déplacements et les effets variés qu'entraîne la migration au point de départ et au point d'arrivée ; comme divers travaux récents l'ont souligné (R. Béteille, 1974 – G. Simon, 1978), il ne s'agit pas seulement de saisir un déplacement de personnes dans une direction mais un *espace relationnel* ou encore un *champ migratoire* bien plus complexe qu'un champ électrique ou magnétique, puisque des échanges de toutes sortes se produisent, dans les deux sens, entre points de départ et points d'arrivée et qui concernent à la fois des personnes, de l'argent, des techniques et des idées (fig. 65). Le plus souvent, de toute façon, la simple information sur les flux de personnes n'est pas même disponible.

Dans le cas des migrations internationales, les déplacements sont assez souvent enregistrés mais la qualité des données varie beaucoup selon les pays ; d'une façon générale, elle est plutôt médiocre quoique en voie d'amélioration dans la mesure où ces migrations sont de plus en plus contrôlées par les autorités. Dans les pays d'arrivée, plusieurs sources sont utilisables mais qui fournissent des informations rarement concordantes : ce sont les statistiques de passage aux frontières, des administrations chargées de contrôler l'immigration, des services de police dans les lieux de résidence, enfin des consulats des pays intéressés ; seuls les pays où l'immigration est soigneusement contrôlée ont des données sûres ; les informations tirées des recensements sont souvent inférieures à la réalité, car les étrangers échappent en partie aux investigations des agents recenseurs. Dans les pays de départ, les statistiques sont habituellement peu sûres ; les absents ne sont que rarement enregistrés lors des recensements ; les services chargés de contrôler le départ de la main-d'œuvre ne fournissent que des données incertaines ; l'étude des mandats envoyés par les émigrés n'est pas toujours possible.

Pour les migrations internes, les données sont beaucoup moins nombreuses encore, à l'exception des pays où, comme en Suède, au Danemark, aux Pays-Bas, en Belgique, en R.F.A., en Suisse ou en Italie, les changements de domicile sont soumis à déclaration ; dans ce cas, les registres de population constituent une remarquable source d'information. Ailleurs, seuls les recensements permettent de connaître les mouvements internes de la population, soit à partir des déclarations faites par les personnes recensées sur leurs changements de résidence, soit à partir du calcul du *solde migratoire* obtenu par différence entre solde total et solde naturel entre deux recensements ; ces deux informations se recoupent mais elles ne sont pas toujours disponibles. Les informations tirées des recensements peuvent toutefois être complétées par l'étude de certains fichiers, mais ceux-ci concernent des sous-populations dont l'extension à l'ensemble de la population est délicate ; le plus intéressant et le plus utilisé à ce point de vue est le fichier électoral qui fournit habituellement des indications sur les changements de lieu de résidence.

Sur les mouvements habituels, les données font le plus souvent défaut. Seuls les déplacements quotidiens liés au travail sont connus par certains recensements de population ; mais ils ne représentent qu'une partie de l'ensemble des déplacements quotidiens. Les enquêtes entreprises dans le but d'aménager la circulation sont intéressantes pour obtenir des évaluations chiffrées mais souvent difficiles à exploiter pour l'étude géographique. Quant aux déplacements de week-end ou de vacances, ils ne peuvent être connus que par de patientes recherches, car l'information statistique les concernant est pratiquement inexistante.

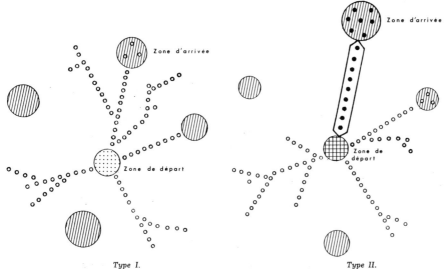

Type I.

La migration s'établit sans relations préférentielles ni organisation significative dans l'espace concerné.

Type II.

Une filière directionnelle assure des flux préférentiels vers le pôle d'attraction essentiel. Mais les liens entre zone de départ et zone d'arrivée sont simples et à dominante surtout démographique.

Type III.

L'espace est véritablement structuré par la migration en un *champ migratoire*, dans lequel s'établissent des liens complexes entre zone de départ et zone d'arrivée, mais aussi entre éléments du groupe humain concerné. La cohésion et l'appartenance régionales ressenties en zone de départ persistent dans la *colonie d'émigrés*.

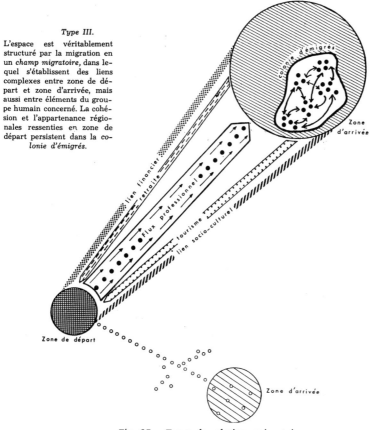

Fig. 65 – Types de relations migratoires.
(Source : R. Béteille, *L'Espace Géogr.*, 1981 (3)).

Lectures

Études générales sur la mobilité des populations

Les ouvrages généraux de géographie de la population consacrent tous un développement aux migrations, notamment Beaujeu-Garnier (J.), 1965 – Broek (J.) et Webb (J.), 1978 – Clarke (J.), 1972 – Wilson (M.), 1968.
Parmi les études consacrées spécialement aux migrations :

BÉTEILLE (R.), Une nouvelle approche des faits migratoires : champs, relations, espaces relationnels, *l'Espace Géogr.*, 1981, 3, p. 187-197.

JANSEN (C.J.), *Readings in the sociology of migration,* Oxford, Pergamon, 1970, 402 p.

KOSINSKI (L.) et PROTHERO (R.M.) (ed.), *People on the move. Studies on internal migration,* Londres, Methuen, 1975, 393 p., fig.

LEVIS (G.), *Human migration, a geographical perspective,* London, Croom Helm, 1982, 220 p.

OGDEN (P.), *Migration and geographical change,* Cambridge, C.V.P., 1984, 108 p.

SORRE (M.), *Les migrations des peuples. Essai sur la mobilité géographique,* Paris, Flammarion, 1955, 300 p.

THUMERELLE (P.J.), *Peuples en mouvement. La mobilité spatiale des populations,* Paris, S.E.D.E.S. (DIEM n° 9), 1986, 325 p.

WHITE (P.) et WOODS (R.) ed., *The geographical impact of migration,* London, Longman, 1980, 245 p.

Sur la classification des migrations

KANT (E.), Classification and problems of migration, in Wagner P. et Mikesell M. (ed.), *Readings in cultural geography,* Chicago, 1962, p. 342-354.

PETERSEN (W.), A general typology of migration, in Jansen c. (ed.), *Readings in the sociology of migration,* Oxford, Pergamon, 1970, p. 49-68.

Périodiques spécialisés (en langue française)

Hommes et migrations, Paris.
Migrations internationales, Genève.
Revue européenne des migrations internationales, Poitiers.

15

La mobilité habituelle des populations

L'étude des mouvements habituels des populations offre un grand intérêt pour la connaissance du comportement spatial des groupes humains ; malheureusement, elle n'a guère été entreprise jusqu'à présent ; certes on trouve sur ce sujet de très nombreuses informations, mais qui sont dispersées, le plus souvent, dans des monographies consacrées à des villes ou à des villages et dont l'objectif n'est pas l'analyse de la mobilité. Les recherches spécialement consacrées à ce sujet sont peu nombreuses ; les efforts de systématisation sont encore rares, bien que les mouvements offrent de nombreuses régularités dans le temps et dans l'espace en raison de leur caractère répétitif, cyclique et alternatif. Ce champ de recherches devrait donc se développer ; il a d'ailleurs commencé à s'étendre dans quelques pays d'Europe.

Des différences manifestes dans la fréquence et la portée des mouvements sont perceptibles pour les divers types de sociétés en fonction de leur niveau de développement, depuis les petits groupes primitifs jusqu'aux sociétés tertiaires urbanisées. En raison de l'extrême diversité des situations, on indiquera seulement ici les caractères de la mobilité habituelle dans les deux situations moyennes qui sont les plus couramment répandues : dans les sociétés rurales du Tiers Monde et dans les sociétés urbaines des pays développés.

La mobilité habituelle dans les sociétés du Tiers Monde

La *mobilité habituelle* est éminemment variable selon les pays, les régions, le lieu de résidence rural ou urbain, le niveau social, l'âge et le sexe mais, *pour la majorité des habitants du Tiers Monde, elle est faible ou très faible.* Dans les campagnes, les mouvements habituels sont généralement limités : l'espace relationnel, centré sur le village, s'étend au plus jusqu'aux villages voisins qui sont visités à l'occasion de fêtes, de cérémonies ou d'événements familiaux. La fréquentation du marché rural est souvent la seule façon véritable d'entrer en contact avec le monde extérieur ; ces marchés locaux, dont la périodicité est souvent hebdomadaire, ont non seulement un rôle économique mais aussi un rôle social : c'est là que s'échangent les nouvelles et c'est souvent par là que passe le processus de modernisation ; ces marchés ne sont jamais bien éloignés : ils sont au plus à deux ou trois heures de marche. Les contacts avec la ville, quand il en existe une dans les environs, sont déjà exceptionnels ; beaucoup de femmes ne s'y rendent jamais. Si l'univers relationnel des citadins est plus étendu que celui des campagnards, il se limite souvent à la ville elle-même ou à ses environs immédiats ; des déplacements peuvent avoir lieu parfois, notamment vers la campagne dont la famille est originaire, mais seulement de façon occasionnelle. Seules les grandes villes des pays en voie de développement connaissent les types de déplacement caractéristiques des pays développés, comme les mouvements quotidiens des travailleurs ou les déplacements de loisir mais seulement sous une forme embryonnaire et sur des distances réduites ; la plupart de ces déplacements sont effectués à pied ou à bicyclette ou en utilisant les transports publics.

Dans le détail, les mouvements sont essentiellement liés à l'activité productrice en milieu rural. Dans le cas des sociétés vivant d'agriculture, ils sont toujours très limités dans l'espace, tant à cause de la durée du déplacement pour se rendre au champ que de la fatigue entraînée par le transport de la fumure ou des récoltes pour les hommes ou les animaux. Lorsque la culture est intensive, l'essentiel de la mobilité s'effectue aux abords immédiats du village, là justement où sont les cultures réclamant le plus de travail : en Chine par exemple, avant la socialisation de l'agriculture, la distance moyenne de la maison à la rizière était seulement de 0,6 km ; la distance moyenne jusqu'à la parcelle la plus éloignée était de 1,1 km. Lorsque l'agriculture est extensive, les déplacements se font sur des distances un peu plus grandes en raison de l'extension des terroirs, mais ils excèdent rarement 4 ou 5 km. C'est seulement dans le cas des communautés humaines vivant d'élevage pastoral que l'espace pratiqué est plus étendu ; les mouvements ont un caractère saisonnier et ils présentent une assez grande régularité ; pour la plupart des groupes semi-nomades qui circulent entre deux lieux ayant des caractéristiques écologiques différentes, le déplacement ne dépasse guère quelques dizaines de kilomètres ; pour les groupes entièrement nomades qui subsistent encore dans les déserts d'Afrique ou d'Asie et dans les savanes africaines, le déplacement peut être beaucoup plus étendu ; l'espace dominé est très vaste et les mouvements de va-et-vient peuvent s'effectuer sur des distances supérieures à 200 km ; il convient toutefois de souligner que ces types de déplacements sont exceptionnels, qu'ils concernent seulement une minuscule fraction de la population rurale du Tiers Monde et qu'ils tendent à disparaître par suite de la fixation, volontaire ou forcée, des populations nomades.

Un dernier type de déplacement doit enfin être signalé : la fréquentation des lieux saints. Celle-ci élargit l'espace pratiqué par les populations mais pas autant qu'on pourrait l'imaginer, d'abord parce qu'elle est épisodique, ensuite parce qu'il existe en fait une hiérarchie de lieux saints dont certains ne sont jamais très éloignés. Dans un pays d'islam comme le Maroc par exemple, la plupart des habitants des campagnes ne fréquentent que le marabout situé dans la tribu ou à son voisinage ; seule une partie de la population a l'occasion d'aller à un lieu saint plus réputé mais plus éloigné, situé habituellement dans une ville ; une plus petite partie encore a la possibilité d'aller à Moulay-Idriss, lieu saint par excellence à l'intérieur du pays ; enfin la fréquentation de la Mecque, en dépit de l'obligation religieuse, n'est le fait que d'un assez petit nombre de personnes en raison du coût élevé du voyage. Les mêmes observations peuvent être faites dans d'autres pays où la religion pratiquée est différente.

La mobilité habituelle dans les sociétés développées

Dans les pays développés, la mobilité habituelle est tout aussi variable que dans le Tiers Monde selon le niveau d'évolution des divers territoires, mais les variations touchent beaucoup plus à la fréquence et à la longueur des déplacements qu'aux types de mouvements. Il en est de même, au sein d'un pays, entre les divers groupes sociaux.

En dépit de cette diversité, deux caractères différencient les mouvements des pays riches de ceux des pays pauvres. Tout d'abord, les déplacements y constituent des *phénomènes de masse ;* dans les zones urbaines, ils entraînent une partie importante de la population aux mêmes moments de la journée ou de la semaine ; du fait de la concentration spatiale des habitants, les mouvements y prennent un aspect spectaculaire du fait de l'engorgement des voies de communications. Ensuite, *les déplacements sont incomparablement plus nombreux et ils s'effectuent sur des distances plus grandes :* cela tient à leur faible coût relatif (le salaire moyen gagné par un ouvrier américain lui permet de parcourir 60 fois plus de kilomètres que celui gagné par un ouvrier indien) ; cela tient aussi à la large diffusion des moyens de transport individuels autant qu'à la spécialisation croissante de l'espace. Pour les habitants des zones urbaines ou péri-urbaines en tous cas, l'espace pratiqué quotidiennement est étendu : pendant les jours ouvrables, les mouvements entre lieux de résidence et lieux d'emploi peuvent s'effectuer sur plusieurs dizaines de kilomètres ; il en est parfois de même le samedi ou le dimanche pour les mouvements à destination des centres commerciaux ou des lieux de loisir ; pour une partie des citadins, des déplacements plus importants ont lieu pendant le week-end, souvent jusqu'à 50, 100 km ou plus ; enfin, pour une bonne partie de la population urbaine, les déplacements effectués pendant les périodes de vacances sont beaucoup plus importants encore : ils excèdent fréquemment plusieurs centaines de kilomètres et, en Europe, il n'est plus rare qu'ils entraînent le franchissement d'une ou deux frontières.

Les déplacements quotidiens liés au travail

Quelles que soient les expressions utilisées pour les désigner – *navettes, mouvements pendulaires, migrations alternantes* – les déplacements quotidiens de travailleurs ont les mêmes caractéristiques dans tous les pays développés : partout les actifs se rendent chaque matin à leur travail en empruntant des moyens de transport individuels ou collectifs et regagnent leur domicile le soir ; partout les axes de communication sont saturés aux heures de pointe. Ces mouvements sont très bien connus en raison de leur importance dans la vie urbaine et, ils ont fait l'objet de nombreuses études de la part des municipalités urbaines ou des sociétés de transport.

Il est aisé d'en indiquer les causes. C'est la spécialisation fonctionnelle croissante des diverses parties des zones urbaines qui en est le motif principal ; pour diverses raisons économiques, les emplois sont en effet concentrés dans certaines parties : dans le centre-ville pour les emplois tertiaires, le long des voies ferrées ou fluviales pour les emplois industriels ; les zones résidentielles sont au contraire très étalées parce qu'elles réclament des surfaces étendues ou parce que le coût du sol est moins élevé hors des vallées ou à la périphérie ; les cartes indiquant le taux d'emploi par commune ou quartier dans les agglomérations sont très significatives à cet égard : le taux d'emploi, défini par le rapport nombre d'emplois/nombre d'actifs varie considérablement ; il est élevé dans le noyau de l'agglomération (2,5 dans les arrondissements centraux de Paris par exemple) mais de plus en plus faible quand on s'en éloigne (1 dans les arrondissements périphériques de Paris, 0,9 dans la proche banlieue et 0,6 dans la banlieue éloignée). A cette cause principale s'en ajoutent d'autres ; la proportion des femmes qui travaillent dans les villes est élevée, or il est difficile pour un ménage de trouver deux emplois à proximité du lieu de résidence ; l'agrandissement de la famille oblige souvent les couples à partir loin en banlieue pour trouver un logement plus grand, mais pas trop cher ; enfin certaines familles acceptent de longs déplacements quotidiens pour pouvoir vivre au calme dans une maison individuelle et un jardin. Tous ces processus ont amené une dissociation croissante des lieux de résidence et des lieux d'emploi depuis un siècle et celle-ci est d'autant plus accusée que l'agglomération est plus importante ; pour être moins forte dans les pays socialistes que dans les pays d'économie libérale, cette dissociation y existe aussi avec les mêmes conséquences pour les travailleurs.

Dans tous les pays développés en tous cas, *les déplacements quotidiens liés au travail ont pris une importance considérable.* En France, ils concernent environ 45 % de la population active en 1975 ; la proportion est voisine de 50 % en Angleterre, en Belgique et en Allemagne de l'ouest ; elle atteint 60 % aux États-Unis. Ces chiffres ne doivent être retenus que comme des ordres de grandeur, car les définitions varient selon les pays ; en France, par exemple, on considère qu'un actif se déplace quand il ne travaille pas dans sa commune de résidence. Dans ces conditions, il est très malaisé d'établir des évaluations globales ; il ne fait cependant aucun doute que les déplacements quotidiens mettent en mouvement des foules considérables en Europe occidentale et centrale, ainsi que dans l'est de l'Amérique du nord ; le nombre des travailleurs qui se déplacent chaque jour sur des distances plus ou moins longues dépasse 50 millions rien que dans l'Europe industrielle. Et partout, le nombre des déplacements a augmenté rapidement au cours du XXe siècle, particulièrement depuis la Deuxième Guerre mondiale : dans l'agglomération parisienne, il était d'environ 100 000 en 1901, de 450 000 en 1931, de près de 1 200 000 en 1962 et enfin de 2 500 000 en 1975 ; au cours du XXe siècle, il a été multiplié par 25 alors que l'effectif de la population active, pendant le même temps, a quadruplé. Le pourcentage des travailleurs devant se déplacer chaque jour est évidemment variable d'une région à l'autre et d'une agglomération à l'autre, mais il est partout très élevé dans les grandes aires urbaines du monde industrialisé.

Les distances en ligne droite couvertes par ces déplacements ne sont pas toujours très grandes mais, au sein des zones urbanisées à forte densité, il faut tenir compte de la lenteur de la circulation aux heures de pointe et de l'obligation fréquente de changer de moyens de transport. A Londres, les 4/5 des migrants habitent à moins de 20 km du centre ; à Moscou, les 3/4 sont à moins de 30 km, à Turin, la plupart sont aussi à moins de 30 km. Les cartes établies pour divers pays montrent clairement que la distance moyenne varie avec l'importance de l'agglomération : en Belgique, par exemple, la plus grande partie des migrants se rendant chaque jour à Bruxelles habitent à moins de 40 km ; la distance est inférieure à 25 km pour Anvers, Liège ou Gand et inférieure à 15 km pour les villes moyennes. Ces distances représentent des temps de transport qui sont toujours élevés pour les grandes agglomérations : environ 3/4 d'heure dans l'agglomération parisienne, environ une heure à Moscou ; ce temps est un peu plus élevé le matin que le soir. Certains déplacements de travail se font sur des distances bien supérieures à ces moyennes : l'usine Peugeot de Sochaux organise le ramassage des ouvriers jusqu'à 40 km, l'usine Philips d'Eindhoven jusqu'à 50 km ; à Turin, les travailleurs habitent jusqu'à plus de 50 km ; à Londres, certains viennent du Green Belt et au-delà, jusquà 60 et 70 km ; aux États-Unis, les distances parcourues sont plus importantes encore, jusqu'à 60, 80 et même 100 km, mais ces distances ne représentent pas nécessairement des trajets de plus longue durée qu'en Europe, car les communications y sont plus rapides. Il n'empêche que certains travailleurs passent deux heures, trois heures et, dans quelques cas, quatre heures par jour à se déplacer, ce qui représente un coût élevé, une perte de temps et une fatigue considérables. Dans les pays industriels à forte densité de population, les bassins de main-d'œuvre se touchent ou se recoupent : c'est très nettement le cas en R.F.A., en Angleterre, dans le Bénélux, en Italie du nord ou dans l'est des États-Unis (fig. 66).

Dans toutes les agglomérations importantes, les mouvements sont nettement radiaux. Le flux principal de travailleurs est celui qui, le matin, va de la banlieue vers le centre ; la circulation en sens inverse est beaucoup moins importante et il en est de même pour les déplacements tangentiels. Des mouvements se produisent également d'une agglomération à l'autre mais ils sont nettement plus limités. Les navettes frontalières constituent un cas particulier, assez inhabituel ; elles se produisent en Europe en raison des différences dans les niveaux de salaires de part et d'autre de certaines limites politiques comme les frontières franco-allemande, germano-hollandaise et franco-suisse depuis une vingtaine d'années ; les mouvements frontaliers des travailleurs sont plus souvent hebdomadaires que quotidiens.

Les moyens de transport utilisés varient beaucoup aussi selon les pays et selon les agglomérations en fonction de l'offre en moyens de transport collectifs. En France, les moyens individuels l'emportent sur les moyens collectifs à l'exception de la région parisienne. Aux États-Unis, les transports individuels sont fortement prédominants, même dans la Mégalopolis du nord-est. En U.R.S.S. presque toutes les navettes quotidiennes se font grâce aux moyens de transport publics.

L'importance prise par les mouvements alternants de travailleurs depuis la Deuxième Guerre mondiale a suscité de nombreuses recherches visant à en prévoir le développement et à rationaliser les décisions des responsables des transports. Pour cela, de nombreux modèles ont été établis, aux États-Unis et en Europe occidentale, tenant compte de diverses variables : population, emplois, trafic, distances, difficultés de circulation. Ces modèles peuvent être classés en plusieurs types ; ce sont soit des modèles gravitaires, offrant des analogies avec

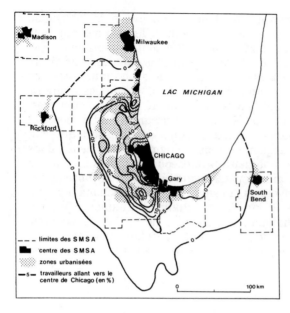

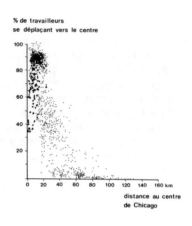

Fig. 66. – Le champ des déplacements quotidiens liés au travail autour de Chicago
(Source : B. Berry, *Transactions Inst. Brit. Geogr.*, 1970, n° 51).

la loi de Reilly, faisant intervenir l'attraction des zones d'emploi et la distance ;
soit des modèles dits d'opportunité, plus conformes au comportement des
« migrants », dans lesquels le lieu de travail recherché et correspondant aux
besoins est le plus proche possible du domicile, et la distance prise en compte
est la distance relative et non la distance absolue.

Les déplacements de week-end

Paradoxalement, *les déplacements de week-end sont devenus de plus en plus
fréquents* au fur et à mesure que les navettes quotidiennes prenaient de l'ampleur
car le besoin de retrouver la nature et de fuir l'univers urbain est devenu de
plus en plus fort. Il est vrai que les déplacements ne concernent pas
nécessairement la même population puisqu'ils intéressent plus particulièrement
les couches aisées de la population.

Par déplacement de week-end, il faut entendre les mouvements qui s'étalent
sur deux jours et parfois même sur trois jours, fréquemment du vendredi soir
au dimanche soir ou même au lundi matin. Les distances parcourues sont
nettement plus élevées que dans le cas des déplacements quotidiens : il n'est
pas rare qu'elles dépassent 100 km et représentent deux ou trois heures de voyage
en voiture. Autour de Lyon, les zones les plus fréquentées sont la bordure orientale
du Massif Central, les Dombes, le Jura et les Préalpes jusqu'à plus d'une centaine
de km de la ville ; autour de Paris, les lieux les plus recherchés sont les vallées

et les forêts de l'Ile-de-France ainsi que la Normandie jusqu'à 150-200 km ; autour de Stockholm, c'est le littoral de la Baltique ou le bord des lacs et rivières jusqu'à une centaine de km. Bien sûr, le nombre des déplacements diminue fortement avec la distance mais on voit maintenant apparaître des week-ends où l'avion est utilisé : vers les Alpes en hiver, vers les grands centres touristiques en toutes saisons (Londres, Amsterdam, Paris, Vienne, Nice, Venise) ; ces formules s'adressent évidemment à la clientèle riche des grandes villes.

Les déplacements dominicaux doivent être distingués des déplacements de week-end : ils concernent une fraction beaucoup plus importante de la population des villes mais ils sont beaucoup moins étendus, ils ont une faible durée et ils ne demandent pas les mêmes infrastructures d'accueil.

Les déplacements de vacances

Les déplacements de vacances ont été mieux étudiés que ceux de week-end, car leur importance est devenue considérable et elle ne cesse de croître. C'est à partir des années 50 que les *déplacements à caractère touristique sont devenus massifs en Europe et en Amérique du nord.* On peut leur trouver des origines relativement anciennes dans la haute société européenne mais c'est à partir de la seconde moitié du XIXe siècle qu'ils ont commencé à prendre l'aspect d'une habitude sociale dans l'aristocratie et la bourgeoisie, d'abord en Angleterre puis sur le continent européen ; peu à peu, au cours du XXe siècle, la pratique des départs s'est étendue aux classes moyennes dans l'entre-deux-guerres puis aux classes populaires après la Deuxième Guerre mondiale. Plusieurs facteurs ont concouru à développer le phénomène, en particulier le paiement des périodes de vacances par les employeurs, l'allongement de la durée des congés, enfin la large diffusion de l'automobile.

Peu à peu, une partie croissante de la population a été concernée. En 1960, la proportion des personnes touchées par les départs n'était élevée que dans un petit nombre de pays : 59 % en Suède, 56 % dans le Royaume-Uni, 38 % en France mais seulement 20 % en Italie et 16 % en Espagne. Vers 1970, les proportions étaient déjà bien plus fortes : 70 % en Suède, 60 % dans le Royaume-Uni, 55 % dans les Pays-Bas, 50 % en Belgique, 43 % en France, 26 % en Italie, 21 % en Espagne ; en 1978 elles ont encore augmenté pour atteindre 56 % en Belgique et 52 % en France. Le phénomène touche également les États-Unis, le Canada, l'Australie et la Nouvelle-Zélande ; il commence à prendre de l'importance en Europe orientale ; il a touché plus tardivement le Japon et l'Union soviétique. Bref, les déplacements de vacances concernent aujourd'hui l'ensemble des pays industriels, aussi bien capitalistes que socialistes, mais une corrélation assez forte existe entre le taux de départ et le revenu moyen par habitant. Il n'est pas facile de préciser l'importance de la population ainsi concernée par les départs en vacances car les statistiques manquent sur certains pays mais le caractère massif du phénomène ne fait aucun doute ; les gigantesques files de voitures qui circulent à certaines dates sur les routes d'Europe ou les foules qui se détendent en été le long des côtes méditerranéennes, de l'Espagne à la Grèce, en constituent une illustration saisissante. Les déplacements de vacances ont sans doute touché plus de 120 millions de personnes en 1977 en Europe occidentale ; il faut plus que doubler ce chiffre pour obtenir une estimation correspondant à l'ensemble du monde développé. Les masses mises ainsi en mouvement chaque année pendant les périodes de vacances sont donc considérables et sans cesse croissantes ; déjà les spécialistes du tourisme estiment que le nombre de ces déplacements atteindra 300 millions environ vers 1980.

Le taux de départ varie beaucoup d'un pays à l'autre mais aussi d'une région ou d'une ville à l'autre à l'intérieur d'un même pays. Il est d'autant plus élevé que les agglomérations urbaines sont plus importantes ; ainsi, en France, il est de 27 % en 1977 dans les communes rurales, de 43 % dans les petites villes, de 54 % dans les villes moyennes, de 63 % dans les grandes villes en dehors de Paris et enfin de 80 % dans l'agglomération parisienne. Si les départs touchent maintenant toutes les catégories sociales, des inégalités importantes persistent néanmoins selon les catégories socio-professionnelles : alors que le taux est de 85 % chez les cadres supérieurs et de 80 % chez les cadres moyens en France il est seulement de 48 % chez les ouvriers ; ces différences sont essentiellement en rapport avec les écarts de revenus ; elles apparaissent également avec force quand on examine les distances parcourues et les modes d'hébergement choisis pour les vacances ; le cas des agriculteurs est à mettre à part car leur faible taux de départ est évidemment lié à l'activité exercée.

Les déplacements de vacances sont fortement concentrés pendant la période estivale, de juin à septembre, mais plus ou moins selon les pays ; ainsi les mois de juillet et août sont choisis par 60 % des Suédois, 69 % des Allemands, 79 % des Français et 82 % des Italiens. De plus en plus, les déplacements hivernaux en direction des pays ensoleillés ou des stations de montagne prennent de l'importance : ceux-ci sont plus brefs qu'en été (12 jours en France au lieu de 28 jours en moyenne) ; ils ne représentent encore, dans les effectifs mis en mouvement, que le dixième des déplacements estivaux mais ils ont tendance à croître plus vite.

Comme pour tous les types de mobilité, la distance est un facteur important à considérer, dans la mesure où elle alourdit le coût des vacances. Le nombre des partants, élevé pour les destinations proches ou relativement proches, diminue lorsque les destinations sont de plus en plus éloignées. Cette relation apparaît clairement dans l'étude que F. Cribier a consacrée aux vacances des Français (1969) ; par exemple, vers 1965, le quart des personnes quittant Lyon, n'allaient pas à plus de 100 km et la moitié à plus de 150 km ; la même observation pouvait être faite pour d'autres villes comme Bordeaux ou Marseille où la moitié des vacanciers n'allaient pas à plus de 150 km ; à cette époque, il y avait ainsi une très nette « régionalisation » des départs en vacances ; seule l'agglomération parisienne connaissait une large diffusion de ses habitants, à l'époque des vacances estivales, dans toute la France et les pays voisins (fig. 67). Le facteur distance continue de jouer assurément mais de façon moins forte car le coût des voyages a diminué relativement dans les budgets ; très souvent, il semble avantageux d'aller passer des vacances dans un pays où la vie est relativement bon marché – certains pays méditerranéens pour les Européens du nord ou de l'ouest –, le coût du voyage étant largement compensé par le moindre coût du séjour, spécialement si une formule économique comme le camping est adoptée. De fait, les déplacements de vacances ont tendance à se faire sur des distances plus grandes. La proportion des personnes allant à l'étranger pendant l'été est en augmentation : ainsi un Français sur 8 partait dans un autre pays en 1960,

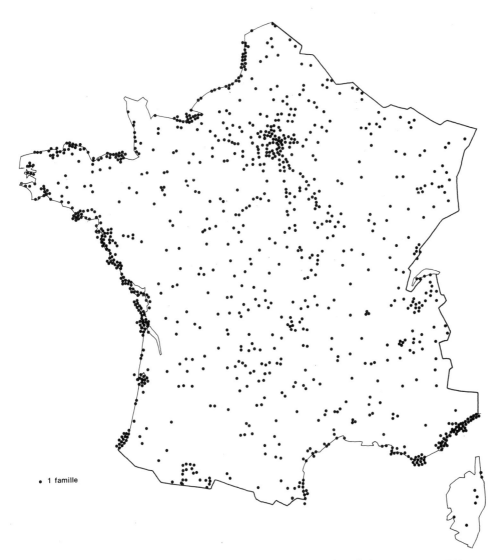

Fig. 67. – Les migrations de vacances des Parisiens à l'intérieur de la France vers 1965
(D'après F. Cribier, *La grande migration d'été des citadins en France,* 1969).

près d'un sur 4 aujourd'hui ; c'était le cas d'un Allemand sur 6 en 1960, et d'un sur trois en 1977 ; cette même année, l'Espagne a accueilli à elle seule 30 millions de touristes étrangers. Divers domaines touristiques, de plus en plus éloignés, ont ainsi été conquis par les vacanciers : l'Europe méditerranéenne s'est peu à peu ouverte au tourisme dans les vingt années qui ont suivi la dernière Guerre mondiale, particulièrement l'Espagne, l'Italie, le Portugal, la Yougoslavie et la Grèce ; des territoires un plus distants, comme le Maroc, les Canaries, Madère, la Tunisie et la Turquie, sont également devenus des hauts lieux du tourisme dans les années 60 ; des pays lointains comme le Sénégal, le Kenya, la Tanzanie, Maurice, la Réunion, Sri Lanka, la Thaïlande et Bali deviennent aujourd'hui des lieux fréquentés par les gens aisés ; on note la même évolution en Amérique du nord où une proportion assez importante des partants passent maintenant leurs vacances aux Antilles, au Mexique, aux îles Hawaï, en Europe ou dans d'autres lieux.

Lectures

Sur les déplacements de faible durée existant dans les pays du Tiers Monde, les informations sont très dispersées.
   Seuls les mouvements pastoraux sont bien étudiés :

DAVIES (H.), Nomadism in the Sudan, *Tijdchr. Econ. Soc. Geogr.,* Rotterdam, 1966, 57, p. 193-202.

JOHNSON (R.), *The nature of Nomadism. A comparative study of pastoral migrations in southwestern Asia and northern Africa,* Univ. of Chicago, Dep. of Geogr. 1979, 200 p. fig.

   Nomades et nomadisme au Sahara, U.N.E.S.C.O., Paris, 1963, 195 p.

TOUPET (Ch.), *La sédentarisation des nomades en Mauritanie centrale sahélienne,* Paris, Champion, 1977, 490 p. fig.

Sur les déplacements quotidiens de travailleurs dans les pays industrialisés, les recherches ont été par contre nombreuses :

DAMAS (H.), Les migrations pendulaires en Belgique, *Popul. et Famille,* 1977, 25, p. 1-58.

DICKINSON (R.), The geography of Commuting : the Netherlands and Belgium, *Geogr. Rev.* 1957, 47, p. 521-538 – The geography of commuting in west Germany, *Ann. Assoc. Amer. Geogr.,* Washington 1959, 4, p. 443-456.

LYNCH (K.), A model for intercounty commuting, *Southeastern Geogr.,* 1971, 11 (1), p. 9-18, fig.

LAWTON (R.), The journey to work in England and Wales, *Tijdschr. Econ. Soc. Geogr.,* Rotterdam, 1963, 54, p. 61-69.

MERLIN (P.), *Les transports parisiens,* Paris, Masson, 1967, 496 p. – Paris, le problème des transports, *Notes Et. Doc.,* Fr., Paris, n° 3517-18, 1968, 102 p.

   On trouve en outre de nombreuses analyses dans les monographies de villes et des cartes dans la plupart des atlas nationaux ou régionaux.

Sur les déplacements de loisir

CRIBIER (F.), *La grande migration d'été des citadins en France,* Paris, éd. C.N.R.S., 1969, 399 p.

DACHARRY (M.), *Tourisme et transport en Méditerranée occidentale (îles Baléares, Corse, Sardaigne),* Paris, P.U.F., 1964, 153 p.

16

Les migrations intérieures

Les migrations proprement dites diffèrent considérablement des déplacements habituels par leurs causes, leurs manifestations et leurs conséquences : ce ne sont pas de simples mouvements cycliques, de faible durée, liés aux « genres de vie » des populations mais des mouvements définitifs ou d'assez longue durée constituant le plus souvent une rupture dans la vie des migrants et ayant dans la plupart des cas, une motivation économique manifeste ; ils sont *liés,* de ce fait, *aux inégalités spatiales qui caractérisent les populations dans tous les pays ;* ils constituent d'ailleurs, dans une large mesure, une réponse aux déséquilibres spatiaux qui n'ont cessé de se développer depuis le début de la révolution industrielle. Leurs effets peuvent avoir une importance considérable non seulement sur la redistribution de la population, mais aussi sur la circulation des idées, des techniques et des habitudes de vie.

En raison de leurs multiples implications économiques, sociales et politiques, les migrations ont attiré depuis longtemps l'attention des chercheurs en sciences sociales et ont suscité un nombre très élevé de publications dont on ne peut donner ici qu'un aperçu.

Les migrations saisonnières ou temporaires

Un premier type de migrations doit d'abord être distingué : les migrations saisonnières ou temporaires. Quoique de durée limitée et de caractère cyclique, elles s'apparentent aux migrations proprement dites par leurs causes car elles sont toujours le *signe d'une situation difficile dans les régions de départ :* elles sont liées à l'obligation d'aller ailleurs trouver un complément de ressources.

Bien qu'il n'existe aucune définition rigoureuse et uniformément admise de ces migrations de durée limitée, il faut distinguer les *migrations saisonnières* qui sont nettement rythmées et où les migrants continuent d'exercer une activité agricole et les *migrations temporaires* où les migrants exercent au contraire une activité non-agricole, le plus souvent commerciale ou artisanale, nécessairement moins liée au rythme des saisons.

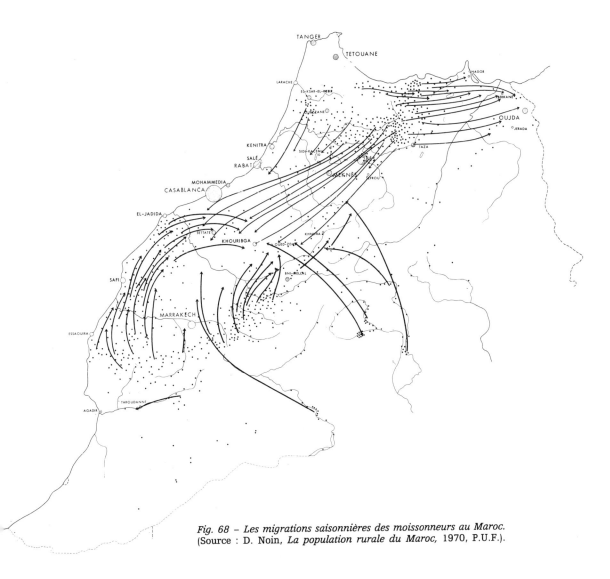

Fig. 68 – Les migrations saisonnières des moissonneurs au Maroc.
(Source : D. Noin, *La population rurale du Maroc*, 1970, P.U.F.).

Les migrations saisonnières

Les migrations saisonnières sont caractéristiques des sociétés agricoles et liées surtout à l'existence de décalages chronologiques dans les calendriers d'économies rurales voisines ou relativement voisines dans l'espace.

On peut en observer aujourd'hui de nombreux exemples dans les pays du Tiers Monde, où ce type de mouvement entraîne généralement une partie des hommes habitant des régions d'économie traditionnelle en direction des zones ayant besoin d'une main-d'œuvre d'appoint à certains moments de l'année. Le Maroc en fournit un bon exemple avec les moissonneurs itinérants (D. Noin, 1970). Il s'agit d'une migration touchant chaque année plusieurs dizaines de milliers de paysans sans terre ou de très petits propriétaires dont la plupart ne disposent pas d'assez de ressources pour faire vivre leur famille ; ces moissonneurs partent essentiellement des montagnes en direction des plaines céréalières du Maroc atlantique du nord-ouest (fig. 68) ; circulant le plus souvent à pied, avec un petit baluchon et une faucille, ils vont louer leurs bras de place en place en remontant peu à peu vers le nord ; cette migration de pauvres, uniquement masculine, dure un mois environ mais elle ne rapporte guère à ceux qui l'effectuent car les salaires obtenus sont maigres et parce que tous les jours d'absence ne sont pas des jours de travail ; c'est pourtant un appoint indispensable pour la survie de nombreuses familles du Rif ou du Haut-Atlas, mais qui tend à diminuer du fait de la mécanisation croissante des moissons dans les plaines.

Avec des modalités différentes mais avec la même motivation, ce type de migration se retrouve dans de nombreux pays du Tiers Monde : en Algérie pour les vendanges, en Tunisie pour la cueillette des olives, au Sénégal et au Mali vers la zone arachidière du Sénégal et de Gambie, en Haute-Volta vers les plantations de basse Côte d'Ivoire, des pays Ibo et Haoussa au Nigeria en direction des zones cacaoyères situées au sud-ouest du Nigeria ou au Ghana, en Tanzanie pour la culture du sisal, au Brésil vers les régions sucrières ou caféières, en Inde pour la récolte du thé ou du coton.

Ces migrations saisonnières étaient répandues dans l'Europe ancienne, jusqu'à la fin du XIXᵉ siècle ou même le début du XXᵉ siècle. Presque partout, les régions qui connaissaient un relatif surpeuplement étaient des foyers de départ : c'était particulièrement le cas des montagnes, non seulement dans l'Europe méditerranéenne où la pression démographique était particulièrement accentuée mais aussi dans l'Europe occidentale : en France, les gens vivant dans le sud du Massif Central descendaient vendanger dans le Bas-Languedoc ; en Italie les Piémontais de la montagne allaient dans la plaine du Pô pour divers travaux agricoles ; en Grèce, les montagnards du Pinde et du Péloponnèse descendaient cueillir les olives dans les petites plaines voisines. Ces mouvements ont aujourd'hui disparu, soit que les travaux agricoles demandant une « pointe » de travail aient été mécanisés, soit qu'ils aient été abandonnés ; quand ils subsistent, c'est grâce aux saisonniers étrangers ; l'inégalité qui était à l'origine de ces mouvements saisonniers a changé d'échelle ; le déséquilibre ne se manifeste plus aujourd'hui d'une région agricole à l'autre mais d'un pays à l'autre. En France, par exemple, ce sont essentiellement des travailleurs espagnols qui, dans les années 60, ont permis de faire face aux pointes des travaux agricoles : du Levant espagnol mais aussi d'autres provinces – de Catalogne, d'Aragon, d'Andalousie – ils arrivaient par train ou car pour s'embaucher dans le Roussillon et le Languedoc à l'époque des vendanges (R. Herin, 1971) ; le mouvement s'est poursuivi dans les années 1970, mais d'autres travailleurs étrangers, Portugais, Yougoslaves, et Marocains surtout, se sont ajoutés aux Espagnols et les lieux d'emploi ne sont plus confinés au Languedoc-Roussillon mais s'étendent à une partie de la France, spécialement dans les zones betteravières, viticoles et arboricoles. Le même phénomène existe aussi aux États-Unis où de nombreux saisonniers mexicains sont utilisés pour assurer certains travaux ne pouvant être mécanisés, comme la cueillette des fruits en Californie par exemple ; il existe au Mexique de véritables foires où ces travailleurs agricoles sont recrutés par des entreprises de racolage de main-d'œuvre.

A l'intérieur des pays développés, certains déplacements saisonniers de salariés se produisent encore mais leur nature est profondément différente de celle des migrations liées aux déséquilibres économiques : aux États-Unis par exemple, c'est le cas pour les travailleurs qui se déplacent à travers les Grandes Plaines à l'époque de la moisson ; ils partent en juin du Texas, par équipes, juchés sur leurs énormes machines et remontent peu à peu jusqu'au North Dakota, au Minnesota ou au Michigan, voire jusque dans la Prairie canadienne où la moisson s'achève seulement en septembre ; ce type de déplacement s'apparente beaucoup plus aux mouvements liés aux « genres de vie » qu'aux migrations ; ces salariés se déplacent pour le compte de grosses entreprises de matériel agricole.

Les migrations temporaires

Les migrations temporaires sont également caractéristiques des sociétés rurales qui commencent leur transition. Elles concernent aussi des agriculteurs mais afin d'exercer ailleurs, en ville le plus souvent, une activité non-agricole. Le changement de lieu s'accompagne ici d'un changement de profession et de mentalité ; aussi ces migrations ne constituent-elles souvent qu'*un stade intermédiaire* vers l'émigration définitive en direction des villes.

En Europe, ces mouvements temporaires ont complétement disparu, mais ils étaient répandus au siècle dernier et même encore au début de ce siècle. Dans toutes les régions où la pression démographique était forte, les hommes partaient vers les villes pour chercher du travail dès que les travaux agricoles les plus durs étaient terminés, laissant les femmes au village pour s'occuper de l'exploitation. Des spécialisations professionnelles étaient établies en fonction des relations nouées avec telle ville ou telle activité, sans doute à la suite de la réussite des pionniers du mouvement : en France, les Limousins étaient maçons, les Savoyards étaient ramoneurs, les gens de la Maurienne étaient cochers de fiacre et ceux de l'Oisans colporteurs, les hommes du Cézallier étaient marchands de toiles et ceux du haut Rouergue cafetiers à Paris ; ce dernier cas a fait l'objet d'une étude fort détaillée (R. Béteille, 1974). Des formes similaires ont été signalées dans d'autres pays européens, en Espagne, en Italie et en Allemagne.

Dans une société en voie d'urbanisation comme celle du Maroc, on trouve aujourd'hui des formes de migration qui constituent une exacte réplique de celles qui ont naguère existé en Europe et qui s'expliquent à la fois par la forte pression démographique des régions méridionales et par la présence d'une société paysanne depuis longtemps enracinée et très attachée à ses montagnes ; dès lors, l'émigration temporaire est une solution permettant d'augmenter les ressources sans que la famille ou la communauté villageoise se défasse, apparemment du moins. Au milieu des années 60, l'émigration temporaire touchait environ 90 000 personnes et était dirigée vers les villes pour les 9/10e (D. Noin, 1970). Ici aussi, des spécialisations variées sont apparues et se sont renforcées peu à peu : dans le pays des Doukkala, bas plateau surpeuplé du Maroc atlantique, on trouve des villages de colporteurs, de commerçants de souks, de chiffonniers-ferrailleurs, de guérisseurs herboristes ; dans la vallée du Draa, oasis du Sud-marocain, on trouve des villages d'où partent maçons et puisatiers ; dans l'Anti-Atlas, montagne surpeuplée et principal foyer de l'émigration temporaire à l'intérieur du pays, certaines tribus voient partir des épiciers, des babouchiers ou des maçons ; il y a ainsi tout un ensemble d'espaces migratoires reliant tel village à telle ville pour une activité bien déterminée ou, plus fréquemment, tel groupe de villages à un ensemble de villes ; ainsi les gens de l'Anti-Atlas central autour de Tafraout ont pratiquement le monopole de l'épicerie dans toutes les villes de la côte atlantique depuis Agadir jusqu'à Tanger. Tous les stades d'évolution peuvent être observés depuis la migration temporaire à peine ébauchée, encore incertaine, de faible profit jusqu'à la migration déjà ancienne, solidement établie, permettant de vivre plus confortablement. Avec le temps, en effet, le courant se transforme ; autour de Tafraout par exemple, la migration était strictement temporaire dans les premières décennies du XXe siècle et les hommes ne partaient que pour quelques mois ; il y avait un curieux système de rotation entre frères ou cousins ; peu à peu, le commerce a imposé une présence permanente à la ville et a transformé certains villages de la montagne en villégiatures où on ne va plus que pour se reposer ou prendre sa retraite ; la migration est devenue définitive même si des liens solides sont conservés avec le lieu d'origine.

Des formes similaires de migration, souvent très originales, ont été décrites en Algérie, en Tunisie, au Liban, en Iran, en Inde et au Mexique. De fait, les migrations temporaires sont encore répandues dans le Tiers Monde en raison des déséquilibres existant entre des régions rurales traditionnelles souffrant du surpeuplement et les pôles urbains souvent dynamiques créés à l'époque coloniale.

Les migrations intérieures définitives ou de longue durée

De toutes les migrations qui se produisent dans le monde, les migrations intérieures définitives ou de longue durée sont de loin les plus importantes. Les mouvements saisonniers ou temporaires ont en effet disparu des pays sous-développés ; les mouvements internationaux intéressent un grand nombre de personnes mais les déplacements massifs sont un phénomène du passé. La mobilité définitive des populations dans le monde contemporain est avant tout une mobilité intérieure. Toutes les nations du monde, des plus pauvres aux plus riches sont aujourd'hui concernées par ce phénomène.

Mais comment mesure-t-on les mouvements ? Où sont-ils particulièrement importants ? Quelles en sont les causes, les carcatères et les conséquences ? Ces divers points demandent à être précisés.

La mesure des migrations intérieures

Pour mesurer l'importance des migrations, on utilise seulement des instruments très simples car les statistiques disponibles permettent rarement d'envisager mieux :

1) Lorsque, par chance, des données précises existent grâce à un enregistrement des mouvements internes, certains taux rappelant ceux utilisés pour l'étude de la natalité et de la mortalité, peuvent être employés. Ces taux mettent en rapport des événements qui se sont produits pendant une période donnée avec l'effectif P de la population dans laquelle ces événements ont eu lieu ; s'il s'agit d'une période excédant une année, il faut évidemment diviser les événements par le nombre d'années et considérer la population au milieu de la période :

$$\text{taux de mobilité } (\%_o) = \frac{\text{nombre de mouvements} \times 1\,000}{P}$$

$$\text{taux de sortie par migration } (\%_o) = \frac{\text{nombre de sortants} \times 1\,000}{P}$$

$$\text{taux d'entrée par migration } (\%_o) = \frac{\text{nombre d'entrants} \times 1\,000}{P}$$

$$\text{solde migratoire annuel } (\%_o) = \frac{(\text{nombre d'entrants} - \text{nombre de sortants})\,1\,000}{P}$$

Ce dernier taux peut-être positif ou négatif ; il est positif si l'immigration l'emporte sur l'émigration et négatif dans le cas contraire.

Comme pour l'étude de la natalité et de la mortalité, des taux spécifiques plus précis peuvent être calculés : selon le sexe, le groupe d'âge, le groupe ethnique, la catégorie socio-professionnelle ou le lieu de résidence. Ces calculs présentent évidemment de l'intérêt pour saisir les facteurs qui interviennent dans les mouvements, puisqu'au sein d'une même population, les diverses sous-populations peuvent avoir des comportements migratoires fort différents.

2) Lorsque l'enregistrement des migrations manque ou est incomplet, des estimations plus ou moins précises peuvent être obtenues par deux méthodes indirectes utilisant les recensements de population.

La première, communément utilisée, repose en outre sur l'utilisation des statistiques d'état civil. Elle consiste en effet à évaluer le solde migratoire, pour une période donnée, par comparaison entre le solde total et le solde naturel. Cette méthode ne peut être valablement utilisée que si l'enregistrement des naissances et des décès est bon. Elle ne fournit évidemment qu'un solde, sans que les divers mouvements d'entrée et de sortie puissent être évalués, mais elle est souvent utile.

La seconde méthode, un peu plus délicate à mettre en œuvre, repose sur l'utilisation des taux de survie. Lorsque les statistiques d'état civil sont incertaines, elle permet d'évaluer malgré tout les migrations. Le principe en est le suivant : le groupe d'âge x d'un recensement se retrouve dans le recensement suivant avec l'âge x + n, n étant le nombre d'années séparant les deux opérations : en appliquant au groupe d'âge x le taux de survie au bout de n années, on peut calculer la population attendue et la comparer à la population réelle d'âge x + n ; en répétant le même calcul pour les divers groupes d'âge, on obtient non seulement une évaluation des migrations qui se sont produites mais des indications sur l'âge et le sexe des migrants. L'utilisation de la méthode suppose évidemment que les informations sur les âges soient correctes et que les taux de survie soient connus.

Les méthodes indirectes sont donc souvent difficiles à utiliser dans les pays à statistiques incertaines.

3) Pour l'étude géographique, ces calculs doivent obligatoirement être complétés par l'identification et, si possible, la mesure des divers flux qui composent habituellement un champ migratoire.

Pour analyser la direction des migrations, il faut identifier les courants qui s'établissent entre les divers lieux, en considérant de préférence des espaces peu étendus ou moyennement étendus. Pour cela, il faut à la fois cartographier les flux et établir une matrice des échanges entre les lieux de départ et d'arrivée : les deux méthodes se complètent ; la première permet de visualiser les courants migratoires, la seconde rend possible leur étude quantitative.

La tâche est assez simple en vérité lorsque les flux enregistrés ou lorsqu'un recensement permet de connaître les mouvements qui se sont produits depuis le recensement précédent, mais ce n'est pas toujours le cas. A défaut, il faut utiliser d'autres informations ; les fichiers donnant des indications sur les changements de résidence peuvent être employés ; parfois, on doit se contenter de données sur les lieux de naissance. Les évaluations chiffrées deviennent alors difficiles à établir mais les principaux flux migratoires peuvent cependant être repérés de cette façon.

L'évolution des migrations intérieures

Les migrations intérieures ont profondément évolué au cours des siècles.

Dans le passé, les mouvements étaient peu importants. En Europe, les déplacements collectifs des groupes humains sont terminés depuis très longtemps : les derniers, qui ne concernaient d'ailleurs que de petites communautés, remontent au début du Moyen Âge dans les pays slaves. Depuis très longtemps donc, les mouvements définitifs ou de longue durée ont pris un caractère individuel ou familial : le flux principal, de loin, a été celui allant des campagnes vers les villes, car ces dernières ont longtemps exercé une attraction sur les milieux ruraux environnants en raison de la forte mortalité qui sévissait dans les centres urbains lors des épidémies ; les mouvements se faisaient sur de courtes distances et, en définitive, ils avaient un assez faible volume en raison de la relative petitesse des centres urbains. En Afrique, les mouvements collectifs, rapides ou lents, se sont poursuivis jusqu'à la colonisation ; c'est seulement au cours du XIXe siècle ou au début du XXe siècle que les groupes humains ont été stabilisés là où ils étaient lors de la conquête coloniale ; mais, au total, les mouvements y étaient également peu importants.

Les migrations intérieures ne se sont vraiment développées qu'avec la révolution industrielle et urbaine. En Angleterre, elles ont commencé à grossir

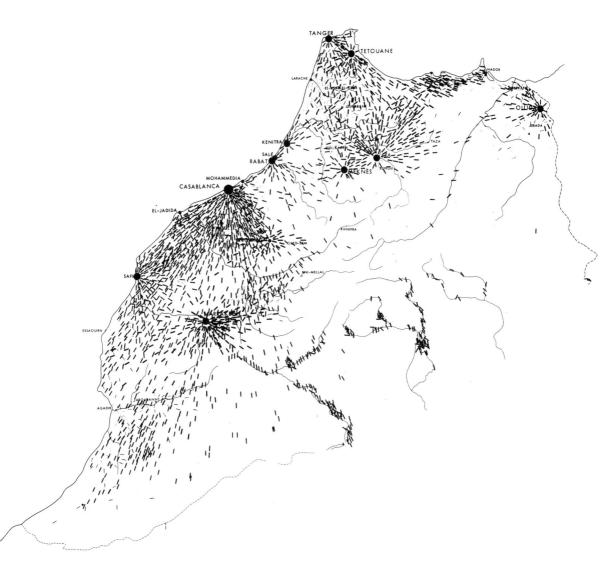

Fig. 69 – Les migrations définitives des ruraux vers les villes au Maroc.
Les tirets sont dirigés vers les agglomérations qui attirent les migrants.
(Source : D. Noin, *La population rurale du Maroc*, P.U.F.).

à la fin du XVIIIe siècle avec le développement des villes minières et industrielles mais elles n'ont pris de l'ampleur qu'à partir du milieu du XIXe siècle. En France, le mouvement a commencé à devenir un peu plus important au début du XIXe siècle en restant cependant modéré pendant longtemps en raison de la lenteur de l'urbanisation. En Union Soviétique, le mouvement a débuté plus tard, seulement à la fin du XIXᵉ ou au début du XXᵉ siècle, et les migrations ne sont vraiment devenues massives qu'avec les premiers plans quinquennaux. En Afrique du nord et en Amérique latine, c'est surtout après la Première Guerre mondiale que les migrations s'amplifient et en Afrique tropicale seulement après la Deuxième Guerre ; au Maroc, le taux de départ par migration dans les campagnes a été d'environ 1 ‰ au début du siècle, de 2,5 ‰ de 1912 à 1936, de 5 ‰ de 1936 à 1952, de 6 ‰ de 1952 à 1960 et de 7 ‰ depuis 1960 ; le nombre de partants est passé de quelques milliers par an au début du siècle à plus de 80 000 par an au cours des dernières années. Il y a donc eu une forte augmentation de la mobilité intérieure avec l'urbanisation.

Variété des flux migratoires actuels

1) *Dans les pays du Tiers Monde,* on trouve encore des mouvements à l'intérieur des campagnes en direction des zones où la population agricole connaît ou a connu une forte intensification : en Afrique du nord, vers les zones maraîchères ou fruitières ; en Afrique tropicale vers les zones de plantations. *Le plus souvent cependant, les mouvements sont dirigés des campagnes vers les villes ;* parmi les campagnes, les plus touchées sont celles qui sont proches des grands centres urbains, celles dont les populations sont mal enracinées ou comportent une forte proportion de paysans sans terre ; parmi les villes, ce sont évidemment les plus dynamiques qui attirent davantage, c'est-à-dire celles qui ont d'importantes activités de type moderne ; par exemple, au Maroc, l'exode rural est particulière-ment fort dans les plaines et bas plateaux atlantiques où la structure sociale est très inégalitaire et où les paysans ne sont pas profondément attachés au sol et au village comme dans les montagnes ou les oasis (fig. 69) ; il se dirige vers les villes importantes, spécialement vers Casablanca, Rabat-Salé, les vieilles cités intérieures et les ports de la côte atlantique ; la capitale économique, Casablanca, a attiré à elle seule plus d'un quart des migrants au cours de la période 1936-1960 ; chaque grande ville exerce une forte attraction sur sa région.

2) *Dans les pays développés,* les mouvements à l'intérieur des campagnes sont depuis longtemps négligeables et ceux qui ont subsisté jusqu'à une date récente ne sont que des survivances. Pendant longtemps, *les migrations des campagnes vers les villes* ont eu une très grande importance : elles en conservent dans les pays où les campagnes ont encore beaucoup de bras disponibles, en U.R.S.S. et en Europe orientale ou méditerranéenne, mais elles disparaissent peu à peu dans les pays fortement urbanisés où les campagnes n'ont plus d'excédents démographiques comme en Amérique du nord ou en Europe du nord-ouest. *Les mouvements allant d'une zone urbanisée à une autre prennent au contraire une importance croissante :* les villes minières ou industrielles perdent de leurs habitants au profit des villes tertiaires, les petites ou les très grandes villes perdent aujourd'hui de leur population au bénéfice des villes moyennes ou grandes. Phénomène relativement nouveau dans les pays les plus urbanisés, il existe désormais des mouvements des villes vers les campagnes mais il s'agit surtout d'un éparpillement de la population des grandes villes dans les zones péri-urbaines ; les mouvements à destination des campagnes les plus attardées sont intéressants à considérer comme phénomène social mais ils n'ont qu'un

caractère marginal. *La physionomie des déplacements intérieurs varie donc, au sein des pays développés, selon le niveau atteint par l'industrialisation ou l'urbanisation.* En Hongrie, par exemple, d'importants mouvements se produisent encore des régions rurales vers les villes, spécialement vers la capitale, les centres industriels ou les villes nouvelles ; Budapest attire les migrants de l'ensemble du pays et particulièrement des régions orientales (fig. 70). En Suisse, les déplacements se font entre les principales zones urbanisées, pour l'essentiel au profit des plus dynamiques d'entre elles, celles de Zürich, Genève et Lausanne (fig. 71).

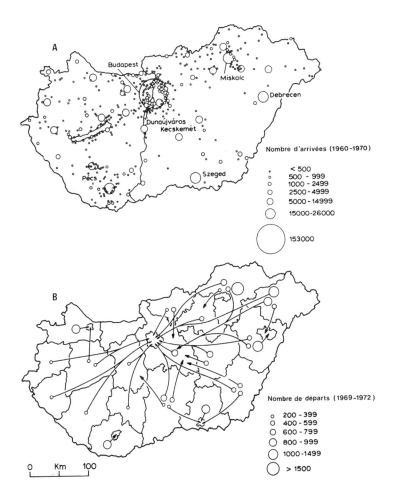

Fig. 70 – Les migrations intérieures en Hongrie.
(Source : P. Compton, in J. Salt et H. Clout, *Migration in postwar Europe,* 1976, London, Oxford University Press).

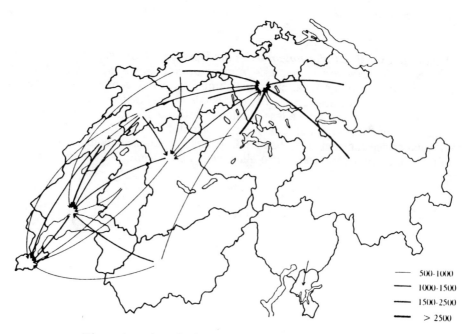

500-1000
1000-1500
1500-2500
> 2500

Bilans migratoires absolus entre les 16 bassins d'emploi

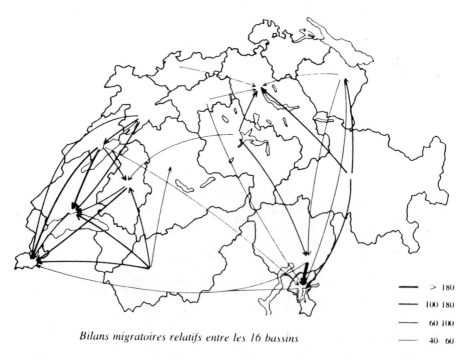

> 180
100-180
60-100
40-60

Bilans migratoires relatifs entre les 16 bassins

Fig. 71 – Principaux flux migratoires en Suisse au cours de la période 1975-1980.
Les bilans migratoires absolus indiquent les flux d'après leurs volumes. Les bilans migratoires
relatifs rapportent ces flux aux populations concernées.
(Source : M. Bassand et al., *Les Suisses entre la mobilité et la sédentarité,* 1985).

La comparaison des taux de mobilité des divers pays est rendue très approximative en raison des différences de définition ; un mouvement de migration étant le plus souvent défini par les services de statistique comme un changement de circonscription, les résultats sont fortement influencés par la taille des circonscriptions. Les évaluations qui suivent doivent donc être considérées comme grossières, même si on retient des unités administratives de taille intermédiaire entre les communes et les régions ; elles ne sont acceptables qu'en raison de leurs fortes différences. Dans le Tiers Monde, les mouvements ne sont pas très importants encore dans les pays où la transition démographique ne fait que commencer et où l'urbanisation est peu importante : au Tchad, par exemple, dans les années 60, le taux de mobilité n'a pas excédé 2 ‰ ; en revanche les mouvements sont déjà plus massifs dans les pays où la transition démographique est plus avancée et l'urbanisation relativement forte : au Maroc, dans les mêmes années, le taux de mobilité a été proche de 9 ‰ ; au Brésil il a été de 14 ‰. Dans les pays développés les mouvements ont une plus grande ampleur : en Angleterre, le taux a été de 18 ‰ ; en Allemagne fédérale, il a été de 21 ‰ et aux États-Unis, où les migrations ont une grande intensité, de 70 ‰. En dépit de l'incertitude des évaluations, il semble indubitable qu'*une relation existe entre le niveau de développement économique et l'importance de la mobilité.*

Les causes des mouvements internes

De nombreuses raisons peuvent être invoquées pour expliquer les mouvements. D. Bogue, dans son analyse des migrations internes (1959) indique 25 conditions favorisant la migration, 15 facteurs influençant le lieu de destination et 10 variables socio-économiques stimulant ou retardant le mouvement dans une population ; ces listes ne sont d'ailleurs pas complètes et la lecture de travaux relatifs aux migrations permettrait de les allonger encore ; c'est dire la complexité des phénomènes migratoires.

Un candidat à la migration évalue, en fonction des informations dont il dispose, les avantages et les désavantages d'un changement de lieu.

En dépit de la diversité des facteurs qui pèsent sur la décision de migrer, il ne fait aucun doute que *les considérations économiques pèsent lourdement.* En France, une enquête faite en 1972-1973 a montré que 57 ‰ des hommes et 44 ‰ des femmes se sont déplacés pour des raisons liées au travail, et parmi ceux qui se sont déplacés pour des raisons familiales, 21 % des hommes et 42 % des femmes, beaucoup l'ont fait en réalité pour des raisons économiques. Au Maroc, une enquête faite en 1967 a montré que 71 % des hommes étaient venus à Casablanca pour y chercher du travail. En Thaïlande, 80 % des personnes habitant les bidonvilles de Bangkok y sont venues dans l'espoir d'y trouver un emploi. Les analyses de flux qui ont été faites dans de nombreux pays montrent clairement que les mouvements se produisent des lieux en difficulté vers les lieux qui offrent des emplois : dans les pays sous-développés, des campagnes vers les villes et des vieux centres traditionnels vers les centres modernes ; dans les pays développés, des campagnes vers les villes aussi, des vieilles régions minières et industrielles vers les nouvelles régions industrielles ou des centres d'activités secondaires vers les centres d'activités tertiaires.

D'une façon générale, *les champs migratoires intérieurs donnent une bonne image des inégalités régionales ;* en France par exemple, les régions de l'ouest qui ont encore une importante population agricole ou des vieilles régions industrielles et minières du Nord et de Lorraine ont des soldes migratoires négatifs tandis que les régions en voie d'industrialisation ou de développement touristique ont des soldes migratoires nettement positifs ; en Angleterre, un déséquilibre comparable s'est établi entre les vieux pays noirs et le bassin de Londres ; aux États-Unis, plusieurs études ont montré que les migrations se faisaient essentiellement des états à faible revenu moyen par tête vers ceux à revenu élevé ; en Afrique, en Asie et en Amérique latine, de nombreuses enquêtes ont souligné que le moteur principal de l'exode était l'inégalité économique séparant les milieux ruraux et urbains : la ville offre de meilleures perspectives d'emploi même si l'insertion professionnelle y est difficile, un revenu moyen plus élevé et diverses facilités pour l'éducation des enfants et les soins de santé. Les facteurs sociaux ne sauraient être séparés des considérations économiques, surtout dans les pays sous-développés où les inégalités sociales sont très accusées ; en Amérique latine, la très forte concentration de la terre dans les mains des grands propriétaires est un élément qui pousse au départ : en Équateur, au Guatemala et au Pérou, les 9/10e des migrants sont des paysans sans terre ou des minifundiaires ; il en est souvent de même en Afrique du nord et dans le Moyen-Orient ; dans les plaines atlantiques au Maroc, la différenciation sociale est un facteur essentiel des départs ; les ressources seraient suffisantes si la répartition des biens était à peu près égalitaire mais beaucoup de familles ne possédant aucune terre ou seulement une très petite surface considèrent que l'amélioration de leur situation au village est impossible et qu'elles ont des chances de mieux vivre à la ville.

D'autres facteurs, non économiques, interviennent aussi dans la décision de migrer. Les raisons familales sont assez souvent citées ; par 22 % des migrants en France d'après l'enquête de 1972-1973, par 25 % des hommes au Maroc selon l'enquête de 1967 ; le mariage est une raison importante de déplacement, aujourd'hui comme par le passé, plus pour les femmes que pour les hommes. La recherche d'un logement adéquat, compte tenu des désirs et des disponibilités monétaires du foyer, est aussi un facteur important de mouvement. Le climat semble jouer aujourd'hui un rôle certain dans les pays développés : aux États-Unis, les états méridionaux – Californie, Arizona, Texas, Floride – exercent une très forte attraction ; en France, on observe une très nette composante nord-sud dans les mouvements migratoires intérieurs depuis une génération ; en Angleterre, les comtés les plus méridionaux, du Kent à la Cornouaille, attirent fortement les migrants ; dans tous ces pays, il y a d'évidentes relations entre la carte des migrations et celles des préférences géographiques ou de « désirabilité ».

Les caractéristiques des migrants

L'établissement d'un champ migratoire – avec ses flux de personnes, d'argent, de marchandises et d'informations – crée des conditions qui favorisent le départ mais tous les individus ne se déplacent pas pour autant, tous ne font pas le même bilan des avantages et des inconvénients ; la propension à migrer est plus forte dans certains groupes que dans d'autres au sein d'une même population. Ainsi, dans le cas des États-Unis, D. Bogue (1959) observe que les jeunes adultes migrent beaucoup plus que les moins de 20 ans ou les plus de 40 ans, que les hommes migrent un peu plus que les femmes, surtout si le lieu de destination est éloigné ou offre des difficultés, que les personnes instruites ou ayant une qualification professionnelle migrent plus que les personnes peu instruites et peu qualifiées et que les Noirs migrent moins que les Blancs. Des observations similaires ont été faites sur d'autres pays.

Il est cependant malaisé de dessiner le profil-type du migrant valable dans l'ensemble du monde car chaque flux migratoire concerne des personnes ayant telles ou telles caractéristiques... Toutefois, en schématisant, on peut distinguer deux types essentiels selon le niveau de développement des pays.

Dans les pays en voie de développement, les migrants ont des traits qui les apparentent à ceux de l'Europe du XIXᵉ siècle. Ils sont jeunes : une forte proportion d'entre eux ont de 15 à 24 ans (les 2/5 en Thaïlande, les 3/4 au Nigéria), ce qui correspond à l'âge où ils quittent la maison familiale pour chercher un travail en ville. Ce sont en majorité des hommes, du moins en Afrique et en Asie car de nombreux obstacles sociologiques s'opposent à ce que les femmes partent seules à la ville, sauf s'il y a déjà des parents pour les accueillir ; de plus, les emplois urbains sont en majorité réservés aux hommes. Ce sont plutôt des célibataires car le mariage est tardif et l'entrée en activité précoce ; en Afrique, beaucoup de jeunes partent à la ville afin de pouvoir payer la dot qui conditionne leur mariage. Ce sont en majorité des agriculteurs, paysans sans terre ou petits propriétaires dont les ressources sont insuffisantes ; pour la plupart, la migration correspond à un changement radical d'activité. Très souvent enfin, ils ont reçu quelques rudiments d'instruction : ceux qui ont fréquenté l'école sont en effet mieux informés, plus libérés des traditions, plus entreprenants et aussi mieux aptes à trouver un emploi en ville.

Dans les pays développés, les migrants sont également des jeunes en majorité ; le taux de mobilité est à son maximum à l'âge des études, du premier emploi ou des premières années d'activité professionnelle ; à Paris et à Londres, plus de la moitié ont entre 15 et 29 ans ; à Turin et à Oxford, les 2/3 appartiennent à ces groupes d'âge ; l'afflux des jeunes adultes a pour effet de rajeunir sensiblement les villes qui reçoivent beaucoup de migrants ; d'autres groupes d'âge sont cependant concernés par les mouvements, notamment les enfants, les adultes âgés et les personnes prenant leur retraite. Les migrants comportent à peu près autant de femmes que d'hommes, parfois même un peu plus de femmes que d'hommes parce que les villes offrent beaucoup d'emplois féminins dans les activités tertiaires. Les migrants sont formés de personnes mariées plus souvent que des célibataires ; l'époque où les garçons partaient s'embaucher à l'usine et où les filles partaient travailler comme bonnes dans les familles aisées de la ville est révolue depuis longtemps ; la plus grande précocité des unions et le caractère plus tardif de l'entrée en activité fait que les migrants sont surtout formés de jeunes couples. Les agriculteurs sont peu nombreux ; plus des 9/10ᵉ en général sont engagés dans des activités secondaires ou tertiaires ou viennent de familles qui y sont engagées. Ouvriers, employés, techniciens et cadres sont plus mobiles que les artisans ou les commerçants ou les agriculteurs : deux fois plus environ. Les personnes ayant des diplômes sont nettement plus mobiles que les autres.

Enfin, les distances parcourues par les migrants sont habituellement plus importantes que dans les pays du Tiers Monde ; les zones de recrutement pour chaque ville dépassent largement les zones d'influence proprement dites ; Birmingham reçoit surtout les migrants venant du centre de l'Angleterre mais aussi de tout le pays et au-delà ; Turin continue de recevoir des Piémontais comme dans le passé mais aussi beaucoup de personnes venant du sud de l'Italie.

Les conséquences des migrations internes

Du fait de leur caractère sélectif, les migrations ont des effets très complexes. Elles ne constituent pas un simple transfert de personnes d'un lieu à un autre : elles modifient au départ et à l'arrivée les structures par âge, par sexe, par niveau d'études et par groupes socio-professionnels ; par ailleurs, le transfert ne se fait pas à sens unique car toute migration entraîne un flux de retour, une circulation d'argent, de techniques et d'idées. De ce fait, les conséquences sont non seulement démographiques mais également économiques, sociales, psychosociologiques, voire politiques. Sans entrer dans le détail, on indiquera seulement les plus importantes pour l'étude géographique des populations.

Sur les régions de départ, l'effet des migrations est assez variable mais, d'une façon générale, il est plutôt défavorable. Si, dans certains cas, le départ d'une partie de la population contribue à soulager la pression démographique, il est le plus souvent néfaste dans la mesure où il constitue une perte importante : ceux qui partent sont presque toujours les plus jeunes des adultes, les plus instruits ou les plus qualifiés, souvent les plus intelligents ou en tous cas les plus dynamiques ; dans de nombreux cas, en Afrique par exemple, les départs entraînent un recul sensible de l'activité agricole ; lorsqu'ils sont massifs, il peut s'ensuivre une régression économique durable, comme ce fut le cas en Irlande dans la deuxième moitié du XIXe siècle et les premières décennies du XXe siècle. Presque toujours, l'émigration amène une baisse de la croissance démographique dans la mesure où elle diminue la natalité : les personnes qui partent appartiennent en effet, en règle générale, aux tranches les plus fécondes de la population. L'effet des sommes d'argent envoyées par les migrants est assez réduit car, dans le cas des migrations intérieures, les sommes sont toujours faibles. En revanche, les changements de mentalité apportés par la migration de retour peuvent ne pas être négligeables.

Sur les lieux d'arrivée, l'effet des migrations est également variable. Dans les pays développés, il semble largement favorable : la venue de personnes jeunes contribue à augmenter la croissance démographique du fait de leur forte fécondité relative ; l'arrivée de jeunes adultes, souvent dynamiques et prêts à accepter toutes sortes d'emploi, constitue un avantage important et un facteur incontestable de croissance. Dans les pays en voie de développement, le même effet économique existe aussi mais il se produit dans un tout autre contexte, car les arrivées dépassent toujours de beaucoup les possibilités offertes par le marché du travail ; la présence d'une masse importante de personnes à la recherche d'un emploi contribue à faire baisser le niveau des salaires.

Lectures

Sur les méthodes de mesure des migrations

BELTRAMONE (A.), Sur la mesure des migrations intérieures au moyen des données fournies par les recensements, *Population,* Paris, 1962, p. 703-724.

COURGEAU (D.), *Analyse quantitative des migrations humaines,* Paris, Masson, 1980, 225 p.

CROZE (M.), Un instrument d'étude des migrations intérieures, *Population,* Paris, 1956, 2, p. 235-260.

JUILLARD (E.), Une méthode d'utilisation du fichier électoral, *Rev. Geogr. Est,* Nancy, 1961, p. 195-203.

Méthode de mesure de la migration interne, manuel VI, *Études Démographiques* n° 47, Nations Unies, 1971, 85 p.

Migrations intérieures. Méthodes d'observation et d'analyse (Caen, 4ᵉ Colloque nat. de démogr., 1973), Paris, C.N.R.S., 1975, 2 vol., 565 p.

TABAH (L.), COSIO (M.E.), Mesure de la migration interne au moyen des recensements. Application au Mexique, *Population,* Paris, 1970, 25 (2), p. 303-346.

TUGAULT (Y.), *La mesure de la mobilité. Cinq études sur les migrations internes,* Paris, P.U.F. (Trav. et Doc. n° 67), 232 p.

Sur les migrations internes dans les pays du Tiers Monde

CALDWELL (J.), *African rural-urban migration : the movement to Ghana's towns,* Canberra, Austr. Nat. Univ. Pr., 1969, 257 p.

CLARKE (J.), *Population Geography and the developing countries,* London, Pergamon, 1971, 282 p.

CLARKE (J.) et KOSINSKI (L.), *Redistribution of population in Africa,* London, Heineman, 1982, 208 p. (27 articles).

DAVIS (S.), The rural-urban migrations in Kong-Kong and its new territories, *The Geogr. Journ.,* 1962, 128 (3), p. 328-333.

ESCALLIER (R.), *Citadins et espace urbain au Maroc,* Univ. de Tours et de Poitiers, 1981, 2 vol.

GREENWOOD (M.), A regression analysis of migration to urban areas of a less-developed country : the case of India, *Journ. of. Reg. Sc.,* Philadelphia, 1971, 11 (2), p. 253-262.

HANCE (W.A.), *Population, migration and urbanization in Africa,* New York, Columbia Univ. Pr., 1970, 450 p.

KANE (F.), LERICOLLAIS (A.), L'émigration en pays Soninké, *Cah. O.R.S.T.O.M.* (Sc. Hum.), Paris, 1975, 12 (2), p. 177-187.

KOHLER (J.M.), *Les migrations des Mossi de l'Ouest,* Trav. et Doc. O.R.S.T.O.M., Paris, 1972, n° 28, 106 p.

KOSINSKI (L.) et MAUDOOD ELAHI (K.), *Population redistribution and development in South Asia,* Dordrecht, Reidel publ. co., 1985, 243 p. (14 articles).

LERICOLLAIS (A.), VERNIÈRE (M.), L'émigration toucouleur : du fleuve Sénégal à Dakar, *Cah. O.R.S.T.O.M.* (Sc. Hum.), Paris, 1975, 12 (2), p. 161-175.

Migrations et urbanisation (Symposium de Rouen, 1984), *Esp. Popul. Soc.,* 1985, 1, p. 43-107.

MIOSSEC (J.M.), Migrations intérieures en Tunisie et la croissance du grand Tunis, *Rev. Tunis. de Géographie,* 1982, 9, p. 43-88.

NG (R.), A study of recent internal migration in Thaïland, *Journ. Trop. Geogr.*, Singapour, 1971, 31, p. 65-78.

NOIN (D.), *La population rurale du Maroc*, Paris, P.U.F., 1970, vol. 2, 343 p.

PROTHERO (M.), GODDARD (D.), GOULD (W.), *A survey and analysis of population mobility in tropical Africa*, Liverpool, Univ. of Liverpool, Dep. of Geogr. july-dec. 1970.

SANTONI (C.), L'émigration maure : une vocation commerciale affirmée, *Cah. O.R.S.T.O.M.* (Sc. Hum.), Paris, 1975, 12 (2), p. 137-159.

SIGNOLES (P.), *L'Espace tunisien, capitale et état-région*, univ. de Tours et de Poitiers, 1985, 2 vol.

SIMMONS (A.), DIAZ-BRIQUETS (S.), LAQUIAN (A.), *Social change and internal migration*, Intern-Dev. Research Centre, Ottawa, 1977, 128 p.

THOMAS (R.), The migration system of Guatemala City : spatial inputs, *The profess. Geogr.*, Washington, 1972, 24 (2), p. 105-112.

TREWARTHA (G.), *The less developed realm : a geography of its population*, New York, J. Wiley, 1972, 449 p.

Sur les migrations internes des pays développés, la littérature géographique ou d'intérêt géographique est exceptionnellement abondante. Parmi les publications faites en français ou en anglais, il faut voir :

BASSAND (M.) et al., *Les Suisses entre la mobilité et la sédentarité*, Lausanne, 1985.

BASSAND (M.), BRULHARDT (M.-Cl.), *Mobilité spatiale. Bilan et analyse des recherches en Suisse*, Lausanne, FNRS, Georgie, 1980, 300 p.

BASTIDE (H.), GIRARD (A.), Mobilité de la population et motivations des personnes : une enquête auprès du public, *Population*, Paris, 1974, 29 (3 à 6), p. 579-608, 743-770 et 1071-1096.

BÉTEILLE (R.), *Les Aveyronnais : essai géographique sur l'espace humain*, Poitiers, 1974, 574 p., fig.

COMPTON (P.A.), Internal migration and population change in Hungary between 1959 and 1965, *Trans. Inst. Brit. Geogr.*, London, 1969, 47, p. 111-130 – Population trends and differentials in Hungary between 1960 et 1970, *Tijdschr. Econ. Soc. Geogr.*, Rotterdam, 1973, 58, p. 59-84.

COURGEAU (D.), Les migrations internes en France de 1954 à 1975, *Population*, Paris, 1978, 33 (3), p. 525-543.

COURGEAU (D.) et LEFEBVRE (M.), Les migrations internes en France. 2 Migration et Urbanisation, *Population*, 1982, 2, p. 341-370.

CRIBIER (FR), *La migration de retraite*, Paris, C.N.R.S., Lab. de Géogr. Hum., 1973-1974, 3 vol. (127 p., cartes et graph.).

DUBOSQ (P.), La mobilité rurale en Aquitaine : essai d'analyse logique, *Esp. Géogr.*, Paris, 1972, 1 (1), p. 23-42.

ESTIENNE (P.), L'émigration contemporaine dans la montagne auvergnate et vellave, *Rev. Géogr. Alp.*, Grenoble, 1958, p. 463-493.

KOSINSKI (L.), The internal migration of population in Poland, 1961-1965, *Geogr. Polonica*, 1970, 18, p. 75-84.

LAMARCHE (R.), FRANCON (J.), Analyse et simulation topologiques en géographie. Applications à l'étude des migrations interrégionales (France), *Cah. Geogr. Québec*, 1975, 19 (46), p. 187-207.

LYCAN (R.), Interprovincial migration in Canada : the role of spatial and economic factors, *Canad., Geogr.*, Montréal, 1969, 13 (3), p. 237-254.

MAROIS (Cl.), Étude typologique des migrations nettes au Québec, 1961-1966, *Cah. Geogr. Québec*, 1975, 19 (46), p. 209-227.

MERLIN (P.), L'Exode rural, *Cah. I.N.E.D.* (59), Paris, P.U.F., 1971, p. 1-228.

Migrations et urbanisation (Symposium de Rouen, 1984), *Esp. Popul. Soc.*, 1985, 1.

Migrations internes et externes en Europe Occidentale (Colloque de Lille, 1980), *Hommes et Terres du Nord,* 1981, n° h.s., 2 vol., 930 p.

PINCHEMEL (Ph.), *Structures sociales et dépopulation rurale dans le campagnes picardes,* Paris, Collin, 1957, 234 p.

PITIÉ (J.), *Exode rural et migrations intérieures en France : l'exemple de la Vienne et du Poitou-Charentes,* Poitiers, 1971, 766 p. – *L'exode rural,* Paris, P.U.F. (Coll. que sais-je ?), 1979, 128 p.

SALT (J.), CLOUT (H.), *Migration in post-war Europe. Geographical essays,* Oxford Univ. Pr., 1976, 228 p., fig.

SARFALVI (R.) (ed.), *Recent population mouvements in the East-european Countries,* Budapest, 1970, 92 p.

WHITE (P.) et WOODS (R.) (ed.), *The geographical impact of migration,* London, Longman, 245 p.

17

Les migrations internationales

Les migrations internationales ne sont pas fondamentalement différentes des migrations intérieures : leurs causes, leurs effets et même certaines de leurs modalités sont les mêmes ou en grande partie les mêmes ; elles s'en distinguent toutefois par les *difficultés* auxquelles sont confrontés les migrants dans un lieu d'arrivée qui leur est étranger à beaucoup de points de vue, à commencer par la langue dans de nombreux cas ; elles s'en différencient également par *l'étendue et la plus grande instabilité des champs migratoires* car ceux-ci dépendent de l'état des relations entre pays. La distinction continue donc de se justifier.

La définition des migrations internationales est simple puisque les déplacements s'accompagnent d'un changement de territoire et, en principe, de formalités diverses dans le pays d'arrivée pour y trouver un emploi. Il faut évidemment ne retenir ici que les déplacements définitifs ou d'assez longue durée et exclure les mouvements à caractère touristique ou les navettes frontalières de travailleurs.

L'évolution des migrations internationales

Si la définition des migrations internationales est simple, elle recouvre des réalités assez diverses. A partir des critères juridiques, il est possible de distinguer quatre catégories de migrants internationaux (P. George, 1976) : *les personnes déplacées* qui se trouvent chassées de leur pays d'origine ou de résidence à la suite de décisions politiques, les *réfugiés* qui fuient leur pays en raison de contraintes ou de vexations jugées insupportables, les *émigrants* qui souhaitent changer de pays et, à plus ou moins long terme, de nationalité ; enfin les *travailleurs étrangers* qui sont en principe des migrants venus pour un temps plus limité occuper certains emplois.

Les deux premières catégories ne seront pas examinées ici en raison de leurs caractéristiques exceptionnelles : les flux de personnes déplacées ou de réfugiés politiques ont en effet des traits particuliers, car les situations qui les suscitent sont à chaque fois différentes ; ils n'ont aucun rythme particulier ni aucune régularité dans l'espace. Il n'en est pas de même des deux autres catégories qui sont d'ailleurs les plus importantes par les effectifs mis en jeu.

Le volume et la direction de ces migrations internationales a beaucoup varié au cours de l'histoire contemporaine. La plupart des auteurs s'accordent à reconnaître trois grandes périodes : 1) le XIXe et le début du XXe siècle ont été caractérisés avant tout par les grandes migrations transocéaniques qui ont amené des millions de personnes vers l'Amérique du nord, l'Amérique latine et l'Australasie à partir de l'Europe occidentale puis de l'Europe méditerranéenne et orientale. Ce flux correspond à l'occupation et à la mise en valeur des pays neufs ; ne demandant pas de qualification particulière, il a surtout été composé d'émigrants d'origine rurale. 2) Dans l'entre-deux-guerres, les grandes migrations transocéaniques déclinent ou cessent car les pays neufs, désormais occupés et mis en valeur, n'ont plus besoin d'immigrants sans qualification d'autant que les difficultés économiques réduisent considérablement les besoins de main-d'œuvre dans tous les secteurs. 3) Après la Deuxième Guerre mondiale, les anciens courants dirigés vers les États-Unis, le Canada, l'Australie, la Nouvelle-Zélande et l'Argentine sont partiellement rétablis, parce que ces pays ont à nouveau besoin de travailleurs pour faire face à leur croissance, mais ils ne reprennent ni leur importance passée ni leur dessin ancien. Phénomène plus important : les pays industriels européens d'économie capitaliste qui n'étaient pas des importateurs traditionnels de main-d'œuvre deviennent de gros demandeurs à partir de 1950 lorsque la reprise d'une vive croissance leur fait connaître un manque de bras ; ce phénomène se manifeste particulièrement dans les pays qui enregistrent le plus fort développement en Europe. La main-d'œuvre nationale est devenue insuffisante, d'autant qu'avec l'élévation progressive du niveau scolaire, elle a été attirée par les emplois les plus satisfaisants et les mieux rémunérés ; de ce fait, *des vides se sont formés à la base de l'échelle des métiers qui ont été comblés par un recours aux travailleurs étrangers ;* ce recours à une main-d'œuvre étrangère peu exigeante, acceptant des travaux sales, dangereux ou mal payés, s'est manifesté d'abord dans le bâtiment ou les travaux publics pour s'étendre ensuite, peu à peu, à presque tous les secteurs de l'industrie et même à certains secteurs des services ; les immigrants ont occupé des emplois bien définis où leur présence a permis de freiner les hausses de salaires et a renforcé l'ascension des travailleurs nationaux vers les emplois les plus intéressants. De plus en plus, on a vu apparaître dans ces pays *deux marchés du travail* non concurrentiels et complémentaires, celui de la main-d'œuvre nationale et des meilleurs emplois, celui de la main-d'œuvre étrangère et des emplois les moins attirants (B. Kayser, 1977). Cette situation a persisté au-delà de 1973, date qui marque le début de la crise économique ; l'immigration a été stoppée dans les divers états européens mais les deux marchés de l'emploi se maintiennent et le nombre des travailleurs étrangers reste élevé.

Les types de migrations internationales

Les années 60 et 70 sont cependant caractérisées par une grande diversité dans les formes de migrations et par la multiplicité des courants.

Si les migrations de travailleurs non qualifiés ou peu qualifiés constituent l'essentiel des migrations internationales définitives ou de longue durée, trois autres types de mouvements doivent être signalés :

1) *Les migrations « classiques »,* lointaines, le plus souvent transocéaniques, ont repris mais de façon limitée, spécialement en direction de l'Amérique du nord et de l'Australasie. L'Europe orientale ne fournit pratiquement plus d'émigrants depuis l'établissement du régime socialiste. L'Europe méridionale n'en fournit plus beaucoup : les départs sont devenus faibles en Italie et très faibles en Espagne ou au Portugal ; ils ne conservent de l'importance qu'en Yougoslavie et en Grèce.

2) *Les migrations de personnes à haute qualification professionnelle en direction des pays les plus développés* constituent un phénomène nouveau. Les pays européens les plus riches reçoivent en effet, depuis une trentaine d'années, des médecins, des ingénieurs et des techniciens originaires de pays du Tiers Monde mais qui n'ont pas trouvé chez eux les emplois correspondant à leurs capacités ou qui n'ont trouvé que des postes insuffisamment rétribués ; l'Angleterre, la France, la Belgique et les Pays-Bas ont ainsi reçu de nombreux spécialistes venus de pays latino-américains, africains ou asiatiques, en fonction des aires d'influence linguistiques ou culturelles existantes. Le même phénomène existe aussi aux États-Unis et au Canada vis-à-vis du Tiers Monde et vis-à-vis de l'Europe : les pays où l'élite parle anglais ou l'utilise volontiers comme l'Angleterre, les Pays-Bas, l'Allemagne et la Suède sont particulièrement touchés par cette migration de cerveaux *(brain-drain) ;* les Pays-Bas à eux seuls perdent ainsi plusieurs milliers de spécialistes chaque année au profit des États-Unis qui, dans le monde, sont les principaux bénéficiaires de cette migration qui exprime de façon très claire les inégalités qui caractérisent aujourd'hui les nations.

3) *Les migrations de cadres et spécialistes des pays développés à destination des pays pauvres* au titre de l'aide technique et culturelle se développent à partir des années 60, à la fin de l'ère coloniale. Elles ne constituent pas un contre-courant du mouvement précédent, car leur dessin n'est pas le même. Elles concernent des effectifs un peu plus importants mais pour des absences de durée limitée : quelques années dans la plupart des cas. Elles émanent d'Amérique du nord, de quelques pays européens comme la France, l'Angleterre, la Belgique et les Pays-Bas, enfin de quelques pays socialistes comme l'Union soviétique et la Chine ; elles se font à destination de l'Afrique, de l'Asie et de l'Amérique latine. Ces migrations sont suscitées par les états à la suite d'accords bilatéraux d'aide et de coopération. Les divers pays fournisseurs ont souvent joué des cartes différentes : la France fournit surtout des enseignants, les Américains des ingénieurs et des techniciens, les Hollandais des agronomes, les Russes et les Chinois des médecins. Les flux ont évidemment d'étroites relations avec la carte géopolitique du monde : l'Afrique, partagée en zones d'influence qui se recoupent partiellement, est ainsi devenue à ce point de vue comme à d'autres le principal terrain de concurrence des puissances.

Tous ces flux migratoires sont pourtant éclipsés en importance par les *mouvements de travailleurs non qualifiés ou peu qualifiés* qui se sont constamment amplifiés entre 1950 et 1973, pendant la période de forte croissance économique enregistrée dans les pays développés d'économie libérale. Les effectifs concernés se comptent ici en millions de personnes à la différence des courants précédents : on dénombre en effet plusieurs millions de travailleurs étrangers aux États-Unis et environ dix millions en Europe.

Les flux de travailleurs étrangers

Dans les années 50 et 60, les *pays demandeurs* de main-d'œuvre banale ont vu ainsi se former d'importantes colonies étrangères (fig. 72). En 1975, le nombre des travailleurs actifs était de 2 200 000 en Allemagne fédérale, de 1 900 000 en France, de 800 000 dans le Royaume-Uni, de 500 000 en Suisse, de 300 000 en Belgique, de 200 000 en Suède et aux Pays-Bas, d'un peu moins de 200 000 en Autriche et de près de 50 000 dans le petit Luxembourg (statistiques de l'O.C.D.E.) ; ces travailleurs représentaient parfois une partie importante de la main-d'œuvre totale : le tiers en Suisse, le quart au Luxembourg, le dixième en Allemagne de l'Ouest et le douzième en France ; l'effectif total des étrangers est évidemment plus élevé puisqu'à ces travailleurs s'ajoutent des femmes et des enfants : en 1975, il était de trois millions et demi ou de quatre millions de personnes en France, de trois millions et demi en Allemagne fédérale, de plus d'un million dans le Bénélux et d'un million en Suisse. Dans les autres pays capitalistes développés, la situation était différente. L'Italie continuait d'avoir des réserves de travailleurs peu qualifiés dans ses régions méridionales ; elle en envoyait encore vers les pays voisins ou vers l'Amérique. Le Japon avait lui aussi des réserves dans ses régions les moins industrialisées et ne faisait appel qu'à de petits contingents de travailleurs étrangers. L'Afrique du sud, pour ses activités minières et industrielles, recrutait des travailleurs dans les pays voisins, un demi-million environ, bien que disposant d'un gros effectif de main-d'œuvre bon marché. Les petits pays pétroliers du Golfe Persique, en plein boom économique, avaient d'importants contingents d'étrangers ; ceux-ci constituaient en 1975 plus de la moitié de la population active au Koweit. L'Argentine avait recours à l'immigration classique et faisait aussi appel aux pays voisins : elle avait, à la même date, deux millions d'actifs étrangers. Au Canada, en Australie, en Nouvelle-Zélande, l'immigration transocéanique suffisait à faire face aux besoins de main-d'œuvre et notamment de main-d'œuvre banale car elle était composée pour un quart de manœuvres dépourvus de qualification. Aux États-Unis enfin, l'immigration classique forte de 250 000 personnes par an environ dans les années 50 et 60, ne suffisait pas : elle était complétée par une immigration, plus ou moins contrôlée, de travailleurs mexicains et antillais.

Les *pays fournisseurs* de main-d'œuvre banale sont bien évidemment ceux qui souffrent du sous-emploi de leur main-d'œuvre. Au départ, il s'agissait des pays les plus proches des demandeurs ; ceux-ci restent, en règle générale, les principaux pourvoyeurs mais, avec l'augmentation de la demande en Europe vers la fin des années 60, le recrutement s'est étendu parfois à des territoires fort éloignés. Certains pays ont ainsi un grand nombre de leurs travailleurs à l'extérieur : on en comptait environ un million en Italie en 1975, près d'un million en Yougoslavie, 700 000 en Turquie, 600 000 en Espagne et autant au Portugal, 500 000 en Algérie, 300 000 au Maroc, 250 000 en Grèce, plus de 200 000 en

Fig. 72 – Principaux flux de travailleurs migrants dans le monde au sein des grands marchés internationaux de main-d'œuvre au cours des années 70.
(Source : H. Jones, *A population geography,* 1981).

Irlande, plus de 100 000 en Tunisie, 100 000 en Finlande, un peu moins de 100 000 en Afrique occidentale (Sénégal, Mauritanie, Mali) ; les chiffres concernant l'Inde et le Pakistan sont incertains ; il en est de même pour les Antilles, le Mexique, mais ces pays sont de gros fournisseurs de main-d'œuvre.

De nombreux facteurs interviennent dans la formation des champs migratoires internationaux : la proximité, les relations établies dans le passé et notamment pendant l'ère coloniale, la communauté de langue ou de culture et les sphères d'influence établies par les puissances. A ce point de vue, le cas des Antilles est démonstratif : les Porto-Ricains vont aux États-Unis, les Jamaïcains et les Barbadiens se retrouvent en Angleterre, les Martiniquais et les Guadeloupéens partent vers la France métropolitaine. L'analyse des nationalités dans les divers pays receveurs n'est pas moins significative. La Suisse reçoit surtout des Italiens et l'Autriche surtout des Yougoslaves ; la Suède essentiellement des Finlandais ; la République fédérale allemande fait travailler des Turcs, des Yougoslaves, des Italiens, des Grecs, et des Espagnols ; l'Angleterre a des Irlandais, des Antillais, des Italiens, des Indiens et des Pakistanais ; la France essentiellement des Magrébins (1/3), des Portugais (1/4), des Espagnols (1/8), des Italiens (1/9) et, secondairement, des Yougoslaves, des Turcs et des Africains de l'ouest (fig. 73). Les mêmes observations peuvent être faites dans d'autres parties du monde ; le Japon fait venir des Coréens ; l'Argentine reçoit des Paraguyens, des Boliviens et des Chiliens ; l'Afrique du sud recrute des travailleurs en Mozambique, Malawi, Botswana, Lesotho et Swaziland. Les États-Unis font surtout travailler des Mexicains. Ces champs migratoires ne sont d'ailleurs pas de simples flux de pays à pays ; un champ entre deux territoires se composent souvent de plusieurs champs distincts, établis à des moments différents et n'ayant pas les mêmes caractéristiques. Pour les Tunisiens, dont près des 9/10e émigrent vers la France, il existe en réalité quatre champs migratoires distincts qui mettent en relation, de façon privilégiée, telle partie de la Tunisie avec telles agglomérations françaises (G. Simon, 1978) ; il en est de même pour les Yougoslaves qui, selon les régions, partent à destination de l'Allemagne, de l'Autriche ou de la France (J. Salt et H. Clout, 1976) (fig. 74).

Les migrants

Quel que soit le pays où ils ont immigré pour y travailler, les étrangers ont des caractères communs. On compte évidemment parmi eux une forte proportion d'adultes entre 20 et 50 ans et relativement peu de jeunes ou de personnes âgées, une forte proportion d'hommes et une forte proportion d'actifs ; parmi les actifs, beaucoup ont une faible qualification professionnelle ; ces étrangers effectuent le plus souvent les travaux ingrats, sales, dangereux ou mal payés qui sont refusés par les nationaux ; ils se trouvent placés, de ce fait, tout au bas de l'échelle sociale. Leur répartition spatiale montre clairement les liens qui les attachent aux activités industrielles ou à certaines activités de services (fig. 75). En Allemagne par exemple, on trouve d'importantes colonies étrangères dans toutes les agglomérations, particulièrement à Munich, à Stuttgart et à Francfort ; d'une

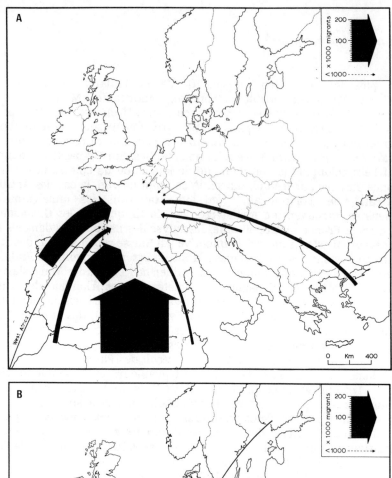

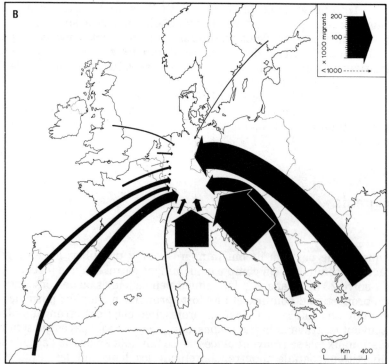

*Fig. 73. – Les migrations des travailleurs vers la France (a)
et l'Allemagne fédérale (b) en 1970
(Source : P. Compton, in J. Salt et H. Clout, 1976).*

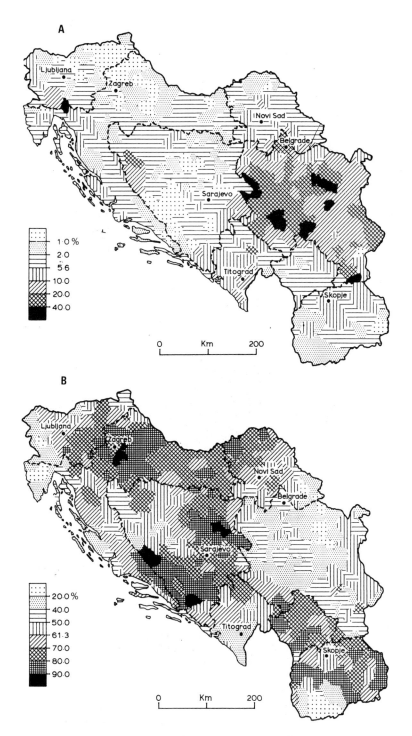

Fig. 74. – Les migrations des Yougoslaves vers la France (a)
et l'Allemagne fédérale (b) en 1970
(Source : J. Salt et H. Clout, 1976).

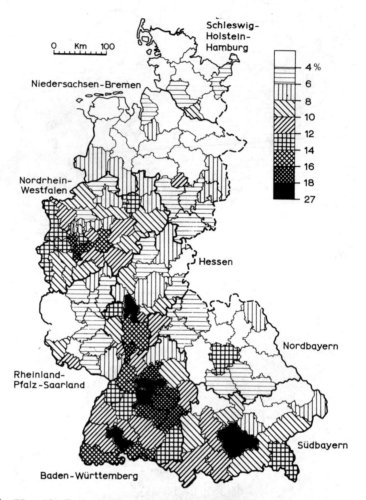

Fig. 75. – Distribution spatiale des étrangers en République fédérale allemande
(Source : J. Salt et H. Clout, 1976).

façon plus générale, on en trouve dans les centres industriels de Rhénanie-Westphalie, du Bade-Wurtemberg et de Bavière. En France, les étrangers sont nombreux dans toutes les grandes villes, spécialement dans l'agglomération parisienne qui en abrite les 3/10e ; ils se trouvent aussi en grand nombre dans les régions minières, les centres industriels de la moitié nord-est, de la Basse-Seine à la zone de Berre-Marseille, enfin dans les régions touristiques, surtout le long de la côte provençale où ils servent dans l'hôtellerie et la restauration. Ces étrangers sont souvent mal logés : le plus souvent, ils habitent dans les quartiers dégradés des centres-villes ou des vieilles banlieues industrielles. Partout, les travailleurs étrangers connaissent des situations difficiles : déracinés, coupés de leur milieu d'origine, mal considérés, placés en marge de la société du pays qui est censé les accueillir, ils cherchent à subsister aux moindres frais afin d'épargner un peu d'argent.

Il convient cependant de ne pas schématiser. A l'intérieur d'un même pays, la situation des travailleurs étrangers varie beaucoup selon leur origine nationale, la durée de leur séjour et l'ancienneté d'établissement du courant migratoire entre leurs pays d'origine et le pays de résidence. Plus un courant de migration est récent, plus il comporte d'hommes, de jeunes célibataires et de travailleurs faiblement qualifiés ; plus il est ancien et plus sa composition tend à se rapprocher de celle de la société d'accueil : en France, la différence est très nette à ce point de vue entre les Italiens qui ont commencé à venir depuis longtemps, qui vivent en famille, qui sont fortement insérés aujourd'hui dans la population française et les Portugais qui sont arrivés plus récemment et qui restent encore en marge socialement. Plus la « distance culturelle » est grande entre pays d'origine et pays d'immigration, plus la situation des travailleurs étrangers est difficile : en France, il y a une différence frappante entre les Espagnols, bien acceptés par la population, et les Algériens, mis à l'écart, laissés au plus bas de l'échelle sociale et fréquemment victimes de comportements racistes ; cette différence se traduit bien dans la répartition spatiale et l'habitat : alors que les Espagnols trouvent à se loger dans tous les quartiers de Paris en 1975, spécialement dans ceux de l'ouest où nombre de femmes travaillent dans les activités de service, les Algériens vivent surtout dans les quartiers les plus délabrés (fig. 76).

Les effets des migrations internationales de travailleurs

Les mouvements internationaux de travailleurs ont *des effets nombreux et complexes aux deux extrémités des champs migratoires.*

Dans les pays d'arrivée qui sont fondamentalement à la source de ces migrations, les effets sont dans l'ensemble favorables. L'arrivée de travailleurs étrangers acceptant des conditions de travail et de rémunération nettement inférieures à celles des travailleurs nationaux permet à certaines branches d'activité comme l'automobile, la chimie, la cimenterie, la construction et les services de nettoyage et d'entretien de fonctionner avec des coûts salariaux allégés. Cette présence de travailleurs qui expédient à l'extérieur les sommes d'argent qu'ils ont épargnées a un effet anti-inflationniste. Les coûts sociaux d'éducation et de santé qui sont à la charge du pays d'accueil sont modestes en comparaison des avantages fournis par ce type de migration.

Dans les pays de départ, les effets sont loin d'être toujours aussi bénéfiques. Certes, dans les régions où l'émigration est massive, les envois de fonds permettent à une population généralement nombreuse de survivre : on imagine mal, par exemple, ce que deviendraient les habitants de la Kabylie en Algérie ou du Rif oriental au Maroc sans ces envois qui représentent une épargne incomparablement plus élevée que celle fournie par une agriculture fort peu productive et morcelée en biens minuscules ; globalement, cet apport de devises étrangères est précieux pour équilibrer les balances de paiement déficitaires.

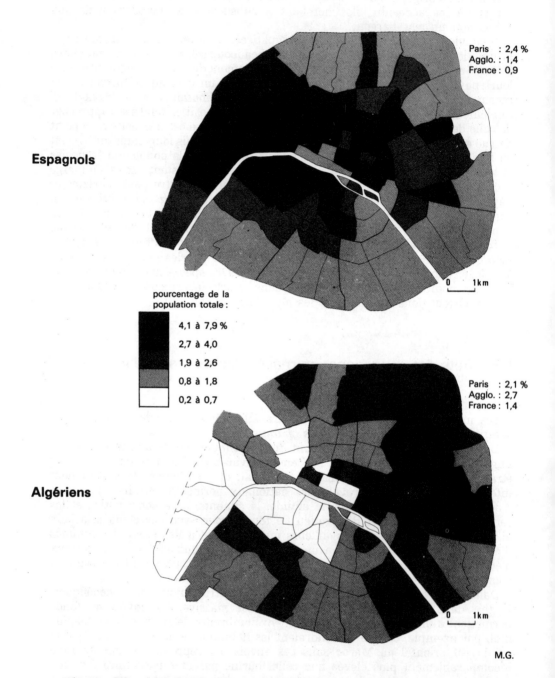

Espagnols

Paris   : 2,4 %
Agglo. : 1,4
France : 0,9

pourcentage de la
population totale :

4,1 à 7,9 %

2,7 à 4,0

1,9 à 2,6

0,8 à 1,8

0,2 à 0,7

0   1 km

Paris   : 2,1 %
Agglo. : 2,7
France : 1,4

Algériens

0   1 km

M.G.

Fig. 76. – Répartition des Espagnols et des Algériens dans la population parisienne en 1975
(Source : carte en couleurs établie par M. Guillon in D. Noin et al., *Atlas des Parisiens*, 1984).

Mais, en contrepartie, l'émigration contribue souvent à dégrader l'agriculture locale ; elle suscite dans la population des besoins nouveaux qui sont ceux d'une société développée. L'argent n'est pas utilisé dans des investissements productifs ; à la rigueur, il peut être employé parfois à acheter un taxi ou à monter un petit commerce ; le plus souvent, il sert à construire des maisons ou à se procurer des biens de consommation venus des pays industriels tels que motos, voitures, tourne-disques, radios ou postes de télévision. Les qualifications professionnelles acquises à l'extérieur par les émigrés sont limitées et, de toute façon, presque jamais réutilisables sur place. L'émigration vers les pays industriels les plus développés est une solution temporaire aux difficultés économiques dans la mesure où elle éponge une partie du sous-emploi ou du chômage, mais c'est une illusion de croire qu'elle peut contribuer, d'une façon ou d'une autre, à développer l'économie des pays exportateurs de main-d'œuvre.

Dans les diverses parties du monde, ce sont les pays les plus riches qui ont suscité les mouvements internationaux de travailleurs. Ce sont eux aussi qui en tirent les principaux avantages.

Lectures

BERGUES (H.), L'immigration de travailleurs africains noirs en France..., *Population,* Paris, 1973, 28 (1), p. 59-80.

BORRIS (M.), KOLODNY (E.) et autres, *Les étrangers à Stuttgart,* Paris, C.N.R.S., 1977, 316 p., *Géogr.,* Gand, 1975, 44 (2), p. 215-238.

DE LANNOY (W.), Residential segregation of foreigners in Brussels, *Bull. Soc. Belge et Géogr.,* Gand, 1975, 44 (2), p. 215-238.

DUBRESSON (A.), Les travailleurs Soninké et Toucouleur dans l'ouest parisien, *Cah. O.R.S.T.O.M.* (Sc. Hum.), 1975, 12 (2), p. 189-208.

FARGUES (P.), Réserve de main-d'œuvre et rente pétrolière : étude démographique des migrations de travail vers les pays arabes du Golfe, Lyon, Pr. Univ. de Lyon, 1980, 148 p.

GEORGE (P.), *Les migrations internationales,* Paris, P.U.F. (Coll. Sup.), 1976, 232 p.

GRANGEAT (P.), Les migrations de travailleurs en Europe, *Cah. Inst. Intern. Et. Soc.,* Genève, 1966, 1, 96 p.

GUILLON (M.), Les étrangers dans l'agglomération parisienne, *Aspects stat. Ile-de-France,* Paris, nov.-déc. 1978.

GUILLON (M.) et TABOADA-LEONETTI (I.), *Le triangle de Choisy, un quartier chinois à Paris,* Paris, CIEMI L'Harmattan, 1986, 210 p.

HERMET (G.), L'exode des cerveaux, *Notes Et. Doc.,* Paris, 1969, n° 3598, 78 p.

HÉRIN (R.), Les travailleurs saisonniers d'origine étrangère en France, in P. Merlin, l'exode rural, Paris, P.U.F. (*Trav. et Doc. I.N.E.D.,* n° 59), 1971, p. 229-284.

(L')Immigration étrangère en Europe occidentale, *Esp. Pop. Soc.*, 1983, 3, 179 p. (8 articles).

JONES (PH), Some aspects of the changing distribution of coloured immigrants in Birmingham, *Trans. Inst. Brit. Geogr.*, London, 1970, 50, p. 199-219.

KAYSER (B.), *Migration de main-d'œuvre et marchés du travail*, Paris, O.C.D.E., 1971, 162 p.
– Nouvelles données sur l'émigration grecque, *Population*, Paris, 1964, p. 707-726.

KOLODNY (E.), *Samothrace sur Neckar, des migrants grecs dans l'agglomération de Stuttgart*, Aix-en-Provence, 1982, 175 p.

LELOUP (Y.), L'émigration portugaise dans le monde et ses conséquences pour le Portugal, *Rev. Géogr.*, Lyon, 1972, 1, p. 59-76.

Migrations et développement (sous la dir. de B. Kayser), *Tiers Monde*, Paris, 1977, 69 (1), 204 p. (15 articles).

Migrations internes et externes en Europe occidentale (Colloque de Lille, 1980), *Hommes et Terres du Nord*, 1981, n° h.s., 2 vol., 930 p.

Migrations intra-européennes de main-d'œuvre (les) (par H. Rivière d'Arc), *Notes Et. Doc.*, Paris, 1969, n° 3603, 76 p.

PEACH (C.), *West Indian migration to Britain. A social geography*, London, Oxford Univ. Pr., 1968, 122 p., cartes.

POINARD (M.), L'émigration portugaise de 1960 à 1969, *Rev. Géogr. Pyr., S.O.*, Toulouse, 1971, 3, p. 293-304.

ROSENBERG (T.), *Residence, employment and mobility of Puerto Ricans in New York City*, Univ. of Chicago, Dep. of Geogr., 1974, n° 151, 230 p.

SIMON (G.), *L'espace des travailleurs tunisiens en France* (Structures et fonctionnement d'un champs social international), Poitiers, 1979, 426 p.

THUMERELLE (P.J.),*Peuples en mouvement*, Paris, S.E.D.E.S., 1986.

18

Les recherches théoriques
sur les migrations

Les études faites sur les migrations, de faible ou de longue durée, internes ou internationales, ont presque toutes eu un caractère analytique ou monographique en dépit de leur nombre fort élevé. Rares sont les études ayant eu un caractère comparatif ou synthétique.

Est-ce dû à la complexité et à l'étonnante diversité des phénomènes migratoires ? Pour une part sans doute, mais pas uniquement. N'y a-t-il pas eu, dès le siècle dernier, une remarquable tentative de généralisation de la part d'un anglais d'origine allemande préoccupé de cartographie et de démographie : E. Ravenstein ? S'il n'a pas formulé de « lois » sur les migrations en dépit du titre qu'il a utilisé pour publier ses observations [1], il a cherché à dégager des tendances dans les phénomènes observés en étudiant les migrations en Angleterre et dans une vingtaine de pays.

Les généralisations de Ravenstein

De ses articles, on peut retenir les généralisations suivantes, encore qu'elles ne soient pas toujours explicitement formulées :

1) Le nombre des migrants diminue quand la distance augmente ; la plupart ne vont pas très loin ; ceux qui se déplacent sur de grandes distances se dirigent de préférence vers les grands centres commerciaux et industriels.

2) Le processus se fait de la façon suivante : une ville à croissance rapide attire les gens de la région environnante ; les vides ainsi créés sont comblés par des migrants de districts plus éloignés ; la force d'attraction des grandes villes dynamiques se fait donc sentir, de proche en proche, jusqu'aux lieux les plus

---

1. Ravenstein (E.), The laws of migration, *Journ. Royal Statist. Soc.,* London, 1885, 48, p. 167-227 et 1889, 52, p. 241-301.

éloignés du pays. Le nombre des migrants de la zone d'accueil est inversement proportionnel à la distance de la population d'origine et directement proportionnel à l'importance de celle-ci.

3) Chaque courant principal de migration suscite un contre-courant compensatoire.

4) Les citadins ont une mobilité plus faible que les ruraux.

5) Les femmes ont une mobilité plus forte que les hommes, du moins sur les courtes distances.

6) L'intensité des migrations augmente avec le développement de l'industrie, du commerce et des moyens de transport.

7) Les facteurs qui déterminent les migrations sont nombreux mais celui qui a le plus d'importance est incontestablement le facteur économique.

Depuis lors, aucune recherche sur les migrations n'a eu la même envergure mais il y a eu un très grand nombre d'illustrations, de vérifications et de critiques apportées aux généralisations de Ravenstein.

Certains points, à vrai dire, ne suscitent pas de discussions. Il existe une relation certaine entre l'intensité des migrations et le niveau de développement des divers pays. De même, il est sûr que les migrations proprement dites ont toutes une importante composante économique : le fait a été vérifié par des enquêtes effectuées auprès des migrants dans divers pays ; une partie importante d'entre eux – la moitié, les 2/3, les 3/4 ou plus selon les types de mouvements – se déplacent avec l'intention d'améliorer leur situation matérielle ; par ailleurs, on obtient une vérification indirecte en étudiant la relation qui existe entre les flux migratoires et la richesse moyenne des divers lieux à l'intérieur d'un même pays ; cette relation est toujours forte (fig. 77a).

Certains points en revanche ne sont plus exacts aujourd'hui, en raison des changements intervenus depuis près d'un siècle. Par exemple, il n'est plus toujours vrai que les ruraux ont une plus grande propension à se déplacer que les citadins ; en France, par exemple, au cours des dernières années, ce sont les petites villes qui ont eu le plus fort taux de migration ; aux États-Unis, la population urbaine est un peu plus mobile que la population rurale ; mais l'observation de Ravenstein reste exacte pour un grand nombre de pays moins urbanisés. Il n'est pas toujours vrai que les femmes soient plus mobiles que les hommes : en Angleterre et en France, il y a effectivement un peu plus de femmes mais c'est parce que celles-ci sont un peu plus nombreuses dans la population ; au Japon et aux États-Unis, il y a à peu près équilibre ; en revanche, dans les pays du Tiers Monde – au Brésil, au Guatémala, à Sri Lanka ou au Maroc – les hommes sont un peu plus nombreux parmi les migrants.

Une des généralisations de Ravenstein n'a jamais été bien vérifiée : c'est celle du processus migratoire aboutissant aux grandes villes. Il est vrai qu'elle a été mal comprise et qu'elle a été interprétée comme une migration par étapes ; or de nombreuses observations montrent que les migrants passent souvent des zones rurales aux grandes villes, sans étapes intermédiaires. En fait, Ravenstein a simplement indiqué l'existence de réactions en chaîne déclenchées par le développement des grandes villes et l'extension des migrations, de proche en proche, à l'ensemble d'un pays, à partir de ses pôles de croissance, ce qui est sensiblement différent ; même ainsi reformulée, la proposition est cependant

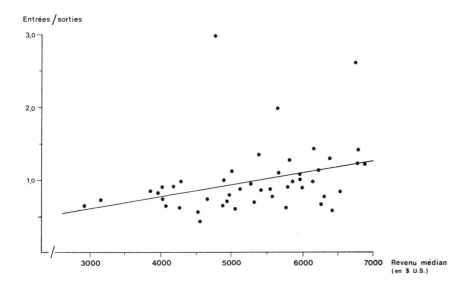

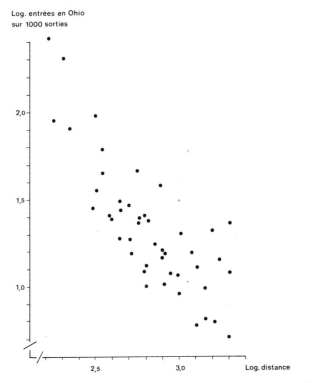

Fig. 77 – a) *Migration et revenu : importance des arrivées et revenu des états en 1960 pour les U.S.A. ;
les trois points situés à l'écart du nuage représentent des états du sud (Californie, Arizona et Floride).*
b) *Migration et distance : intensité des migrations dirigées vers l'Ohio et distance pour se rendre en
Ohio pour les divers états des U.S.A. en 1960.*
(D'après R. Cox, *Man, location and behaviour...*, 1972, J. Wiley, New York).

discutable : il arrive que les vides provoqués par les départs soient comblés par des personnes venant de régions moins favorisées, mais ce n'est pas toujours le cas.

Certaines des généralisations de Ravenstein méritent d'être nuancées. Ainsi, l'existence d'un contre-courant pour tout courant migratoire : de fait, on en trouve de nombreux exemples car il est rare qu'une migration soit faite sans esprit de retour ; c'est particulièrement net, bien sûr, dans le cas des migrations internationales de travailleurs : la plupart passent un certain temps à l'étranger – quelques années, dix ans, vingt ans – mais reviennent au pays ; le fait est assez net dans le cas des migrations intérieures : les migrations de retraite, par exemple, sont pour une part un retour au lieu d'origine mais celui-ci s'effectue aussi, de plus en plus fréquemment, pendant la vie active ; le fait existe aussi, quoique de façon moins nette, dans le cas des migrations lointaines : beaucoup d'émigrants italiens ou grecs aux États-Unis retournent au pays natal quand ils ont gagné assez d'argent pour s'y réinstaller confortablement ou pour y passer leurs vieux jours. Dans certains cas cependant, lorsque les mouvements se font sur une très grande distance, il n'y a aucun contre-courant appréciable. La relation entre migration et distance est confirmée par de nombreuses études ; aux États-Unis comme en France ou en Inde, l'intensité des mouvements diminue linéairement avec la distance (fig. 77b) : la relation a même paru si frappante que divers auteurs ont même proposé des formules mathématiques pour l'exprimer mais dans lesquelles l'effet de la distance semble diminuer avec l'amélioration des moyens de communications.

Enfin, certains aspects des migrations n'ont pas été envisagés par Ravenstein. Par exemple il n'a proposé aucune généralisation sur l'âge alors que c'est une variable essentielle dans la sélection des migrants : le nombre des mouvements est particulièrement élevé entre 20 et 40 ans, dans la première moitié de la vie professionnelle. Le statut et le niveau d'instruction n'ont pas été signalés non plus, alors que les mouvements sont d'autant plus nombreux que les personnes ont un bon niveau d'instruction et occupent une place élevée dans l'échelle socio-professionnelle. L'ethnie intervient également dans certains pays car la propension des divers groupes à migrer peut être fort variable.

En fait, de nombreux facteurs interviennent dans la décision de migrer : des facteurs liés au milieu de départ, au milieu d'arrivée et aux obstacles qui s'interposent entre les deux. Chaque individu évalue les éléments positifs èt négatifs en fonction de sa situation, des valeurs auxquelles il est attaché et des informations plus ou moins correctes qu'il a recueillies sur le lieu où il pense émigrer ; sa décision n'est pas toujours rationnelle même si, globalement, on trouve de nombreux éléments de rationalité dans le comportement des migrants. Tout flux migratoire suppose un flux d'information renseignant les candidats au départ sur les possibilités d'installation et de travail au lieu d'arrivée ; une fois le flux amorcé, les informations sont fournies par ceux qui ont migré antérieurement.

Les essais de modélisation

Si, depuis Ravenstein, aucune étude synthétique de grande envergure sur les migrations humaines n'a été publiée, il y a eu cependant des recherches approfondies sur certains de leurs aspects et notamment des essais de modélisation. En raison des régularités que manifestent les phénomènes migratoires, il était logique, de la part des géographes ou des sociologues, de chercher à élaborer des modèles, particulièrement dans les pays qui disposent de données détaillées sur les migrations.

Ces modèles sont déjà nombreux comme le montre, par exemple, l'étude que D. Courgeau leur a consacrée (1970). Sans entrer dans le détail, on ne donnera ici qu'un simple aperçu des plus connus d'entre eux :

1) Les *modèles gravitaires* font intervenir la population P des deux zones i et j séparées par la distance d ; dans ce cas, le nombre des migrants M entre les deux zones est :

$$M_{ij} = k \, \frac{P_i P_j}{d_{ij}^n}$$

où k est une constante et n un exposant affectant la distance.

De fait, les échanges migratoires entre deux lieux sont d'autant plus intenses, en gros, que les lieux sont proches et peuplés ; ils sont d'autant plus faibles, *a contrario,* que ces lieux sont éloignés et peu peuplés. Dans le cas de Birmingham, par exemple, les relations migratoires se font essentiellement avec les zones urbaines proches (Coventry, Worcester) ou avec des zones urbaines relativement distantes mais fortement peuplées (Londres, Manchester, Liverpool, Leeds, Newcastle) (fig. 78).

La formule indiquée ci-dessus est très simple mais elle peut être modifiée et enrichie. Son principal intérêt est d'ailleurs moins de rendre compte de l'intensité des échanges que de fournir une idée des facteurs susceptibles d'expliquer les « flux résiduels », c'est-à-dire les flux qui s'écartent du modèle gravitaire. Dans le cas de la France, les écarts mettent bien en évidence les départements attractifs et répulsifs (fig. 79).

2) Les *modèles sociologiques* font plutôt intervenir les postes offerts en i et j.

Pour l'Américain A. Stouffer, le nombre des migrants allant de i à j est avant tout proportionnel au nombre de postes E offerts en j et inversement proportionnel au nombre de postes offerts dans l'intervalle. La formule est alors :

$$M_{ij} = \frac{E_j}{E_{ij}}$$

Elle a été ultérieurement compliquée pour tenir compte d'autres variables. Le géographe Suédois T. Hägerstrand fait ainsi intervenir les migrations qui se sont produites antérieurement à la période examinée car les migrants antérieurs constituent la principale source d'informations des migrants suivants.

Fig. 78. – Flux migratoires entre la zone d'emploi de Birmingham et les autres grandes zones d'emploi d'Angleterre-Galles en 1965-66. Figure supérieure : arrivées. Figure inférieure : départs. (D'après H. Johnson, J. Salt et P. Wood 1974, repris par H. Jones, *A population geography*, 1981).

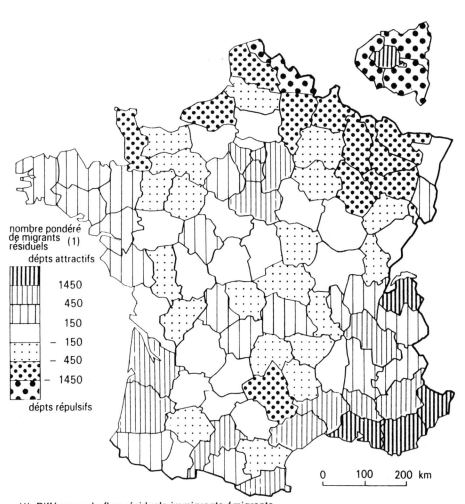

nombre pondéré
de migrants (1)
résiduels
dépts attractifs

1450
450
150
— 150
— 450
— 1450

dépts répulsifs

0   100   200 km

(1) Différence de flux résiduels immigrants-émigrants.

Fig. 79. – Départements apparaissant comme « attractifs » et « répulsifs » en France au cours de la période 1968-75 d'après l'analyse des flux migratoires.
(Source : D. Pumain et M. Poulain, *Espace Popul. Soc.*, 1985, 1).

Les modèles qui viennent d'être indiqués donnent des résultats acceptables dans certains cas mais il sont encore loin d'être satisfaisants. Ils ont le mérite de souligner l'importance de certains facteurs mais ils ne rendent pas suffisamment compte de la complexité des phénomènes migratoires.

Les migrations et l'évolution des sociétés

Une autre voie de recherche, fort intéressante, a été ouverte par W. Zelinsky (1971) par l'observation des régularités qui existent dans la mobilité des sociétés contemporaines en liaison avec le processus de développement qui les fait passer de la situation traditionnelle à la situation évoluée. E. Ravenstein l'avait déjà remarqué.

De fait, pour les diverses formes de mobilité qui ont été constatées des correspondances avec le niveau de développement ont été à plusieurs reprises soulignées. W. Zelinsky les a systématisées et mit en relation la mobilité avec l'évolution des sociétés depuis le début de la révolution industrielle.

Selon lui, la mobilité a connu les phases suivantes (fig. 80) :

1) Dans les sociétés traditionnelles, non touchées encore par la révolution industrielle, la mobilité habituelle est limitée et les migrations proprement dites sont faibles.

2) Dans les sociétés qui commencent leur transition, on observe un accroissement significatif de la mobilité habituelle, un mouvement de colonisation intérieur s'il existe des terres disponibles, des déplacements massifs de la campagne vers les villes, enfin une émigration vers des pays plus ou moins lointain qui offent des possibilités d'installation.

3) Dans les sociétés qui achèvent leur transition, la mobilité habituelle s'accroît encore mais la colonisation intérieure se termine, l'exode rural diminue et l'émigration vers les pays étrangers décline ou cesse.

4) Dans les sociétés évoluées qui ont terminé leur transition, la mobilité habituelle liée au travail ou aux loisirs s'accroît fortement, la colonisation intérieure a cessé, l'exode rural est devenu faible ou nul mais d'importants mouvements se développent de ville en ville ; on note enfin une immigration de travailleurs non qualifiés ou semi-qualifiés en provenance de pays moins développés et des mouvements internationaux de travailleurs hautement qualifiés.

W. Zelinsky indique même les perspectives concernant la mobilité dans la société tertiaire future.

Ces indications constituent donc un *modèle évolutif* qui a le mérite de fournir à la fois une bonne interprétation de l'évolution de la mobilité dans un pays au cours de l'histoire contemporaine et des disparités observées aujourd'hui à ce point de vue entre les diverses nations. Dans le domaine de la mobilité, une grande transformation s'est produite peu à peu, parallèlement à la transition économique et à la transition démographique.

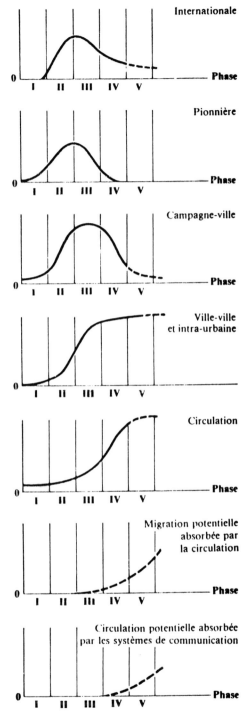

Internationale

Pionnière

Campagne-ville

Ville-ville
et intra-urbaine

Circulation

Migration potentielle
absorbée par
la circulation

Circulation potentielle absorbée
par les systèmes de communication

Phase I La société pré-moderne traditionnelle
Phase II La société du début de la transition
Phase III La société en fin de transition
Phase IV La société avancée
Phase V La société hyper-avancée du futur

Fig. 80. – L'évolution de la mobilité au cours des diverses phases de la transition selon Zelinsky.
(D'après W. Zelinsky 1971, adapté par P.J. Thumerelle,
Peuples en mouvement, 1986).

Lectures

COURGEAU (D.), *Les champs migratoires en France,* Paris, P.U.F., (I.N.E.D., Tr. et Doc. n° 58), 1970, 158 p. *Analyse quantitative des migrations humaines,* Paris, Masson, 1980, 225 p.

GALE (St.), Explanation theory and models of migration, *Econ. Geogr.,* Worcester, 1973, 49 (3), p. 257-274.

HÄGERSTRAND (T.), Migration and area : survey of a sample of swedish migration fields and hypothetical considerations on their genesis, *Lund Studies in Geogr.* (B. Hum. Geogr.), 1957, 13, p. 27-158.

LEE (E.), A theory of migration, *Demography,* 1966, 3, p. 47-57.

MABOGUNJE (A.), Systems approach to a theory of rural-urban migration, *Geogr. Anal.,* 1970, 2, p. 1-18.

MASSER (I.), GOULD (W.), *Inter-regional migration in tropical Africa,* London, Inst. of Brit. Geogr., sp. publ. n° 8, 1975, 107 p.

OLSSON (G.), Distance and human interaction : a migration study, *Geogr. Annaler* (B.), Stockholm, 1965, 47, p. 3-43.

POULAIN (M.) et PUMAIN (D.), Une famille de modèles spatiaux et leur application à la matrice des migrants interdépartementaux français pour la période 1968-1975, *Esp. Popul. soc.* 1985, 1, p. 33-42.

POTRYKOWSKA (A.), Modélisation de la distribution des migrations en Pologne, *Esp. Popul. Soc.,* 1985, 1, p. 248-257.

PRYOR (R.), « Population redistribution, the demographic and mobility transitions ». In CLARKE J. et KOSINSKI L., Redistribution of population in Africa, London, Heinemann, 1983, p. 25-30.

PRYOR (R.), Laws of migration ? The experience of Malaysia and other countries, *Geographica,* 1969, 5, p. 65-76.

SHAW (R.), *Migration theory and fact : a review and bibliography of current literature,* Reg. Sc. Res. Inst., Philadelphia, 1975, 203 p.

THUMERELLE (P. J.), Contribution à la réflexion théorique sur la mobilité spatiale des populations. *Esp. Popul. Soc.,* 1985, 1, p. 11-17. – *Peuples en mouvement*, Paris, S.E.D.E.S., 1986.

ZELINSKY (W.), The hypothesis of the mobility transition, *Geogr. Rev.,* New York, 1971, 61 (2), p. 219-249.

La croissance
démographique des populations

Cinquième partie

19

La croissance démographique de la population mondiale

Alors qu'il a fallu plusieurs millions d'années à l'humanité pour atteindre son premier milliard de représentants sur la Terre, une centaine d'années de plus ont été nécessaires pour gagner un deuxième milliard, une quarantaine d'années encore pour passer au troisième milliard et seulement quinze ans pour arriver au quatrième milliard en 1976 ; quant au cinquième milliard, il aurait été atteint au milieu de l'année 1987 ! Cette *accélération stupéfiante de la croissance de la population constitue assurément un des problèmes majeurs de l'époque contemporaine* et mérite beaucoup d'attention de la part des géographes comme de la part des autres spécialistes en sciences sociales.

Sur cette question qui a suscité un nombre considérable de publications depuis la Seconde Guerre mondiale, les idées simplistes sont assez répandues. On fera donc, ici le point des derniers travaux sur l'augmentation passée, présente et prévisible de la population et on précisera, à partir des chiffres les plus récents, les inégalités spatiales de la croissance démographique.

La croissance de la population dans le passé

L'histoire démographique du monde est souvent réduite, de façon schématique, à deux phases complètement différentes : l'une extrêmement longue, couvrant plus de 99 % de l'évolution de l'humanité, caractérisée par une croissance très lente ; l'autre, fort brève, marquée au contraire par une croissance très forte. Les quelques chiffres rappelés ci-dessus semblent venir à l'appui de cette idée.

En fait, l'évolution a été bien plus complexe. *Il y a sans doute eu trois grandes phases de croissance, de très longs paliers, quelques périodes de recul, sans compter de nombreuses oscillations de moindre importance.* L'amélioration des connaissances dans le domaine de la démographie historique et les premières recherches de démographie préhistorique fournissent désormais une image plus précise de l'évolution qui s'est produite, même si celle-ci reste largement incertaine, et conduisent à rectifier la courbe exagérément schématique qui était dessinée il n'y a pas si longtemps (fig. 81).

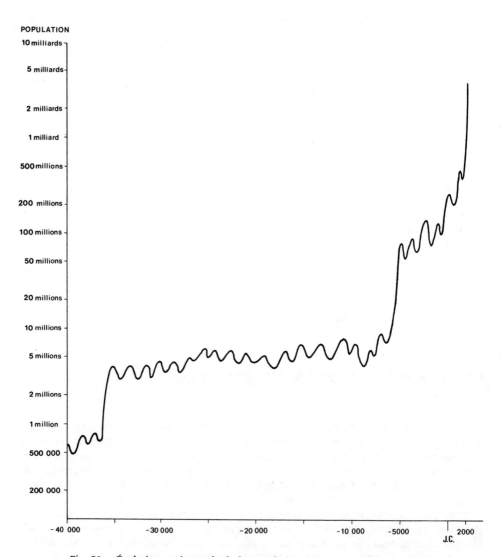

Fig. 81 – Évolution conjecturale de la population du monde depuis — 40 000.
(D'après *Population,* 1979).

Pendant le Paléolithique et le Mésolithique

Bien sûr, la reconstitution est d'autant plus problématique et conjecturale qu'on remonte loin dans le passé. Certains points peuvent néanmoins être considérés comme acquis.

Pendant la période paléolithique, l'humanité était encore très clairsemée à la surface de la planète. On estime que le nombre total des hommes ne devait pas excéder 100 000 au Paléolithique supérieur, il y a un million d'années ; et 1 000 000 au Paléolithique moyen, il y a 300 000 ans (E. Deevey, 1960). Ces estimations sont purement hypothétiques : elles reposent sur les connaissances acquises concernant l'extension spatiale de l'humanité et sur les densités probables compte tenu des niveaux atteints par les techniques à ces dates ; ces densités étaient extrêmement faibles car limitées par les possibilités qu'offrait le milieu naturel au cours de la plus mauvaise saison, dans une économie rudimentaire reposant sur la cueillette et la chasse.

A la fin du Paléolithique, vers le 35ᵉ millénaire avant notre ère, on estime qu'il a pu y avoir une forte augmentation de la population consécutive aux progrès des techniques de taille ; ceux-ci ont alors permis aux hommes d'élaborer un outillage plus varié et plus efficace rendant la chasse moins aléatoire (J.N. Biraben, 1978). La population pourrait avoir beaucoup augmenté en l'espace de quelques siècles et être passée ainsi à 4 millions de personnes. Après quoi, la croissance aurait à nouveau été nulle ou très lente jusqu'au début de la révolution néolithique.

Du Néolithique au XVIIIᵉ siècle

Vers 6 ou 7 000 ans avant l'ère chrétienne, l'humanité connaît un important progrès économique, démographique et social. La découverte de l'agriculture et la domestication des animaux lui permet à la fois d'augmenter fortement les ressources alimentaires disponibles et de les rendre plus sûres grâce au stockage des graines. Les hommes peuvent désormais vivre en communautés plus nombreuses, en villages de 200 à 500 habitants, alors qu'auparavant ils vivaient en petits groupes minuscules isolés sur leurs territoires de chasse. Assez vite, la production d'aliments laisse un surplus qui autorise des échanges et surtout qui permet à une petite partie de la population de se consacrer à des activités non-agricoles ; la poterie, le travail du bois, le tissage et la métallurgie se développent ; les premières villes apparaissent. A partir du Proche-Orient ou d'autres foyers – en Asie méridionale, en Amérique centrale –, l'agriculture s'est répandue peu à peu dans le reste du monde et a rendu possible une forte croissance démographique. Alors que la population totale pouvait être de 6 ou 7 millions de personnes avant l'invention de l'agriculture, elle a dû passer à 80 millions environ vers — 5 000.

La croissance de la population a continué ensuite mais plus lentement grâce aux innovations techniques ayant peu à peu amélioré l'efficacité du travail dans l'agriculture, l'artisanat ou les transports. L'humanité a sans doute atteint 250 millions de personnes au début de l'ère chrétienne, reculé à 200 millions environ pendant les Vᵉ et VIᵉ siècles à la suite de graves épidémies, a augmenté sensiblement pendant tout le Moyen Age grâce aux défrichements jusqu'à atteindre 450 millions au début du XIVᵉ siècle, est redescendue vers 375 millions à la suite de la terrible peste noire, s'est accrue à nouveau assez régulièrement pendant l'époque moderne jusqu'à 750 millions au milieu du XVIIIᵉ siècle (fig. 82).

Du début de l'ère chrétienne à 1750, la croissance aurait été de 0,06 % par an en moyenne.

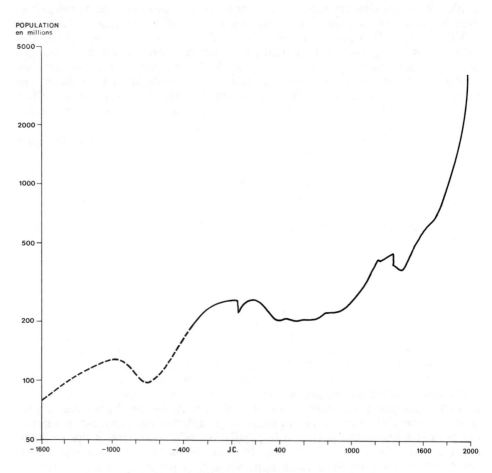

Fig. 82 – Évolution probable de la population du monde depuis — 1 600.
(Même source que fig. 81).

Du XVIIIᵉ au XXᵉ siècle

Avec la révolution industrielle qui touche l'Europe et les territoires peuplés d'Européens, l'humanité entre dans une nouvelle période de croissance, particulièrement surprenante par sa puissance puisque l'effectif des hommes a été multiplié par plus de 5 en l'espace d'un peu plus de deux siècles :

1750	750 millions d'habitants environ
1800	950
1850	1 250
1900	1 650
1950	2 500
1985	4 845

Cette fois, en effet, l'augmentation des ressources alimentaires a été considérable et elle a permis de nourrir une population beaucoup plus abondante ; on oublie souvent que la « révolution industrielle » a d'abord été une révolution agricole qui a permis de dégager de nouveaux surplus, de faire disparaître les famines et de rendre possible l'extension des activités secondaires et tertiaires ; par la suite, la productivité du travail a continué d'augmenter de façon constante dans l'agriculture jusqu'à nos jours. En outre, une révolution scientifique a précédé ou a accompagné la révolution industrielle faisant disparaître les grandes épidémies qui, périodiquement, décimaient la population ; ici aussi le progrès a été constant depuis lors, rendant possible un allongement important de la vie humaine. De ce fait, les taux de croissance, restés faibles ou modérés avant 1750, ont brusquement augmenté :

1750-1800	0,47 % par an en moyenne
1800-1850	0,55 %
1850-1900	0,56 %
1900-1950	0,83 %
1950-1985	1,91 %

Depuis la Deuxième Guerre mondiale en particulier, les taux d'augmentation ont crû fortement du fait des progrès réalisés dans le domaine de la santé et de la diffusion à l'ensemble du Tiers Monde des techniques mises au point dans les pays développés pour lutter contre la mort ou les maladies. C'est ce brutal changement de rythme qui a fait parler *d'explosion démographique*. De fait, la vitesse de croissance de la population mondiale est devenue impressionnante : pour la seule année 1985, par exemple, il y a eu 82 millions d'êtres humains supplémentaires, pas moins de 225 000 par jour !

Les inégalités spatiales de la croissance démographique

Cet accroissement assez fantastique n'est pourtant le fait que d'une partie de l'humanité : celle du Tiers Monde (fig. 83). Les pays développés n'y contribuent que modérément. Ainsi, pour 1985, sur les 82 millions d'êtres supplémentaires, 73 l'ont été dans les pays pauvres soit les 9/10e.

1) Les *pays développés* ont en effet achevé leur transition démographique. Leurs populations ne connaissent donc qu'une croissance relativement faible et celle-ci

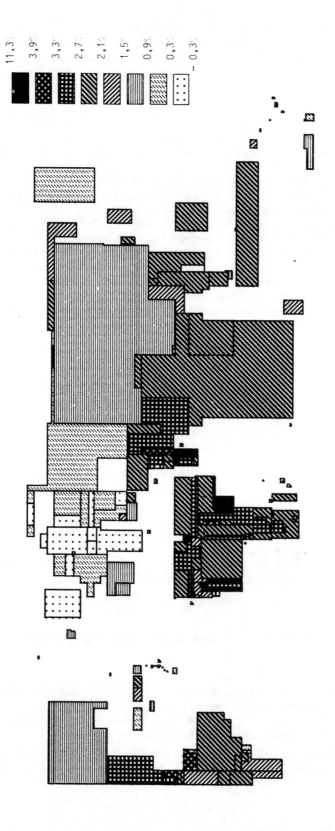

Fig. 83 – Taux d'accroissement naturel pour les divers pays du monde au cours de la période 1973 à 1983.
(Source : D. Mendel, M. Roelands et Ch. Vandermotten, *Espace Popul. Soc.*, 1985, 3).

est en diminution constante depuis la Seconde Guerre mondiale, plus particulièrement depuis 1965 ;

1950-1955	1,30 % par an en moyenne
1955-1960	1,29 %
1960-1965	1,21 %
1965-1970	0,90 %
1970-1975	0,86 %
1975-1980	0,78 %
1980-1985	0,75 %

Pour 1985, le taux de croissance a encore diminué du fait d'une nouvelle chute de la fécondité : il est seulement de 0,6 % (calcul d'après *World Population data sheet,* 1985).

Autour de cette moyenne assez basse, les différences sont assez marquées en raison des décalages chronologiques enregistrés dans la transition démographique. Dans les pays développés où l'évolution démographique a été relativement tardive, le taux est encore voisin ou supérieur à 1 % par an en 1985 : 1,6 % en Argentine, 1,2 % en Islande, 1 % en Pologne et en U.R.S.S., 0,9 % en Australie et en Uruguay. Au contraire, dans ceux où la transition démographique a commencé de façon précoce, le taux d'accroissement est devenu très faible ; la « croissance zéro », chère aux néo-malthusiens, est atteinte ou en passe de l'être : 0,4 % en France, 0,2 % en Norvège et en Suisse, 0,1 % en Belgique et en G.B., 0 % en Suède et en Australie. Dans quelques-uns, l'évolution est même devenue négative ; le Danemark et la Hongrie ont enregistré en 1985 une légère baisse de leur population ; en Allemagne fédérale, la baisse est constante depuis plusieurs années et le nombre des décès a été supérieur de 115 000 à celui des naissances en 1985.

2) Dans *les pays en voie de développement,* le tableau est complètement différent. La croissance démographique y est forte, trop forte et, loin de régresser, elle n'a cessé d'augmenter depuis la Deuxième Guerre mondiale :

1950-1955	1,90 % par an en moyenne
1955-1960	2,13 %
1960-1965	2,27 %
1965-1970	2,30 %
1970-1975	2,31 %
1975-1980	2,29 %
1980-1985	2,26 %

Le point culminant de l'accroissement a cependant été atteint au cours de la période 1970-1975 ; la décélération semble avoir commencé puisque le taux de croissance serait tombé au voisinage de 2 % en 1980 en raison, principalement de la chute de la fécondité en Asie occidentale. En revanche, la diminution de l'accroissement semble avoir marqué une pause depuis lors : le taux moyen d'accroissement pour l'ensemble du monde en voie de développement reste voisin de 2 % par an au milieu de la décennie 80.

Les inégalités sont cependant très marquées à l'intérieur de cet ensemble de pays dont certains sont entrés depuis peu de temps dans la période de transition démographique tandis que d'autres sont sur le point d'en sortir. Parmi les premiers, l'accroissement est malgré tout déjà élevé, supérieur à 2 % par an : 2,1 % au Tchad et en Éthiopie, 2,4 % en Guinée, 2,5 % au Congo ; et il a partout tendance à augmenter ; en Éthiopie, par exemple, il est passé de 2,1 % à 3,4 % par an entre 1970 et 1978. Dans la plupart des pays du Tiers Monde, qui sont déjà bien engagés sur la voie de la mutation démographique, l'accroissement naturel est souvent supérieur à 2,5 ou 3 % par an ; c'est le cas pour une bonne partie des pays tropicaux du continent américain : 2,8 % au Brésil, 3,0 % au Venezuela, 3,2 % en Équateur et 3,4 % au Mexique ; c'est aussi le cas pour les pays musulmans qui s'étendent de l'Atlantique à l'Asie du sud : 2,5 % en Égypte, 3,0 % en Arabie et 3,4 % en Algérie, seuls quelques-uns d'entre eux, comme la Tunisie connaissent une diminution de leur croissance en raison de leur politique de limitation des naissances. Enfin, dans les pays qui arrivent vers la fin de la transition démographique, la décélération est très nette et souvent très rapide ; le taux d'accroissement annuel en 1978 est déjà tombé à 1,8 % à l'île Maurice, 1,7 % à Porto-Rico, 1,4 % à Singapour, 1,3 % à Hong-Kong et à 0,9 % à la Barbade ; celui de la Chine serait seulement de 1,4 %. En peu de temps, de 1970 à 1978, le taux a diminué de moitié à Hong-Kong (de 2,5 à 1,3 %) et à la Barbade (de 2,0 à 0,9 %).

Cette brusque décélération de la croissance démographique dans certains pays conduit à envisager l'avenir avec moins de pessimisme que dans les années 50 ou 60.

Les perspectives démographiques dans les diverses parties du monde

Pour établir des perspectives pour l'ensemble du monde, on ne saurait se contenter de prolonger les tendances observées dans les années 60 ou 70 sous peine d'aboutir à des absurdités : ainsi, le maintien pendant un siècle des taux observés en 1970 donnerait un milliard et demi d'habitants au Maroc, ce qui n'a manifestement pas de sens ! La seule perspective valable, confirmée par certaines évolutions récentes, est celle qui envisage pour les pays du Tiers Monde une baisse de fécondité comparable à celle qui s'est produite naguère pour les pays développés. Du reste, c'est déjà ce qui se produit pour l'humanité considérée globalement. *Après un maximum correspondant à la période 1965-1970, une décélération s'est produite.*

1950-1955	1,75 % d'accroissement annuel
1955-1960	1,91 %
1960-1965	1,98 %
1965-1970	2,00 %
1970-1975	1,90 %
1975-1980	1,80 %
1980-1985	1,70 %

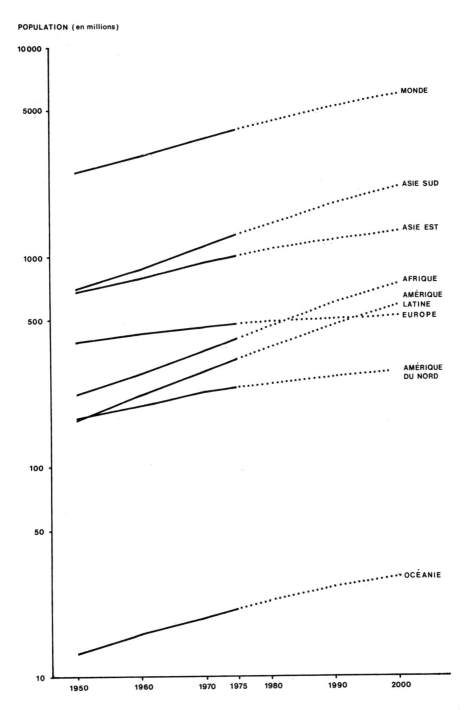

POPULATION (en millions)

Fig. 84 – Évolution de la population par grands ensembles de pays depuis 1950 et perspectives jusqu'en 2000. (D'après *World Population Prospects...*, Nations Unies, 1977).

Le fléchissement va se poursuivre dans les prochaines années car le modèle occidental de la famille réduite se diffuse peu à peu dans le Tiers Monde. *La courbe d'évolution de la population mondiale va donc prendre, selon toute probabilité, une forme de S.* Tout le problème pour la mise en œuvre d'une perspective démographique est donc d'évaluer la vitesse à laquelle la baisse de la fécondité se fera dans les pays sous-développés. Aussi la Division de la Population des Nations Unies a-t-elle préparé trois hypothèses de croissance – une basse, une moyenne et une haute – selon que cette baisse sera plus ou moins rapide (*Concise report...*, 1974).

Pour l'an 2000, les différences entre les trois hypothèses ne sont pas très fortes : 5,8, 6,2 et 6,6 milliards d'habitants ; de ces chiffres, c'est le premier qui doit plutôt être retenu car la diminution récente de la fécondité dans le monde, particulièrement en Asie orientale, montre que la variante basse semble avoir le plus de chances d'être la bonne ; on peut donc s'attendre à ce que la Terre ait *près de 6 milliards d'habitants à la fin du XXᵉ siècle* et non 6 à 7 milliards, sinon plus, comme on le prévoyait il y a seulement quinze ans. Si on s'en tient à cette hypothèse il y aurait 1,3 milliard d'habitants à la fin du siècle dans les actuels pays développés dont 50 millions d'Européens, 300 millions de Soviétiques, moins de 300 millions d'Américains du nord et 130 millions de Japonais ; il y aurait 4,5 milliards de personnes dans les actuels pays sous-développés dont 2,3 milliards d'Asiatiques (à l'exclusion des Japonais), 750 millions d'Africains et 550 millions de Latino-américains ; en raison de sa progression plus rapide, ce dernier groupe aura un poids démographique croissant et comprendra 78 % de la population mondiale contre 71 % en 1975 et 66 % en 1950 (fig. 84).

Il est tentant de vouloir aller au-delà et de poursuivre les perspectives jusqu'au moment où la croissance zéro sera atteinte pour l'ensemble de la population mondiale. Selon l'hypothèse basse des Nations Unies, qui semble avoir le plus de chances d'être désormais la bonne, un taux de remplacement égal à 1, comme celui de l'Europe en 1975, pourrait être atteint en 2000 pour l'Amérique du nord, en 2005 pour l'U.R.S.S., en 2010 pour l'Asie orientale et l'Océanie, en 2025 en Amérique latine, en 2050 en Asie méridionale et en 2060 en Afrique ; comme la croissance se poursuivra encore quelque temps au-delà de ces dates du fait des structures par âge héritées des périodes antérieures, il faudra donc attendre *2075,* dans cette hypothèse, pour que la croissance soit complètement arrêtée dans le monde. *L'humanité pourrait avoir alors 9,4 milliards d'habitants* soit 12,5 fois plus qu'au début de la transition démographique dont 1,3 dans les pays ayant connu les premiers la révolution industrielle et 8,1 dans les pays ayant connu plus tardivement cette révolution (5,5 en Asie, 1,5 en Afrique et 1 en Amérique latine) ; ces derniers pourraient avoir alors 86 % des hommes vivant sur la Terre.

Lectures

Sur l'évolution passée de la population

BIRABEN (J.N.), Essai sur l'évolution du nombre des hommes, *Population,* Paris, 1979, 34 (1), p. 13-25.

CIPOLLA (C.), *Histoire économique de la population mondiale,* Paris, Gallimard, 1975, 183 p.

COALE (A.), The history of the human population, *Scient. Amer.,* 1974, 231, (3), p. 40-51.

DEEVEY (E.), The human population, *Scient. Amer.,* 1960, 203, p. 195-204.

DURAND (J.), *Historical estimates of world population : an evolution,* Popul. Studies Center, Univ. of Pennsylvania, 1974.

MC EVEDY(C.), JONES (R.), *Atlas of world population history,* Harmondsworth, Penguin, 1978, 368 p.

REINHARD (M.), ARMENGAUD (A.), DUPAQUIER (J.), *Histoire générale de la population mondiale,* Paris, Montchrétien, 1968, 3ᵉ éd., 708 p.

The determinants and consequences of population trends, New York, Nations Unies, (Population Studies, n° 50), 1973, vol. 1, 661 p.

Sur les perspectives démographiques

Concise report on the world population situation in 1970-1975 and its long-range implications, New York, Nations Unies (Population Studies, n° 56), 1974.

World population prospects as assessed in 1973, New York, Nations Unies (Population studies n° 60) 1977, 183 p.

Sur les problèmes suscité par la croissance démographique

(The) determinants and consequences of population trends, New York, Nations unies (Études n° 50), 1973, vol. 1, 661 p.

KRATZMANN (J.), *Nourrir dix milliards d'hommes ?,* Paris, P.U.F. (Coll. Sup.), 1975, 267 p.

PAILLAT (P.), *Problèmes démographiques d'aujourd'hui,* Paris, Hatier (Coll. Profil d'act.), 1976, 88 p.

STANFORD (Q.), *The world's population, problems of growth,* Toronto, Oxford, Univ. Pr., 1972, 346 p.

TAPINOS (G.) et PIOTROW (PH.), *Six Billion People, Demographic dilemmos and world politics,* New York, McGraw-Hill, 1980.

Conclusion

Les divers aspects géographiques de la population ayant, tour à tour, été passés en revue, quelques réflexions générales peuvent maintenant être faites.

1) *Les évolutions dans le temps et les variations dans l'espace des faits de population présentent d'incontestables régularités.* Nombre d'entre elles ont été indiquées mais il est probable que beaucoup d'autres restent à découvrir.

Dans le temps, on observe presque partout les mêmes évolutions dans les divers pays. Les changements concernant la mortalité, la fécondité, l'accroissement naturel, la composition par âge, la structure des activités, la concentration dans l'espace ou la mobilité ne sont certes pas identiques mais ils présentent de frappantes analogies qui justifient l'élaboration de schémas d'évolution. Dans l'espace, on observe presque partout les mêmes variations ; les formes de distribution spatiale de la population et la configuration des disparités démographiques offrent de nombreux aspects semblables dans les pays ayant le même stade d'évolution. Du reste, *les variations spatiales observables aujourd'hui dans le domaine de la population représentent, le plus souvent, de simples décalages chronologiques.* Pour la population, plus que pour beaucoup d'autres faits étudiés par les géographes, l'étude rétrospective éclaire le présent. Dans la plupart des cas d'ailleurs, l'analyse doit être à la fois chronologique et spatiale.

2) *La plupart des faits de population sont liés entre eux, très fortement, et ils sont également très liés à l'économie.* Ainsi, un fort accroissement naturel est associé à un taux de fécondité élevé, à une espérance de vie faible ou plutôt faible, à un fort pourcentage de jeunes mais aussi à une économie agricole prédominante, à un régime alimentaire déficient en calories comme en protéines, à une faible consommation d'énergie, à un modeste revenu par habitant, à un petit nombre de médecins, enfin à un fort taux d'analphabétisme. Inversement, un accroissement naturel presque nul est lié à une fécondité basse, à une espérance de vie élevée, à un fort pourcentage de personnes âgées... et ainsi de suite.

Le calcul des coefficients de corrélation existant entre toutes ces variables pour l'ensemble des pays ayant des données statistiques montre effectivement de très fortes liaisons : les coefficients, positifs ou négatifs, sont élevés et presque toujours supérieurs à 0,7 ou 0,8.

Ces *interrelations, fortes et multiples,* ont été observées par un certain nombre de géographes depuis une vingtaine d'années mais pas suffisamment. Les analyses de type systémique portant sur les questions de population sont encore rares mais elles semblent intéresser certains chercheurs depuis quelques années ;

logiquement, elles devraient se développer. Les modèles du Club de Rome sont certes critiquables par bien des aspects mais ils ouvrent une voie de recherche intéressante dans son principe et qu'il serait utile d'explorer à une toute autre échelle que celle du monde entier.

Parmi les variables concernant la population, une seule présente cependant peu de liens avec les autres : c'est la densité. Pour les divers niveaux de développement, on observe des densités très disparates, tantôt faibles et tantôt fortes. L'intensité du peuplement en effet n'est que partiellement le produit de l'évolution contemporaine ; elle intègre les effets économiques d'une très longue séquence chronologique se chiffrant souvent en millénaires. Pour comprendre certaines concentrations humaines, il faut remonter très loin, jusque dans la protohistoire ou la préhistoire.

3) Si les analyses géographiques et les analyses historiques faites sur les deux derniers siècles conduisent souvent aux mêmes conclusions, c'est que *les faits de population sont très liés à l'évolution des sociétés.*

En un temps relativement bref à l'échelle de l'évolution de l'humanité, on a assisté dans quelques pays à une étonnante série de transformations avec passage d'une société agricole à une société tertiaire en passant par le stade intermédiaire de la société industrielle.

Ces *mutations* ont été *provoquées par une série d'innovations techniques* ayant à diverses reprises complètement bouleversé les conditions de production : à la fin du XVIIIe siècle, à la fin du XIXe siècle et après la Deuxième Guerre mondiale. Ces transformations ont modifié profondément l'agriculture, l'industrie, les transports, les moyens de communications et les services en augmentant considérablement la production et en changeant radicalement la nature des activités. Ces mutations ont également affecté de façon profonde l'organisation sociale, les caractères démographiques et la distribution des hommes dans l'espace ; elles se sont traduites en particulier par la réduction des inégalités sociales, par l'urbanisation, par l'allongement de la vie humaine et par le vieillissement des populations.

En l'espace d'un ou deux siècles, on est donc passé, dans les mêmes pays, d'une activité agricole à une activité industrielle et tertiaire, d'une économie de pénurie à une économie de relative abondance, d'un travail essentiellement manuel à un travail qui devient de plus en plus intellectuel, d'une société rurale à une société urbaine, d'une structure jeune à une structure vieille, d'une fécondité plus ou moins naturelle à une fécondité très contrôlée, enfin d'une gestion aristocratique à une gestion qui devient progressivement plus démocratique.

Entre ces pays développés et ceux qui ont été à peine touchés par les transformations, tous les stades intermédiaires existent. Ici encore, évolutions dans le temps et variations dans l'espace représentent deux aspects d'une même réalité.

4) *Les changements suscités par la révolution industrielle continuent de se répandre peu à peu dans l'ensemble du monde mais à des vitesses inégales* car les obstacles qui s'interposent à leur diffusion varient selon les lieux : les régimes politiques, les cultures et les mentalités interviennent pour faciliter ou ralentir la progression des innovations.

Ainsi, les techniques de lutte contre les maladies qui ont été mises au point dans les pays les plus développés, au XIXe ou au XXe siècle, se sont répandues assez rapidement pour atteindre aujourd'hui l'ensemble des pays, même les plus fermés ; leur impact est encore très inégal certes mais leur diffusion n'a rencontré que peu d'obstacles politiques, religieux ou sociologiques. Il n'en est pas de même des techniques anti-natales qui ont commencé à se diffuser dans les pays d'Europe au XIXe siècle, qui ont gagné sans trop de mal les territoires ayant des populations d'origine européenne, mais, au-delà, ont rencontré de nombreuses barrières, à commencer par des refus d'origine religieuse ; elles se sont donc diffusées beaucoup plus lentement et elles ne touchent pas beaucoup plus de la moitié de l'humanité aujourd'hui ; c'est d'ailleurs ce décalage entre la diffusion des techniques sanitaires et celle des techniques anti-natales qui explique la puissance de la croissance démographique. Il en est de même pour toutes sortes d'aspects, essentiels ou mineurs, parmi lesquels on trouve aussi bien les techniques de production que les connaissances, les idées, les institutions, les comportements ou les styles de vie. Ces phénomènes ont encore été peu étudiés en géographie de la population et en particulier le rôle des mentalités comme obstacles à la diffusion des innovations ; c'est une autre voie de recherche qui devrait être fructueuse (fig. 85 et 86).

5) *Les mutations nombreuses et rapides qui ont été engendrées par la révolution industrielle représentent le dernier en date et le plus étonnant des grands bonds en avant de l'humanité.* Il y en a sans doute eu deux autres correspondant à l'amélioration de l'outillage de pierre taillée à la fin du Paléolithique puis à l'intervention de l'agriculture et de l'élevage au Néolithique.

L'évolution de l'humanité s'est faite par bonds, chacun d'eux étant caractérisé par d'importantes transformations dans les conditions de production qui, à leur tour, ont entraîné des changements dans l'organisation sociale, dans la croissance démographique, dans la répartition spatiale de la population ou dans les formes prises par la mobilité (fig. 87).

De cette évolution saccadée, les diverses étapes pouvaient encore faire l'objet d'observations de la part des géographes ou des voyageurs à l'époque des conquêtes coloniales. Au XIXe siècle, lorsque les Anglais ont occupé l'intérieur de l'Australie, les populations aborigènes y avaient encore des conditions de vie comparables à celles du Paléolithique moyen en Europe. De tels décalages historiques ont aujourd'hui disparu ; certes, il existe encore d'importants écarts dans l'évolution des diverses sociétés humaines mais beaucoup moins étendus qu'au siècle dernier. Tous les pays du Tiers Monde, même dans leurs recoins les plus isolés, ont subi le choc de la colonisation et de la domination des sociétés développées : ils ont connu une brutale évolution, non sans de graves dommages, mais ils ont traversé l'histoire à grands pas ; par exemple, tous les pays ont aujourd'hui entamé la transition démographique provoquée par la révolution industrielle ; aucun ne connaît plus les conditions de mortalité qui étaient encore celles de l'Europe au début du XVIIIe siècle.

En considérant l'évolution de l'humanité sur une longue période, *la « transition démographique » apparaît comme le dernier en date des cycles d'évolution de l'humanité et comme l'aspect purement démographique d'un processus de changement complexe et multiforme.* Il y a eu aussi une « transition économique » qui a fait passer les pays développés du stade agricole au stade tertiaire, une « transition spatiale » qui les a fait passer du stade rural au stade urbain et une « transition migratoire » qui a changé complètement l'étendue des espaces relationnels.

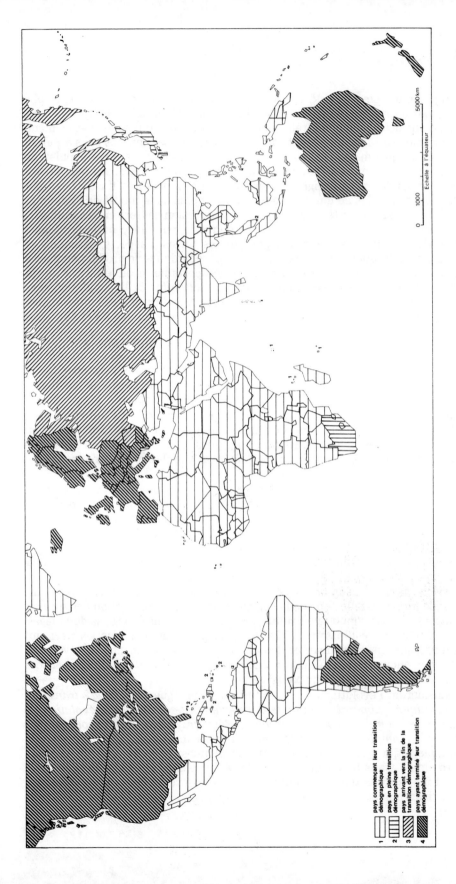

0   1000   5000 km

Echelle à l'équateur

Fig. 85 – La transition démographique dans le monde après la Deuxième Guerre mondiale.
(Inspiré de R. Chung, 1970).

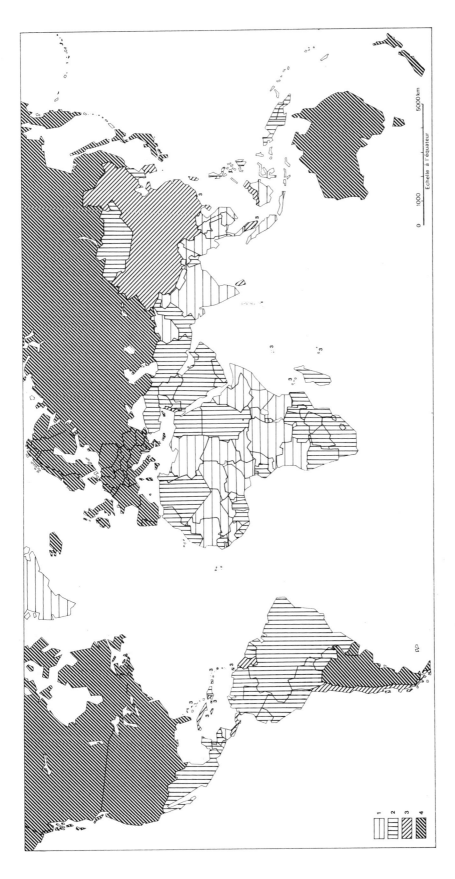

Fig. 86 – La transition démographique dans le monde en 1975.
(Inspiré de P. Boyer et A. Richard, 1975).

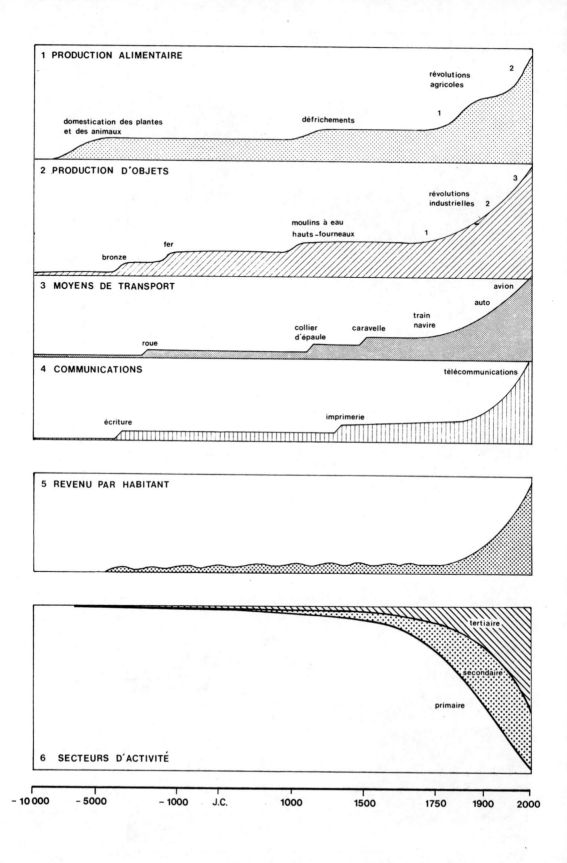

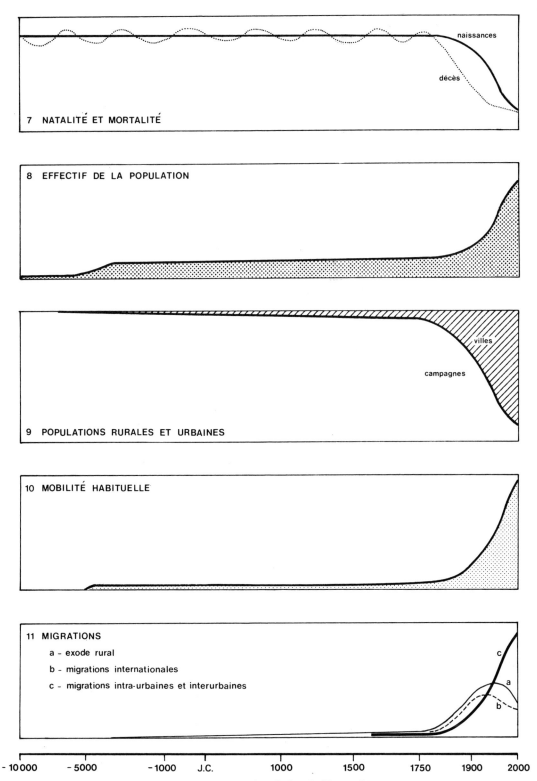

7 NATALITÉ ET MORTALITÉ

naissances

décès

8 EFFECTIF DE LA POPULATION

9 POPULATIONS RURALES ET URBAINES

villes

campagnes

10 MOBILITÉ HABITUELLE

11 MIGRATIONS

a – exode rural

b – migrations internationales

c – migrations intra-urbaines et interurbaines

a

b

c

- 10 000   - 5000   - 1000   J.C.   1000   1500   1750   1900   2000

Fig. 87 – Schémas d'évolution de l'humanité.
(D'après P. Claval, *Éléments de Géographie économique,* M. Th. Génin et W. Zelinsky, *Geogr. Rev.,* 1971).

L'étude des changements et de leur rythme laisse à penser que, dans les pays les plus développés, le cycle déclenché par la révolution industrielle n'est plus très loin de son achèvement. La croissance démographique zéro est déjà une réalité pour plusieurs d'entre eux, la croissance urbaine arrive à un palier, la croissance économique s'essouffle et de nombreux spécialistes estiment qu'elle sera désormais très ralentie. Après une période de bouleversements et de déséquilibres qui dure depuis deux siècles, ces pays semblent s'acheminer vers une phase de plus grande stabilité à divers points de vue. Pour l'ensemble du monde cependant, cette stabilisation est loin d'être en vue : pour la population, elle n'interviendra peut-être pas avant un siècle.

D'ici à cette échéance, l'humanité pourrait être confrontée à de graves problèmes. Si les perspectives concernant la population, l'alimentation ou les matières premières permettent d'envisager l'an 2000 sans pessimisme pour la plus grande partie de la planète, il n'en est pas de même pour certains pays tropicaux, particulièrement pour ceux de l'Afrique sahélienne, du subcontinent indien ou de l'Asie du sud-est qui risquent de connaître des situations critiques avant la fin du siècle si l'effort international de solidarité en leur faveur n'est pas sérieusement accru.

L'étude de la population oblige à scruter attentivement le passé pour comprendre ce qui se passe aujourd'hui. Elle ne doit pas empêcher, à l'occasion, de jeter un coup d'œil sur le futur car celui-ci est déjà en gestation. Il convient d'être spécialement attentif aux tendances qui se dégagent des évolutions en cours. L'avenir n'est pas seulement l'affaire des hommes politiques, des futurologues ou des voyantes ; c'est aussi celle des chercheurs en sciences sociales et, parmi eux, des géographes.

Index thématique

Table des figures

MASSON S.A. Éditeur
120, bd Saint-Germain, Paris 6e
Dépôt légal : novembre 1987

Achevé d'imprimer par
les Imprimeries MAURY S.A.
Z.I. St-Georges–de Luzençon – 12102 Millau
Nº d'imprimeur : 11478 G